杜志平 ◎ 著

国家自然科学基金项目（71772016）：
基于云平台技术跨境物流联盟运作机制与决策优化研究

跨境物流联盟
运作机制与决策优化

首都经济贸易大学出版社
Capital University of Economics and Business Press
·北 京·

图书在版编目（CIP）数据

跨境物流联盟运作机制与决策优化/杜志平著．--北京：首都经济贸易大学出版社，2021．4

ISBN 978-7-5638-3220-0

Ⅰ．①跨…　Ⅱ．①杜…　Ⅲ．①电子商务-物流管理-研究　Ⅳ．①F713．365．1

中国版本图书馆 CIP 数据核字（2021）第 070294 号

跨境物流联盟运作机制与决策优化

杜志平　著

Kuajing Wuliu Lianmeng Yunzuo Jizhi Yu Juece Youhua

责任编辑　彭　芳　陈雪莲

封面设计　

出版发行　首都经济贸易大学出版社

地　　址　北京市朝阳区红庙（邮编 100026）

电　　话　（010）65976483　65065761　65071505（传真）

网　　址　http：//www．sjmcb．com

E-mail　publish@ cueb．edu．cn

经　　销　全国新华书店

照　　排　北京砚祥志远激光照排技术有限公司

印　　刷　北京建宏印刷有限公司

成品尺寸　170 毫米×240 毫米　1/16

字　　数　290 千字

印　　张　15．25

版　　次　2021 年 4 月第 1 版　2021 年 4 月第 1 次印刷

书　　号　ISBN 978-7-5638-3220-0

定　　价　53．00 元

前　　言

21 世纪以来，随着我国加入世界贸易组织（WTO）以及经济全球化的推进，我国经济已逐步融入世界经济体系，中国已成为国际贸易的一个重要节点。2019 年，我国全年进出口总额为 31.54 万亿元人民币，同比增长 3.4%。支撑贸易和制造的关键是物流。据物流与采购联合会统计，2019 年全国社会物流总额为 298 万亿元，社会物流总费用为 14.6 万亿元。物流业已成为国民经济发展的重要支柱产业。

跨境电子商务的发展对跨境物流提出了更高的要求。根据中国电子商务物流服务网报告，2019 年，中国电子商务市场交易总额达到 36.8 万亿元，同比增长 16.3%。网络零售市场交易规模达 10.63 万亿元，同比增长 18.0%。2019 年，中国跨境电商零售进出口额达到 1 862.1 亿元人民币，是 2015 年的 5 倍，年均增速为 49.5%。随着跨境电商综合试验区的增加，跨境电商市场规模将进一步扩大，2020 年进出口交易额有望达到 2 800 亿元。在我国对外贸易增速放缓的背景下，跨境电商的业务在快速发展，成为未来驱动贸易发展的新动力。然而，我国跨境物流服务无论是数量还是质量均不能满足物流需求快速增长的需要。如何与国内外物流企业形成联盟，实现国际化物流运营体系，成为我国物流业发展迫切需要解决的问题。为了满足跨境电商发展的需要，我国的物流企业必须“走出去”，与国际上具有区域优势和行业优势的物流企业合作，形成物流联盟，构建自己的国际化物流运营体系。

目前关于国内外跨境物流联盟运作机制与优化方面的研究主要集中在跨境物流联盟战略、体系结构、运作机制、价值创造、利益分配机制、稳定性、运作风险等几个方面。

在联盟战略方面的研究有：一是跨境企业联盟组合形式对跨境公司国际化战略的影响机理；二是以往的联盟经验对新联盟形成、发展、运作等方面的作用机理；三是企业联盟的战略与联盟绩效的关系；四是对战略联盟的相关研究内容进行回顾、梳理与总结。

在战略联盟结构方面的研究：一是文化、制度及知识创新能力对联盟体系结构的影响机理；二是将数学模型、回归分析和统计学的研究方法应用于联盟体系结构研究之中；三是战略联盟的类型及运作机理；四是联盟的网络结构和形成过程；五是文化距离、制度距离对跨境联盟运营的影响机理。

在联盟运作方面的研究有：一是提出新的物流分层规划模型，并对物流运作过程中的各评价指标进行优化；二是公私伙伴关系对跨境物流的质量影响机理；三是构建物流绩效评估模型，探讨物流企业在供应链各环节中的运作规律；四是动态物流联盟资源配置的起因及配置优化。

在联盟价值创造方面的研究有：一是企业的价值创造逻辑对国际化进程的影响机理；二是从“行为—结果”的角度展开，认为合作互补创造价值，如价值共创理论；三是分析了影响价值创造的多种因素及价值创造的实现路径。

在联盟分配机制方面的研究有：一是通过合作博弈形成共享机制；二是基于联盟各参与者对联盟的贡献情况，应用夏普利（Shapley）值法或欧文（Owen）值法进行定量研究，设计利益分配方案；三是通过多种博弈模型相结合的方法分析联盟中不同合作伙伴间的博弈行为和利益分配关系，进而探究不同个体伙伴和联盟整体的最大化利益；四是通过构建利益分配模型对外部机构之间的合作进行对比分析，并进行决策优化。

在联盟稳定性方面的研究有：一是应用最大一致集理论分析影响联盟稳定性的分配策略；二是我国学者提出一些综合分配方案，包括基于粗糙集和灰色理论的物流联盟稳定性结构等；三是联盟伙伴特征、可置信承诺和战略联盟稳定性三者之间的关系及作用机理；四是联盟或供应链成员间合作中的稳定性；五是联盟稳定性评价模型的构建及优化。

在联盟与供应链运作风险方面的研究有：一是在供应链或联盟中，通过参与者共享风险实现供应链或联盟的运作协调；二是物流联盟的风险与联盟绩效的关系；三是联盟内外部的不确定性因素对联盟风险实践管理的影响；四是风险规避因素对联盟内部企业及供应链合作企业间决策行为的影响。

本书是国家自然科学研究基金“基于云平台技术跨境物流联盟运作机制与决策优化研究（项目批准号：71772016）”的部分研究成果。

本书具体内容和章节安排如下：第 1 章为跨境物流联盟概述。对跨境物流联盟的定义、类别、发展历史和演变方式做了较详细的分析；讨论了跨境物流联盟在国际贸易中的作用及其相互关系。第 2 章为跨境物流联盟构建要素。分析了跨境物流联盟的主体要素及体系结构，从联盟的管理结构、物流网络结构、联盟运作结构的维度分别进行了阐述，最后从系统的角度对联盟的运作进行了研究。第 3 章为跨境物流联盟运作影响因素。从跨境物流联盟的内外部运行环境、时空距离、制度与文化距离等方面分析了联盟运作的主要影响因素；讨论了法律与技术标准的差异对联盟运作的影响。第4章为跨境物流联盟组织机制。梳理了联盟契约的种类、特征与制约因素；分析了联盟的管理流程、争议解决机制和退出机制；讨论了联盟的稳定性及其影响因素。第5章为跨境物流联盟信息系统。详细分析了跨境物流联盟信息系统的需求、特性与作用；提出了跨境物流联盟信息系统的构建原则和云服务平台的架构及其发展趋势。第6章为跨境物流联盟价值创造机制。分析了跨境物流联盟价值创造的因素，包括技术创新、信任机制、学习效应等；指出联盟成员间“协同效应”对价值创造的作用；讨论了不同的利益分配策略对价值创造的影响。第7章为跨境物流联盟多方博弈与利益分配。介绍了博弈论的分类、经典博弈的概念和几种常见的博弈方法；详细分析了在不完全信息下的基于联盟结构合作博弈的利益分配策略，结合算例构建了博弈模型并计算其欧文值。第8章为基于CiteSpace的国内外跨境物流研究现状、热点与趋势分析。运用CiteSpace工具对近年来国内外跨境物流研究公开发表的文献进行了可视化分析，并对国内外跨境物流的研究热点、研究趋势进行了对比分析。最后作者结合自己的研究经历提出了对跨境物流联盟进一步研究的展望。

本书课题组负责人为北京物资学院教授、中国管理科学与工程学会理事、国际系统工程学会会员杜志平博士。本书撰写分工如下：杜志平教授负责本书总体架构、前言、第一章至第四章、第六章、第八章的撰写，逄锦荣博士负责第五章的撰写，于晓辉副教授负责第七章的撰写。在本书撰写过程中，研究生牟文静、藏子雁、陈永立、高俊国、张翠婷、王瑶、区钰贤做了大量的文献资料收集整理、图表处理和文字录入等工作，逄锦荣、郭晓博士在书稿成稿后提出了许多修改意见，在此深表感谢！

本书的撰写借鉴和引用了大量国内外参考资料，笔者已尽可能将这些资料列在书后的参考文献中，但由于资料量较大，难免有些疏漏。在此向有关作者表示诚挚的感谢！

跨境物流是一个正在快速发展的行业，系统地对跨境物流联盟进行分析还刚刚起步，一些研究理论和方法还处在不断发展与成熟的阶段，加之笔者的认识有局限，书中难免有不妥和遗漏之处，希望广大学者与从事相关行业的实践者批评指正！

杜志平

2020年8月

目　录

1 跨境物流联盟概述

1.1 跨境物流联盟的起源与发展

1.1.1 跨境物流联盟的定义

跨境物流联盟指分属不同关境的两个或两个以上的以物流为合作基础的企业出于战略层次的考虑，为实现自己生产发展的目标，通过各种协议、契约而结成的优势互补、风险共担、信息共享、利益共享的战略联盟。

关于战略联盟，和它相近的表达还有“战略同盟”“战略合作”“动态联盟”“知识联盟”“网络联盟”“虚拟企业”“企业联合”等，这些概念在内涵及外延上都存在一定差别。因此，学者们对战略联盟给出了各种各样的解释。

哈佛大学商学研究院著名教授、“竞争战略之父”迈克尔·波特认为，联盟是指企业之间进行的长期合作，它超过了正常的市场交易但又未达到合并的程度，联盟的方式包括技术许可生产、供应协定、营销协定和合资企业。根据他的价值链理论，联盟是指同结盟的伙伴一起协调或合用价值链，以扩展企业价值链的有效范围。美国经济学家蒂斯认为，战略联盟是两个或两个以上的伙伴企业为实现资源共享、优势互补等战略目标而进行的以承诺和信任为特征的合作活动。欧洲工商管理学院丁肯全球化技术与创新学教授多兹认为，战略联盟是范围广泛的合作伙伴关系，结成这种关系的企业可以来自不同的国家。学者邓宁认为，战略联盟可以采取股权共享的方式如企业合并、合作新建，同时也包括研究与试验发展（R&D）伙伴、合作生产、共同营销和分配等非股权形式。学者康川克特认为，近年来的许多伙伴关系涉及经营过程各阶段的联合行动，如联合研发、联合生产、联合采购，经常是规模实力大致相等且都从事国际经营的公司之间的联合，双方做出的贡献是类似的而不是互补的。

由此可知，战略联盟是两个及两个以上企业为了实现企业独自行动时所不能或不易达到的某种战略目标，通过股权参与或契约联结的方式而结成的优势相长、风险共担的具有竞争合作性质的中间组织。

综合以上定义，本书将跨境物流联盟定义为：在战略层次上，两个或更多的独立组织通过正式或非正式或独立的第三方的形式自愿地联合在一起而形成的中间组织，且组织成员有两个或更多，分属于不同关境内，其目的是通过合并他们各自对物料、服务和生产资料的需要，来实现比它们独自运营物流时更高的相关总利润或更低的相关总成本，以及更好的服务和质量。根据此定义，跨境物流联盟应包括以下一些主要内容：

第一，跨境物流联盟的建立是出于战略层次的考虑，具有明确的战略目标。也就是说，合作的基础建立在各方未来的“共同愿景”上，而不是仅仅为了谋求眼前的短期或局部利益。从这个角度上讲，跨境物流联盟属于战略联盟。

第二，联盟企业之间合作的形式多种多样。可以是正式的，也可以是非正式的。

第三，企业之间的联合是一种自愿的行为。

第四，跨境物流联盟是一种中间组织，既超越了一般的市场交易关系，又没有达到合并成为一个组织的程度。

第五，联盟由物流供给方（国内物流企业、国外物流企业）、服务供给方（平台企业）、中介（银行、协会、保险）、物流需求方（企业客户、个体、机构团体）构成。

第六，形成跨境物流联盟的目的是实现比企业独自运营物流时更高的相关总利润或更低的相关总成本，以及更好的服务和质量。

1.1.2 跨境物流联盟的起源

1.1.2.1 物流联盟萌芽时期

20 世纪 60 年代中期，企业自己生产、自己运输，物流融于忙碌的生产运作中。企业小批量地生产并履约将成品送达需求方。随着市场增长率不断上升，成长的用户需求使企业必须进行业务拓展和投资。马克思主义基本理论告诉我们，生产力和生产关系的矛盾运动构成了生产关系一定要适合生产力状况的规律。企业一直都把生产计划作为一个经典的优化问题进行研究，出现了很多系统解决方案，但这些方案有的支持优化目标，有的又与目标发生矛盾。学者们根据物流现象总结出一系列的物流学说，如冰山学说、黑大陆学说、二律背反，人们对物流的认识更加深入。物流成本正如浮在水面上的冰山，而沉在水下的冰山主体是企业内部消耗的物流费用，它将各种问题掩盖起来，这就是物流成本的冰山理论。人们意识到一旦物流的巨大作用发挥出来，它为企业所带来的利润将是相当可观的。二律背反理论是指市场占有率与物流成本之间呈现反向关系。这些理论影响和改变了不少企业家的战略目标。一些企业为了节约和高效，开始转移业务活动重点。

然而，成本优化的生产过程所需的生产时间是市场所不能接受的，为了保证履约的准时性和交货期，生产线日夜不停地运作，新产品所需要的工位不能及时被置换出来，所以迫切需要另一些办法调整经营。企业根据自身的特点，整合内部资源与外部资源，将企业内部的资源集中到有核心竞争优势的产品上，然后将剩余的产品外包给专业公司。物流业务越来越繁忙，逐渐脱离原来的功能部门。发展到后来，物流逐渐脱离母公司独立运营成为一种新型的服务业。随着国际贸易的频繁和全球化时代的到来，企业家纷纷意识到物流的重要性——物流就像毛细血管，不断为国际贸易输送血液。

当物流业分门别类后，物流的占有率逐渐提高，物流产业的水平日趋成熟，越来越专业化、社会化，第三方物流应运而生。第三方物流是由物流劳务的供方、需方之外的第三方完成物流服务的物流运作方式。西方国家的物流业实证分析证明，当独立的第三方物流至少占社会总体的50%时，物流产业才能形成。所以，第三方物流的发展程度体现着一个国家物流业发展的整体水平。此时，单一的功能性物流企业细分升级为综合性物流企业，业务涵盖物流代理，如运输代理（货代公司）、仓储代理（仓代公司）和流通加工代理等。物流产业的发展潜力巨大，具有广阔的发展前景。

1.1.2.2　物流联盟思想成熟时期

20世纪80年代到90年代，是企业发展伙伴关系和联盟关系的思想由产生到逐渐成熟的关键时期。随着经济技术的发展和国际经济往来的日益频繁，物流国际化开始成为世界性的共同问题。

美国密歇根州立大学教授波索克斯认为，进入20世纪80年代，美国经济已经失去了兴旺发展的势头，陷入长期倒退的危机之中，因此，必须强调改善国际性物流管理，降低产品成本，并且要改善服务，扩大销售，在激烈的国际竞争中抢占先机。与此同时，日本正处于成熟的经济发展期，其以贸易立国，要实现与其对外贸易相适应的物流国际化，并采取了建立物流信息网络、加强物流全面质量管理等一系列措施，提高物流国际化的效率。这一阶段，物流国际化的趋势在美国、日本和欧洲一些发达国家体现得更为明显。

企业面临的外部环境发生了巨大的变化，企业竞争的主要因素也在发生变化。企业既要快速响应市场变化，又要为客户提供高质量、低成本的产品以及优质的售前、售中和售后服务。在新的环境下，企业为增强自己的竞争力，可以采取多种多样的竞争策略，可以通过技术创新不断开发和应用新技术来提高自己的竞争力，也可以通过管理创新不断提高管理水平来增强自己的竞争力。国际上许多著名的大型企业利用全面质量管理、JIT 生产、业务流程重组、建立学习型组织等方法，进行企业内部的组织管理变革。这些企业通过重新设计企业内部的业务流程，减少管理层次，应用信息技术，极大地增强了企业的竞争力。但在实践中也存在一些问题：一方面，随着企业内部管理变革的有效进行，从企业内部提高其响应市场变化能力从而提高竞争力的空间将越来越小，难度越来越大；另一方面，产品交货速度、质量、成本及其服务水平明显受到产品制造商与原材料和零部件供应商、产品分销商等企业的制约。因此，如果供应商、承运商、制造商和物流企业不建立良好的协作关系，不实施有效的合作，就很难进一步提高企业快速响应市场变化的能力，也很难在国际和国内市场上赢得竞争优势。实践证明，从竞争走向合作已成为国际上许多大型跨国企业的发展战略，并取得了很好的效果。

贸易伙伴遍布全球，必然要求物流国际化，即物流设施国际化、物流技术国际化、物流服务国际化、货物运输国际化、包装国际化和流通加工国际化等。世界各国广泛开展国际物流理论和实践方面的大胆探索。人们已经形成共识：只有广泛开展国际物流合作，才能促进世界经济繁荣，物流无国界。1984 年美国《国家合作研究法案》的制定以及 1993 年《国家合作生产法修正案》的颁布执行，使发展合作性作业安排的过程制度化。企业之间由建立在权力基础上的对手间谈判逐渐转向发展有效组织间作业安排的合作，甚至将顾客和供应商都纳入业务伙伴范围。这种联盟意在减少重复劳动和浪费，把注意力集中在业务上，有助于企业取得共同成功。

物流业的联盟在此期间也迅速发展起来。1980 年至 1995 年这 15 年时间，是物流的复兴时期。这一时期，在物流量不继续扩大的情况下，出现了“精细物流”，物流的机械化、自动化水平提高，同时，伴随新时代人们需求观念的变化，解决“小批量、高频度、多品种”的物流问题迫在眉睫。现代物流不仅覆盖了大量货物、集装杂货，还覆盖了多品种的货物，基本覆盖了所有物流对象，解决了所有物流对象的现代物流问题。规章制度的标志性变化、低成本计算的可得性、信息技术的革命、质量创新理念的推广以及普遍接受的物流联盟思想等，使企业重新完善其物流系统，提高服务特定厂商的能力，把需求方与供给方联系起来，以提供有效的经营运作。

1.1.2.3 跨境物流联盟的源头

近年来，跨国并购和战略联盟是物流业界的两个显著特征，跨国并购可以说是跨境物流联盟的源头。伴随国际联运式物流出现的物流信息和电子数据交换（EDI）系统，使物流向更低成本、更高服务、更大量化、更精细化方向发展，这在国际物流中表现更为突出，国际物流的每一项活动几乎都有信息支撑。物流质量取决于信息，物流服务依靠信息，可以说，物流已进入了全球物流信息时代。依托互联网公众平台，信息通过国际物流向各个相关领域渗透，同时出现了全球卫星定位系统、电子报关系统等新的信息系统，进而延伸构筑国际供应链，再形成国际物流系统，国际物流水平进一步得到提高。美国率先提出供应链系统。供应链系统包括对供应链中其他合作伙伴的综合协调管理以及在跨国合作中与合作伙伴结成国际联盟。跨境物流联盟是国际联盟中更细的分支，可以说国际联盟是跨境物流联盟的雏形。

1.1.2.4 迅速发展的跨境物流联盟

随着改革的深入和环境的变化，我国企业进入一个新的调整期，市场约束增强，竞争加剧。加入世界贸易组织（WTO）后，中国企业必须树立参与国际竞争的意识，做好准备，逐渐摸索最适合的道路，争取与国际接轨。中国物流快递业的各种并购新闻屡见报端。一方面，外资并购国内企业，效果不佳，一阵强风过后，所剩无几；另一方面，以中国邮政速递（EMS）、中铁为代表的国有物流快递企业正在谋划转型。例如，中国对外贸易运输（集团）总公司与中国长江航运（集团）总公司完成了合并重组，中国邮政集团完成了速递的整合，中国诚通集团与中铁快运、中铁集运签署战略合作协议，中国铁路物资（集团）总公司与西本新干线电子商务有限公司签约重组。

在此期间，其他企业的竞争也趋于白热化。例如，新时代国际运输服务有限公司并购国内知名的同城物流，曾一度排名国内快递前十的深圳东道物流倒闭，中外运敦豪公司收购全一快递公司，阿里巴巴正式入股民营快递企业星晨急便，海航集团收购60%股份重组天天快递，百世物流收购业内排名第六的汇通快递。作为中国货运的主力军，物流公司开始尝试以物流联盟或搭建平台的形式进行资源整合，抱团发展。上海卡行天下供应链管理有限公司、安能物流就是其中的代表。

而此时，新兴的、呈爆发式增长的电商也纷纷涌进物流产业，海量订单带动了第三方物流快递业务的飞速发展。同时，继京东、凡客诚品等自建物流之后，许多企业开始组建物流联盟，而后逐渐出现了跨境物流联盟，增强了企业竞争力。

跨境物流联盟比单独从事物流活动的企业取得的效果更好，企业间形成相互信任、共担风险、共享收益的物流伙伴关系，不完全采取各自利益最大化的行为，也不完全采取共同利益最大化的行为，只是在物流方面通过契约形成优势互补、要素双向或多向流动的中间组织。

现在的物流联盟在需求预测、订单处理、存货控制、工厂和仓库的布局与选址、采购、包装、情报信息等方面日臻完善，更延伸了第四方物流。第四方物流已经升级成为用户提供信息与技术的智能化服务。智能物流体现在各个方面，不仅体现在分拣、派送、运输等细分领域，在物流云计算、无人配送、智能仓储以及物流运营规划、咨询等服务领域都大有作为。在产业互联网、物联网及智慧物流发展的趋势下，第四方物流平台正在迎来新的发展机遇，尤其是5G、车载智能终端、无线自组织网络、基于物联网技术的互联、大数据和人工智能等技术在未来的商用，将会极大地带动第四方物流平台的发展，探索实现供应链数据、生产数据、物流数据、运维数据的高速传输以及大数据分析，提高数字化工厂的运行效率，真正让人、车、货和互联网实现交融互通。这势必产生更多专业的第四方物流联盟，进而促进现代物流、供应链管理的高度发展。

根据物流发展现状及趋势，在用户需求多样化和个性化的情形下，云物流的模式将成为未来发展的主要方向。“云”是一个虚拟的集结中心，基于一定的信任和监督机制，具有集合需求和服务的功能，它可以随时存在，随时使用。使用者把需求信息发布在云平台，可以提供相应服务的服务者选择为其提供服务，二者就产生了连接。类似于滴滴打车，具有服务资质的司机在车体附近寻找呼叫的需求信息，进而根据地图导航提供服务。这种云服务可以集合个人、企业、第三方组织，平台不需要另外搭建实体，就可以满足客户的需求。

1.1.3 跨境物流联盟的现状

1.1.3.1 中国物流联盟的现状

（1）制造企业与物流企业战略合作

制造企业与物流企业发挥各自优势，达成战略合作，共同提升双方主业优势，逐渐达成共识。例如，中国远洋物流有限公司先后与海尔集团、长虹集团、中核集团、TCL公司等结成战略合作关系。

（2）大型领袖企业实现供应链管理

国内各行业的大型企业纷纷实施供应链管理技术，提高企业竞争力。例如，物流公司鲁能帆茂在煤炭领域实行从煤炭挖掘、运输到煤渣的回收、利用和废弃物深埋，从煤矿的采购物流到分销物流的一体化的信息管理。供应链管理技术的应用是中国企业转变生产经营模式的重要体现。

（3）外资物流企业不断进入

自20世纪80年代以来，国外物流企业纷纷进入中国市场。美国联邦快递（FEDEX）作为航空快递企业于1984年第一个进入中国市场。此后，敦豪国际（DHL）与中国对外贸易运输集团总公司于1986年合资成立了“中外运敦豪”，经营中国市场业务。美国联合包裹运输公司（UPS）落户中国比较晚，于2001年才获得中国境内的商业直航权，但后来者居上，只用了短短几年时间就在中国站稳了脚跟，业绩大幅提升，在有些年份甚至出现100%的增长，而且获得了包括北京、上海、广州等特大型城市在内的20多个中国城市的直接运营权，成功建立了自己的物流网络。近年来，国际快递公司已经占据了中国国际快递业务近80%的市场份额，在中国每年的业务量和营业收入均保持20%以上增长。

跨境物流联盟的发展可分为以下三个阶段：

第一，诞生阶段。1963年，世界上第一个物流管理协会——全美物流管理协会（NCPDM）成立。这是世界上第一个跨境物流联盟，是全球物流和供应链管理领域最有影响的个人参与的行业组织，目前作为全球供应链思想领袖汇聚的平台，协会处于定义产业、引领方向的地位，以教育和连接全世界的供应链管理者为宗旨，成为协会会员已经成为进入供应链管理专业领域的标志。协会总部设立在美国芝加哥，2005年1月1日，协会正式更名为美国供应链管理专业协会（Council of Supply Chain Management Professionals, CSCMP）。

第二，进阶阶段。这个阶段国际上各种联盟与协会层出不穷，但仅有为数不多的领头羊带动行业前进。其中，中国为亚太物流联盟主席国。亚太物流联盟在1995年11月成立，旨在促进成员之间的物流教育培训，推动亚太地区的物流标准制定，从而推动亚太地区的物流发展，包括中国、澳大利亚、新西兰、日本等十几个成员。

1984年，国际贸易协会联盟成立，总部设在美国弗吉尼亚州雷斯顿。国际贸易协会联盟的网站，为国际贸易者提供免费信息和资源。信息资源中包含的链接，可关联到超过8 000个与国际贸易相关的网站（包括400多个企业名录网站），能为国际贸易专业人士提供真正有用的资源；网站上每两周发布一次的新闻简讯为国际贸易者提供关于国际贸易和市场的网站和文章。其买卖交流中心是国际贸易信息和商业机会的一个主要来源，是欧美地区最有影响力的B2B交易平台之一。

第三，成长阶段。这一阶段的联盟呈现“百花齐放，百家争鸣”态势。笔者按照时间顺序罗列出我国具有代表性的物流跨境联盟。

①2010年10月成立的中国—东盟自由贸易区物流联盟，旨在促进中国与东盟国家的经济增长和物流业的发展，在物流教育、研究、咨询、规划、培训和技术等方面保持紧密和互利的交流与合作。参与国为中国与东盟十国。

②2014年10月成立的丝绸之路经济带物流联动发展合作联盟，是连接亚欧的便捷物流通道。该联盟依托陇海兰新铁路这根“主轴”，涵盖乌鲁木齐、兰州、西安、郑州、徐州、连云港等29个重要节点城市，逐步建立统一、开放的合作平台。借鉴长三角地区的模式，探索“通关一体化”，最大限度地节省周转时间和物流成本。

③2016年11月成立的中国铁路物流联盟（简称“铁盟”），是专注于铁路供应链管理的产业资本平台型联盟，目前已经与中国供应链金融服务联盟达成长期的业务合作，并在平台合作体系中引入资本方的加盟，形成了以商贸、物流、金融和仓储为一体的铁路供应链生态体系。

④2016年11月成立的京津冀物流标准化联盟，依托京津冀物流标准化联盟，全面加快物流标准化体系建设：推动京津冀区域标准化托盘循环共用；推动制定相关物流标准和服务规范；推动改造标准化的城市物流基础设施；推动物流标准化相关配套设施设备的升级改造；开展冷链物流标准化示范创建活动。

⑤2017年6月成立的山东智慧物流联盟，不同于一般的同业联盟，是物流与泛产业的跨界联盟，旨在构建一个跨区域联动、泛产业联合的智慧物流平台。首批物流联盟成员涉及物流和相关的信息技术、金融服务、石化、卡车销售、售后服务等多个产业，共涵盖53家龙头企业，业务辐射整个山东区域。

⑥2017年7月成立的长江港口物流联盟，由来自长江沿线40余家骨干港航企业倡议成立，旨在推进长江经济带、“一带一路”建设，加快航运要素资源整合，推进区域一体化发展。

⑦2017年9月成立的中国报业电商物流联盟，意味着全国报业将聚合各方力量，发挥报业发行网点布局优势，尤其是在广大农村地区有成熟的发行网点优势，打造中国报业“发行+物流+电商”全产业链条，助力农产品上行，打通物流“最后100米”，推进国家农村电商及快递物流业快速发展。

⑧2017年9月，网来云商与智利比奥比奥大区开展战略合作，在“一带一路”建设下探讨跨境合作的创新联结模式和跨境电商的新趋势、新业态，分享跨境电商转型升级的新动能、新机遇。双方筹备在智利首都圣地亚哥建设网来云商—比奥比奥跨境电商产业园，将跨境电商产业园打造为拉丁美洲跨境电商枢纽。

⑨2018年5月成立的义新欧物流联盟依托“一带一路”中的“义新欧”

铁路，助力中国、中亚至欧洲的互联互通，在西班牙及南欧最重要的物流平台——阿拉贡自治区首府萨拉戈萨，专门设立一个停靠站，利用享誉世界的“浙江制造”和近4 000个交易市场把“义新欧”中欧班列打造成我国运营效益最好、市场化程度最高、竞争力最强的中欧班列。

⑩2018年11月成立的国际粮食贸易联盟，研究和预测世界粮食贸易形势，组织制定国际粮食贸易标准，促进成员企业粮食贸易与合作以及与各国粮食协会的交流等。着重对世界粮食贸易形势进行研讨判断，为国内粮食企业与国际粮食协会组织、企业的国际合作与交流搭建平台。

⑪2018年12月成立的“一带一路”国际物流联盟，首批成员单位约有100家，以浙江省外贸企业、国际货代物流企业、船公司、港口、机场、铁路等“一带一路”贸易与物流服务供应商为主。以建设国际性商贸物流枢纽强省为目标，以服务进出口贸易、促进开放型经济和现代物流业发展为方向，努力推进海陆空铁多式联运国际物流资源整合，努力成为“一带一路”的“参谋长”、“联络员”和“资源挖掘者”，加快完善国际运输体系。

⑫2019年3月，顺丰和德国邮政敦豪集团（DPDHL）的联合品牌“顺丰敦豪供应链中国”在上海发布，“顺丰敦豪”品牌上线，意味着顺丰正式入局供应链领域。顺丰敦豪供应链中国提供高科技、医疗、零售、消费品、汽车、化工及电子商务等领域的业务。

1.1.3.2 国内外研究现状

笔者通过谷歌（Google）学术、Emerald数据库、SpringerLink、中国知网（CNKI）等工具进行文献检索，从中选出具有代表性的文章进行文献综述。关于跨境企业联盟方面的研究现状，用“企业联盟”关键词可以检索到大量的参考文献，这反映出当前对联盟的研究是一个热点。本节选择与本课题有关的两个方面文献进行综述。

（1）联盟战略方面

大部分文献对联盟的研究主要涉及理论研究、主要类别、绩效研究、稳定性研究等内容。早期的学者大多通过对联盟战略性进行分析，研究以前的合作经验对新联盟形成的影响，从不同研究对象里得出战略联盟是企业从外部获取资源、形成竞争优势的重要路径的结论。雅各（Jacob）等通过对欧盟公司的联盟战略进行分析，指出联盟中持久性和相互关系的影响是存在的，并证明跨境企业以前的联盟经验在发达国家和新兴经济体地区实施能增加他们的联盟投资组合的地域多样性。瓦波拉（Vapola）等分析了跨境企业联盟组合形式对于跨境公司国际化战略的重要性，通过相关管理实践证明区域和合作伙伴的异质性对于跨境国际业务有不同影响，因此跨境企业需采用不同的联盟组合来提高跨境整合集成水平。

研究绩效与联盟的关系并探寻更高效的方式是学者关注的另一焦点。尼廷（Nitin）和杰（Jie）等基于资源依赖理论，研究了高科技新兴企业的联盟战略与绩效的关系，认为新兴企业扩大联盟成员的数量能得到更好的绩效。布鲁瑟斯（Brouthers）等通过探索核心价值观及营销联盟对中小企业拓展海外市场业务的影响发现：强调参与联盟的中小企业在进行跨境业务时更具有优势，而且会在一定程度上增强企业的核心价值观，并为企业管理者在国际商业上提供有价值的指导。

（2）联盟体系结构及环境因素方面

为确保联盟持续与稳定，这方面的研究大多体现在文化距离、制度距离对联盟运营的影响上。诺石·拉赫曼（Noushi Rahman）认为，确定联盟的层次结构是评估联盟结构有效性的前提。他通过对 402 个战略联盟的数据进行 logistic 回归分析，指出具有不同目的的战略联盟，如研发、供应采购、营销、合作生产等，应该具有不同的联盟结构，系统分析了影响联盟类型和联盟运作的社会交换理论与联盟层次结构的关系。王健、刘荷运用社会网络分析法研究了跨境公司嵌入视角下物流产业集群网络结构的演化并指出，核心型跨境公司在集群中主动结网，始终处于网络中心位置，充当集群资源、信息的“守门人”，而参与型跨境公司被动结网且随着集群的发展而逐渐由网络中心向边缘转移。罗宾·佩施（Robin Pesch）从实证的视角阐述了文化距离对国际联盟企业间新产品开发的影响。他应用结构方程模型检验了 246 个制造业国际联盟样本的假设效应，通过分析认为文化距离的积极效应大于其负面效应。安德·范恩（André van Hoorn）使用数学论证法证明不同伙伴国家具有不同的文化距离，这取决于伙伴国家的文化，然后利用霍夫斯泰德（Hofstede）文化维度理论对世界上 69 个国家的文化数据使用实证分析法证明这一论点的相关性。结果表明，基地国家与伙伴国家间的文化距离与两国间的文化有着非常大的相关性，文化距离随不同的伙伴国家而变化。

陈怀超、范建红以 178 家中国跨境公司为研究对象，采用 logistic 回归检验了制度距离对跨境公司进入战略两阶段选择的影响，验证了国际经验、环境适应能力和社会资本在这一影响过程中的调节作用。

通过以上综述可知，国内外学者关于企业联盟方面的研究主要集中在联盟构建的宏观战略方面，研究成果主要集中在：联盟战略或战略联盟研究；联盟的网络结构和形成过程的研究；文化距离、制度距离对跨境联盟运营的影响。但对联盟结构体系，尤其是跨境联盟如何处理由不同法律、文化、贸易规则等因素带来的联盟结构上的改进，未见相关文献介绍。在“跨境物流联盟”方面，尚未发现完全满足主题词的文章，本书在后面的章节将尽全力为读者呈现完全的信息，这也将成为本书的亮点。

1.1.4 跨境物流联盟的意义

物流业作为现代服务业的一个重要组成部分，在近年实现了跨越式发展，在我国经济社会发展中发挥着越来越重要的作用。我国加入世界贸易组织（WTO）后物流行业全面放开，并且呈现出两大不同于以往的发展态势：一是物流服务全球化，即在全球范围内开展物流服务，实现跨境物流运作；二是物流服务综合化，即面对多变的市场需求，物流公司提供全方位的综合物流服务，这就要求物流企业进行资源整合、协同发展，形成物流企业联盟。

在经济全球化不断深入发展的时代特征下，跨境物流联盟作为一种新型的物流运作组织，不仅可以有效整合联盟内各企业的物流资源，以实现资源共享，保证物流运作全过程的节约，降低物流成本，还可以提高联盟整体的运作效率，为顾客提供更加综合全面的物流服务。因此，跨境组建物流企业联盟已成为现代物流企业在多变的市场竞争环境下较为理想的发展模式，对促进我国物流业发展具有十分重要的意义。

为什么企业要形成跨境战略联盟或参与跨境并购？哪些经济因素影响着它们形成这种联盟和合并的动机？有研究表明，跨境物流联盟减少了固定成本以及分销、营销成本。具体而言，假设在同一个联盟内企业共享其分销网络，因此这基本上是一种分销联盟。海尔—三宝战略联盟就是一个很好的例子。该研究分析得出一个重要的和经验性的结论：跨国联盟或合并主导着国内联盟或合并。一家公司在分销成本很高的情况下，有更大的动机形成跨境联盟或进行跨境合并。对于外国直接投资而言，跨国联盟和并购之间的选择取决于直接投资工厂设置成本的大小。而且，由于跨境联盟或合并在战略上是互补的，因此当其他竞争企业也形成联盟或参与合并时，其他企业随后也会有更大的动机形成联盟或参与合并。该研究同时也强调了营销和分销成本影响企业的国外市场进入模式。跨境战略联盟和合并是企业选择国外市场进入方式后决定的跨境合作类型。

跨境物流联盟的建立对于联盟内企业的生存和发展有着极其重要的意义，主要表现在以下几个方面。

第一，减少重复与浪费。跨境物流联盟可以减少甚至消除联盟企业在仓储、库存、物流配送系统等方面的重复投资，使整个物流供应链响应市场的速度更快，运作成本更低，推动全社会存量资产和闲置资产的有序合理流动，提高资源利用的效益，优化配置，使之效率更高，竞争力更强。

第二，增强技术力量。共享技术的合作有助于增强双方的技术基础。

第三，促进战略成长。许多新机会有很高的进入壁垒，合作可以使跨境物流联盟企业有能力集中技术和资源来克服这些壁垒，并开拓新的市场。

第四，增进企业技能。合作提供了一个极好的学习机会，除了向另一方学习，合作各方还必须更多地了解自己，使自己变得更加灵活，以确保合作成功。

第五，增强财务实力。除了解决上述竞争性问题，合作还有助于增强财务实力。合作会使销售收入增加，而管理成本在合作各方之间进行分担，从而使联盟企业的盈利能力得到提升。这样有助于联盟企业自身积累，增强财务实力。

第六，提高企业质量。引入多种竞争与合作模式，为市场注入新的活力。联盟内部带来的先进设备、技术、管理以及企业经营的理念，能够促进企业技术的提高，促使企业管理更加科学、规范，企业运作更加成熟，最终提高企业的绩效，改善企业的质量。

跨境物流联盟的出现是物流组织在制度上的一次创新。跨境企业引进了先进的物流技术概念、高级技术、行业特定知识和经验以及进入他国市场的新的管理系统，使当地企业能够获得全面的物流服务。它是在跨地区、跨国境和跨社会分工的情况下，物流联盟企业朝专业化、工艺化、全球化发展分工后，在信息技术拉动下的再融合，是体现单个物流企业核心能力和整体物流联合体效率的一种制度安排，代表了今后流通组织发展的一个方向，也是物流业研究领域的一个发展方向。

1.2 跨境物流联盟类别

跨境物流联盟的组织结构比较复杂，且呈动态特性，可以根据物流市场的需求灵活地进行组织与运作。可以从不同的角度对其进行多种分类。

1.2.1 按资源组合方式划分

跨境物流联盟的最大优势就在于突破了地理局限，可以进行跨地区、跨国境的信息与资源共享。按照资源组合方式的不同，跨境物流联盟可以分为以下两种类型。

1.2.1.1 资源相似型

这类跨境物流联盟是指在生产经营活动中，将拥有相似的资源或提供类似的服务的物流企业组织起来，形成跨境物流联盟。该联盟使市场竞争关系转化为双赢合作关系，并利用相似的资源实现企业的协同创新。因为资源集中于核心组织所创造的价值将大于资源分散在各个企业所创造的价值，所以可以通过资源的合理利用实现规模经济。如交通快运联盟，主要发生于交通运输部门。交通快运联盟强调交通运输部门或运输企业通过信息共享，减少运输时滞，增加运输量。为了减少运输时滞、增加运输量，空中客车公司、欧洲航空防务航天公司和泰雷兹公司于2002年7月22日宣布建立一个开放式的行业联盟。该联盟着重在实时交换和共享航空公司运营中心、飞机和空管中心之间的飞行计划和飞行轨迹资料，最大限度地提高空中交通效率和流量，应用卫星导航系统，减少航线间隔，改进全天候机场的使用能力等方面展开工作。

1.2.1.2　资源互补型

在市场竞争中，一些具备不同核心能力的企业聚合在一起，通过合作从对方获取自身所需要的资源，这种组合可以很好地形成互补效应。这样的组合有利于合作企业的优势资源互补。需要指出的是，互补的资源组合并不等于资源的多样化，即合作企业提供的各不相同的资源必须是可以相互兼容的。另外，有时合作企业提供的资源具有相似性，如技术，但重要技术的性质并不相同，仍然可以视为互补型的资源组合。例如，戴尔公司并没有一个完整的生产体系，相反，它将注意力放在库存的流动速度上，在每一批库存中以进库日期作为标志，将库存到装配的时间跨度作为评判库存是否合理的标准，从而达到控制库存流动速度的目的。戴尔公司建立有完备的数据交换系统，与价值链上的合作伙伴进行密切配合，加快库存流动速度。实践中，价值链联盟派生出生产联盟、销售联盟、物流联盟、信息联盟等多种形式。

总之，相似和互补的资源组合方式都会对跨境物流联盟产生积极的作用，因为这两种资源组合方式能够产生资源的联合优势，有效降低物流企业间的冲突，从而产生正面的效应。

1.2.2　按产业链节点整合划分

按产业链节点整合划分，跨境物流联盟主要包括四类：一是横向物流联盟，即为降低物流成本、减少重复性劳动、提高物流服务效率，若干家处于产业链上水平位置的跨境物流企业开展物流协同。二是纵向物流联盟，即跨境物流企业与产业链上下游节点企业开展垂直一体化经营合作，以提高市场反应能力，构建持续竞争优势。三是混合物流联盟，即诸多跨境物流相关企业综合开展横向联盟和纵向联盟，以推动资源最优整合，实现效率的最大化与规模化扩张。这类跨境物流联盟在运作时对外提供完整的服务功能，但在单个成员企业内部却没有完整执行整体服务功能的能力。各成员企业仅保留自身的核心能力或关键功能，而将其他功能进行精简，并借助于外部物流企业实现所需要的功能。四是网络式物流联盟，即为适应全球化的物流市场环境，若干家跨境物流企业共建跨境物流供应链联盟，凭借动态网络结构实现便捷的信息交换与资源共享。这类跨境物流联盟没有有形的实体机构，而是通过信息网络和契约关系把分布于不同区域的资源有效联结起来。

1.3　国际贸易与跨境物流联盟

1.3.1　国际贸易与跨境物流概况

随着经济全球化的推进，我国经济已逐步融入世界经济体系中，中国已成为国际贸易的一个重要节点。我国由于市场优势和人力资源优势，在国际化分工协作中已经逐步演变为制造大国。2018 年，我国进出口总值达 30.51 万亿元人民币，其中工业制成品占出口总额的 83.4%，货物贸易规模创历史新高。支撑这些贸易和制造的关键是物流，其中，跨境贸易取得突出进展。据物流与采购联合会统计，2018 年全国社会物流总额为 283.1 万亿元，社会物流总费用为 13.3 万亿元。物流业已成为国民经济发展的重要支柱产业。

我国外贸发展能够取得如此成绩，来之不易，主要有以下五个原因：一是营商环境“好”。我国陆续出台了一系列减税降费、优化口岸营商环境的政策措施，贸易便利化水平显著提升。据世界银行发布的《2019 年营商环境报告》，我国营商环境整体提升了 32 位，其中跨境贸易排名由第 97 位跃升为第 65 位，也提升了 32 位。同年内我国两次提高部分产品出口退税率，有效促进了出口增长，并且主动降低了药品、汽车及其零部件、日用消费品等进口关税，也有效促进了进口额的增长。二是外贸企业“多”。这为对外贸易营造了良好的发展环境。三是贸易伙伴“广”。近年来我国外贸市场多元化取得了积极进展，在与传统贸易伙伴保持良好增长速度的同时，也积极拓展与全球其他国家和地区的经贸往来。四是增长动力“强”。从量、价因素来看，进口数量指数为 106.4，出口数量指数为 103.6，数量对进口、出口的贡献程度均超过了 5 成，外贸进出口增长动力更为扎实①。五是质量效益“优”。这主要体现在进出口更加均衡、区域发展更加协调、产品结构更加全面等方面，进出

① 数据来源：《海关总署：2018 年我国外贸进出口规模达到新的历史高点》。

口质量和效益进一步提高。

然而，我国物流业发展比较晚，基础非常薄弱，尽管近几年得到快速发展，但与发达国家相比，仍有很大差距。据统计，2018 年我国物流总费用占国内生产总值（GDP）比率为 14.4%，同期美国为 8.5%、日本为 6.9%、德国为 5.5%。我国社会物流总费用的比率不仅跟发达国家比有些差距，而且跟经济发展水平基本相当的金砖国家相比也偏高，例如印度为 13.0%，巴西为 11.6%，物流降本增效仍有较大空间。我国物流企业规模小，占用资源多，业务同质化现象严重，无序竞争、重复投资现象非常普遍。物流巨头马士基认为，中国物流成本偏高的一大原因是行业过于分散，缺乏统一管理，因此有很大的改善空间。

跨境电子商务的发展对跨境物流提出了更高的要求。跨境电子商务一直是海关监管的重要领域。2019 年 1 月 1 日《电子商务法》正式实施，这为跨境电子商务海关监管、保护消费者权益和知识产权等提供了法律支持。在我国对外贸易增速放缓的背景下，跨境电子商务的业务在快速发展，成为未来驱动贸易发展的新动力。然而，我国跨境物流服务无论数量还是质量均不能满足物流需求快速增长的需要。如何与国内外物流企业形成联盟，构建国际化物流运营体系，成为我国物流业发展迫切需要解决的问题。为了满足跨境电商发展的需要，我国的物流企业必须“走出去”，构建自己的国际化物流运营体系。

1.3.2 从民营企业“走出去”构建跨境物流联盟

从民营企业“走出去”开始构建跨境物流联盟，进而带动整个国际化物流运营体系的有效运行。近年来我国外贸实现了稳定增长，并带动了进出口规模达到新的历史高点，质量效益进一步提高。从规模上看，民营企业对 2018 年中国外贸增长的贡献度超过 50%。2018 年中国有进出口实绩的民营企业 37.2 万家，比 2017 年增加 10.7%，对外贸发展的拉动作用更加突出。海关相继出台了一系列措施，支持民营企业减负增效：一是开展关税保证保险试点。拓展担保方式，引入保险公司参与海关税收担保，为企业特别是中小企业减轻负担。鼓励中小企业创新，对符合条件的中小企业公共服务示范平台进口有关科研和科技开发用品免征进口税收。二是推进“多报合一”改革。进出口企业可直接使用国家企业信用信息公示系统“一次报送”企业年报，不再需要向海关多头报送，其中超过六成报送者是民营企业。海关年报事项减少比例达到 70%。三是服务民营企业“走出去”。目前，中国海关已与 36 个国家和地区实现了“经认证的经营者”（AEO）互认，支持民营企业享受当地海关提供的各项便利措施，服务企业“走出去”。由此可以看出，进行外贸的民营企业之间搭建跨境物流联盟将渐入佳境。

1.3.3 案例分析——顺丰敦豪供应链中国

提起民营企业的跨境物流联盟，最具典型借鉴意义的就是“顺丰敦豪供应链中国”的案例。“‘顺丰敦豪’上线，顺丰正式入局供应链领域。”消息一出，轰动一时。敦豪公司（DHL）隶属于著名邮政和物流集团 Deutsche Post DHL Group（以下简称“DPDHL 集团”），包含的业务单位有 DHL Express、DHL Parcel、DHL 电商、DHL Global Forwarding、DHL Freight 和 DHL Supply Chain。凭借在全球 220 多个国家和地区建立的全球性网络，DHL 是世界上最具有国际性的公司，可以为几乎无限数量的物流需求提供解决方案①。

敦豪北京、敦豪香港是 DPDHL 集团分别在中国内地、香港和澳门地区的供应链业务板块经营主体。“顺丰敦豪供应链中国”的成立，表明 DPDHL 集团放弃了在中国内地、香港和澳门地区经营多年的供应链业务，并将其全部转移给了顺丰控股，此交易不涉及 DPDHL 集团在中国诸如国际快递、货运及电子商务物流解决方案等其他业务。

而顺丰控股则将此块业务以“顺丰敦豪供应链中国”这一新业务板块启动运营，这个总部位于上海的新公司不仅全盘接收了 DPDHL 集团的相关业务，更将包括前 DHL 供应链大中华区首席执行官邹胤在内的部分管理团队也“收归账下”。根据双方协议约定，在今后十年，DPDHL 集团通过向新联名公司提供品牌、客户、员工培训和行业最佳实践经验分享等支持，每年将收到基于营业额计算的合作服务费。

“这就相当于顺丰花钱买到了一整块市场、业务体系和核心团队，同时还有一个老师教你怎么来用好买到的这些资源。”一位国内物流界资深观察人士在接受《华夏时报》采访时表示：“虽然从价格上看并不算便宜，但如果能真正将这块业务整合到自己的整体业务板块中，未来所带来的价值将会远超过付出的成本。”

DPDHL 集团全球首席执行官弗兰克·安澎（Frank Appel）表示：“顺丰拥有丰富的中国市场经验，将为我们的供应链业务合作奠定一个坚实的基础，令我们今后在中国市场可以继续蓬勃发展，寻觅更多机遇。”而顺丰控股董事长王卫则认为：“通过顺丰敦豪供应链中国，我们将全力扩大在本地市场的影响力，以满足各行各业广大客户日渐提升的服务需求。与 DPDHL 集团携手合作也将推动我们走向全球市场。”

① http：//m. sohu. com/a/300543174_ 168370/（经整理）。

实际上，一直在快递业务上长期居于市场顶端的顺丰控股在近年来已经开始受到多重挑战。一方面是几大核心快递企业先后完成上市之后，开始有充足的资金投入到基础设施建设和服务环节的改善方面，从而开始逐渐缩小与顺丰控股的差距，并且快递业虽然仍保持高增速，但增速已经开始放缓。另一方面，在快递业务之外，各家竞争对手也都在积极开疆扩土，希望能够开拓出新的市场空间。相比之下，顺丰控股虽然也有行动，但并不具备先发优势和牢固的市场根基。

经过并不成功的线下门店拓展和电子商务等方面的尝试之后，顺丰控股开始逐渐将目标对准综合供应链解决方案提供商这一方向。

供应链整合及相关服务是物流业中门槛最高以及附加值最高的一块业务，对企业在行业的经验、资源等诸多方面都有较高的要求，像 DPDHL 集团这样在全球开展业务的供应链业务商，是在数十年的行业经验积累之下逐渐摸索并成长起来的，相比之下，尽管中国的物流企业在一个高成长性的市场中获得了较快的发展，但受技术和经验等门槛限制，在这一领域仍然处在较为初级的阶段。

顺丰控股近年来已经通过与 UPS（美国联合包裹运送服务公司）在香港成立合资企业、通过并购进入陆运业务、与美国冷链物流巨头夏晖一起组建合资企业等诸多举措开始进行综合物流商的布局，同时也在传统的快递以及航空货运业务领域持续投资，但如何将这些不同业务有机整合起来，仍然需要更多的经验积累，而此次并购更像是“弯道超车”，客观上起到加速其业务整合的作用。

在此前宣布将收购 DPDHL 供应链业务时，顺丰控股方面曾经表示，顺丰与 DHL 在华业务的整合是多方共赢的。对顺丰，这次收购能够快速补足短板，丰富产品线，进而使顺丰有能力且更积极地拓展供应链市场。通过整合，顺丰还将获得 DPDHL 在品牌授权、科技、培训、客户、供应链能力等方面的支持，大大提高第三方运输、仓库管理、企业客户增值服务等方面的能力，并且 DPDHL 在汽车、医疗、消费电子以及半导体等具有高壁垒、高附加值服务的领域业务经验丰富，可以提供保税区物流、产前物流、无尘室等服务，这些对企业未来发展非常有利。

1.3.4 跨境物流联盟的实现途径

1.3.4.1 物流联盟的两种技术途径

在国际贸易背景下，跨境物流联盟把同类服务者联合起来，在规模扩大的条件下，联盟成员相对优势可以得到更大程度的发挥，产生规模经济效益。

从本质上看，联盟是企业跨越空间距离的集聚组织体与企业集群，可以获得集群与集聚所带来的经济绩效：规模经济、协同经济、经营费用节约、产业集中度提高等。

以联盟方式实现规模经济主要通过两种途径，即技术上的规模经济和市场上的规模经济。

技术上的规模经济主要体现为：促进专业分工，降低生产成本；提高资源利用率，增加规模产出，降低单位生产成本。因为联盟企业间资源共享，可弥补资源不足。一方面提高资源利用效率，减少“埋没资源”。另一方面增加资源投入，实现规模经济；精简管理机构，削减组织成本；稳定交易关系，节约交易费用。因为，在长期合作中，联盟各方的资产专用性加强，而联盟的路径依赖特征使任何一方都不愿意轻易破坏联盟关系；同时，联盟成员在长期博弈中所形成的稳定的信息交流机制和信任机制可以有效避免逆向选择、道德风险和机会主义。联盟成员在目标市场上拥有更强的市场势力，因而能以较低的市场价格购买投入要素而削减成本，从而产生联盟的规模扩张效应。

市场上的规模经济主要表现为：通过建立物流联盟，实现规模运输，形成买方市场，寻求最佳资源，降低营销成本；通过联盟拓展市场空间，扩充市场规模，增加市场需求容量和需求潜力；特别是组建跨境战略联盟后，可以充分利用国内、国外两种资源、两个市场，在全球范围内配置资源、开拓市场，快速实现全球范围的规模经济；通过缔结联盟建立行业准则，抑制过度竞争，实现行业的外部规模经济；通过联盟，交叉协作，产生新的市场。

1.3.4.2 跨境物流联盟的多元化经营

(1) 区块链平台

有些企业可以进行多元化经营。作为世界上最大的快递承运商与包裹递送公司，同时也是运输、物流、资本与电子商务服务的领导性的提供者——UPS，2019 年 3 月在区块链领域成为“第一个吃螃蟹的人”。UPS 和电子商务技术公司 Inception 联合推出了一个用于改善商户供应链的区块链平台。平台能让商家监控产品从上市到发货的整个供应链过程，还能确保将那些特定合同定价及费率等敏感数据只显示给买家和卖家。商家使用该区块链平台能进行上传产品信息、安排订单、监控退货、处理交易、审查销售和市场分析等操作。

(2) 海外仓

如何在激烈的市场竞争中开拓出一条新路，让众多小型企业煞费苦心。不少物流服务商都选择建立联盟，另辟蹊径，开通了海外仓服务，例如，出口易早在 2005 年就开始运营在美国、英国和澳洲的仓库，4PX 推出的订单宝（海外）也旨在为卖家提供英国、美国、德国等国家的海外仓储服务，eBay 联合万邑通推出 Winit 海外仓。此外，也有独立网站卖家联合物流商开发海外仓，例如，大龙网与 XRU 在俄罗斯联合建设海外仓，极大地提升了跨境物流时效。

（3）国际 e 邮宝

跨境电商小件寄递市场的需求呈上升趋势，典型的代表是国际 e 邮宝业务。该业务是中国邮政速递物流（EMS）通过与境外邮政和主要电商平台合作推出的国际小件寄递服务。国际 e 邮宝在中国境内使用 EMS 网络发运；出口至境外邮政后，寄达国邮政将通过其境内的轻小件网投递邮件，再提供邮件实时跟踪查询服务。已经开通的路向有美国、英国、澳大利亚、加拿大、法国、俄罗斯、乌克兰、以色列、挪威、巴西、德国、荷兰。客户通过平台网站（如 eBay、速卖通、敦煌网等）提供的寄递工具或邮政速递物流在线发运系统在线填写相关信息，在线生成邮件号码并打印邮件标签、发送揽收请求，即可获得邮件实时跟踪、收寄资费和重量信息主动反馈等服务。

（4）4PX 新邮挂号小包

4PX 新邮挂号小包（Singapore Post 4PX）同样是跨境物流联盟的代表。其是由新加坡邮政在中国的代理——递四方速递公司针对 2 千克以下的小件物品推出的空邮产品。

这类的联盟还有“速优宝”芬邮挂号小包，是由速卖通和芬兰邮政针对 2 千克以下小件物品推出的特快物流产品，派送范围为俄罗斯、白俄罗斯全境邮局可到达的区域。再如，“中外运—西邮标准小包”是中外运空运发展股份有限公司联合西班牙邮政针对速卖通卖家的重量在 30 千克以内且申报价值小于等于 15 英镑的货物推出的国际商业快递干线+末端西班牙邮政快递派送的标准小包服务，送至西班牙全境邮局覆盖区域。

（5）跨境在线交易平台

目前，国内较大的电商平台如阿里巴巴、京东、苏宁等在稳固发展国内电商业务的同时也开始聚焦跨境电商业务。阿里巴巴已经和中国远洋公司合作，京东正努力与国际优秀电商平台洽谈。敦煌网是第一个聚焦中国众多中小供应商产品的网上 B2B 平台，是为国外众多的中小采购商有效提供采购服务的全球在线交易平台。跨境电商将实现由量变到质变，迎来一个跨越发展的时代。

1.3.5 跨境物流联盟在“一带一路”建设中的影响

“一带一路”倡议的提出，对于缩小亚太经济圈至欧洲经济圈广大区域内的发展差距意义重大，为我国提供了巨大的机遇。跨境物流联盟借助资源、产业、文化等方面的互补性和相似性扩大区域贸易、投资等合作空间；中亚、中东和中国西部等地区的交通基础设施的完善与建设，提升了跨境物流联盟物流的硬实力；亚投行、汇丰、渣打等银行以及中东国家部分金融机构已经开展人民币账户业务和进行人民币结算。跨境物流联盟可以借势而上，充分发挥物流高效联通的效用，发挥海陆空的专业优势，扩大国际国内效应，积极带动物流产业壮大。实施跨境物流联盟，从短期看，有助于推进“一带一路”沿线国家和地区互联互通，培育新的消费增长点，增加就业渠道和社会福利等；从长期看，有助于落后地区降低缩小区域差距的追赶成本，有助于综合消费建议及时顺应需求以动态化提升产品竞争力，有助于推动人民币国际化进程等。可以说，“一带一路”为跨境物流联盟提供了保障和平台，跨境物流联盟是“一带一路”道路中的基石。以下将从宏观市场和微观企业两个角度对跨境物流联盟在“一带一路”建设中的影响进行剖析。

1.3.5.1 宏观市场角度

（1）在发展理念上缩小差距

在发展理念上，落后地区的企业应积极主动学习物流知识，开展特色运营，着力自建能够充分展示产业、产品和资源特色的运营平台。跨境物流联盟必须具有创新意识，以前瞻性顺应经济发展要求，努力争取市场份额，加速扩展市场空间。同时，还要能快速得到市场反馈，以进一步完善产品，从而实现地区优势产品与无边界市场的直接对接，有助于特色产品的综合品质在满足预期需求的轨迹上螺旋式演进，缩小与发达地区的差距。这种发展理念在我国西部地区尤其必要、更加紧迫，在“向西开放”理念指引下形成的“一带一路”运行区为西部地区的发展提供了机遇，诸多产业、产品、资源特色是把握这个机遇的资本，如果措施得力，跨境物流联盟将成为西部地区开辟替代性小的自有市场的平台，带动经济均衡发展。对特色产品和资源丰裕度高的落后地区而言，这是发挥后发优势将资源优势转换为经济效益的商业契机。

（2）助力服务业发展

在实现经济增长的进程中，跨境物流联盟承担了枢纽的角色。随着减税降费、降低融资成本等一系列政策措施成效的持续显现，服务业将对实现经济发展预期目标提供有力支撑。国家统计局 2019 年前三季度的统计数据显示①，航空运输业、邮政业等跨境物流联盟涉及的行业商务活动指数位于 58.0%以上较高景气区间，其中物流业商务活动指数为 54.0%。而跨境物流联盟享受到“一带一路”相关政策的优惠，如沿路港口的开放和通关政策的

① 根据国家统计局 2019 年数据整理所得。

便利等，有助于通关、物流路线选择等。

在实践中，“一带一路”国际物流联盟起到了带头作用。在此方面，浙江省做出了表率。由浙江省国际货代物流协会、浙江省物流与采购协会、宁波市国际货运代理协会、义乌市国际货代物流协会共同倡议并发起，联盟首批成员单位约100家，涵盖外贸企业、国际货代物流企业、船公司、港口、机场、铁路等“一带一路”贸易与物流服务供应商；加大对“义新欧”中欧班列的品牌宣传，在货源组织、增设集货点、统计监测等方面进行积极尝试和探索。此外，浙江省还积极推进国际港航运物流枢纽建设，启动建设“义甬舟”开放大通道，进一步打通面向“一带一路”的铁海联运通道。

（3）解决我国产能过剩隐忧

近年来，我国产能过剩的现象一直存在，而且愈演愈烈。例如，在平板玻璃行业，三峡新材和金刚玻璃的跨界并购方式或遭失败或遭监管层问询；在输配电设备行业，国家不断下调电价及煤炭价格；等等。

跨境物流联盟可以借“一带一路”之风乘势而上。“一带一路”沿线国家和地区资源同构性强，产业关联度高，兼具经济互补性和相似性，我国对中东、中亚国家具有极高的能源需求，在多种产业上存在合作发展的空间，我国是它们主要的贸易伙伴。借助资源、产业、文化等方面的互补性和相似性扩大区域贸易、投资等合作空间，可有效深化区域经济合作。通过对外投资推动我国资金、产业、企业、技术、标准、规则等“走出去”，与其他国家和地区形成供应链体系，实现开发战略的深化。创新对外投资方式，接洽各种产业对接会，促进国际产能合作，充分发挥跨境物流联盟的连接融合作用。例如，跨境物流联盟可以成立专题小组，与“一带一路”沿线政府开展一些专题论坛，帮助它们了解和创造更多新能源的创造端口，解决国内产能过剩问题。

（4）学习和引荐优秀制度

我国在贸易便利化途径中仍然存在较多制度障碍。例如，我国海关法律法规有待完善，透明度有待提高。我国海关执法依据包括海关行政规定、海关规章、海关公告等规范性文件，总数达1 500多件，对各利益相关方而言，实际应用效果较差，地方相关部门对这些法律法规的可获得性低，查找不便，而且操作文件下达基层的速度慢。再如，海关贸易便利化水平呈现区域失衡。我国各地区经济发展不平衡，各口岸海关基础设施建设不同步，且不同口岸的执法水平和执法力度差异较大。

中国商务部贸易研究院欧洲部副主任刘华芹曾到阿拉山口调研，让她吃惊的是，这里的运单处理全部是手工转运的，而且铁路运单的信息体系跟欧亚经济联盟是不对接的。因此需要专门在阿拉山口开设一间办公室，对运单进行手工录入。存在沟通效率问题的还有满洲里口岸，我方的货物运过去之后俄方海关要进行查验，一旦发现不符，就要求我们企业用俄语做出解释，这是非常困难的，因为不是所有的企业都有俄语翻译。这样的情况很容易造成通关延滞。一旦贸易量上升，就会出现大量压货现象。因此，欧亚经济委员会在制定规章的时候一定要注意与国际海关组织、世界贸易组织中的相关规定接轨。尤其是处理英文或外文运单时，相关人员掌握英文或外文的程度高、使用互联网的熟练程度较高的话，能够大大降低成本。这方面可操作空间非常大，双方有很多可以改进的工作要做。

跨境物流联盟在实施的过程中可学习借鉴“一带一路”沿线各国和地区的优秀制度，引导各种资源向优势产业、产品、资源集聚。同时，政府能够在宏观层面统筹各种因素，使之发挥相对比较优势，顺应跨境物流联盟发展趋势，为我国经济发展注入新活力。

1.3.5.2 微观企业角度

（1）提高跨境物流企业核心竞争力

据海关统计，2018 年，我国对“一带一路”沿线国家进出口额为 8.37 万亿元人民币，创“一带一路”倡议提出以来的年度新高，高出全国整体增速 3.6 个百分点。其中，对沿线国家出口 4.65 万亿元，自沿线国家进口 3.72 万亿元。

我国对沿线国家进出口的主要特点为：一般贸易、加工贸易进出口增长较快。表 1.1 是 2018 年我国对主要国家和地区货物进出口金额、增长速度及其比重。相较 2017 年，我国对东盟出口增长 11.3%，进口增长 11.0%；对印度、俄罗斯等部分“一带一路”国家进口增势明显，分别增长 12.2%、39.4%。进口品种主要为能源资源型产品，如原油、天然气等。出口品种主要是劳动密集型产品，如手机、集成电路等。经初步分析可知，2018 年我国对沿线国家进出口保持增长的原因主要是与沿线国家政策沟通不断深化、大宗商品进口量价齐升。

表 1.1　2018 年我国对主要国家和地区货物进出口金额、增长速度及其比重

国家和地区	出口额（亿元）	比上年增长（%）	占全部出口比重（%）	进口额（亿元）	比上年增长（%）	占全部进口比重（%）
欧盟	26 974	7.0	16.4	18 067	9.2	12.8
美国	31 603	8.6	19.2	10 195	−2.3	7.2
东盟	21 066	11.3	12.8	17 722	11.0	12.6

续表

国家和地区	出口额（亿元）	比上年增长（%）	占全部出口比重（%）	进口额（亿元）	比上年增长（%）	占全部进口比重（%）
俄罗斯	3 167	9. 1	1. 9	3 909	39. 4	2. 8
印度	5 054	9. 5	3. 1	1 242	12. 2	0. 9
南非	1 072	6. 9	0. 7	1 799	8. 9	1. 3

数据来源：国家统计局。

2013 年以来，“一带一路”互联互通架构基本形成，一大批重大合作项目落地生根。中国与沿线国家新增航线 1 239 条，占新开通国际航线总量的 69. 1%。中欧班列已联通亚欧大陆 16 个国家的 108 个城市，累计开行 1. 3 万列。中缅油气管道、中泰昆曼公路全线贯通，中老铁路、中泰铁路建设稳步推进。中国同“一带一路”国家贸易总额超过 6 万亿美元，对“一带一路”国家直接投资 900 亿美元，为各国提供了更良好的营商环境、更便利的生活条件、更多样的发展机遇。“一带一路”正成长为推动世界经济和贸易增长的重要引擎。

贸易增速增量和卓有成效的互联互通措施，为跨境物流联盟带来前所未有的发展机遇。国家不但要深化与沿线国家物流合作，还要筹建或设立公路、铁路、航空、海运、国际快递等一批跨境物流联盟，并实现多国入股，授权跨国企业统一规划和运营，积极发展多式联运，大力推进物流标准化和贸易便利化。而如何构建跨境物流联盟，实现国际化物流运营体系，成为我国物流业发展迫切需要解决的问题。

近些年，我国在港口的基础设施建设和运营管理等方面都积累了丰富的经验。我国港口在以集装箱和货物吞吐量计算的世界港口排名中名次不断上升，存在丰富的产能合作基础，在与其他国家合作打造区域枢纽港并推动“港产城”融合方面已经迈出坚实的步伐，为当地经济走廊建设注入新动力。例如，我国招商局集团与斯里兰卡政府合资运营的汉班托塔港口，中方负责港口日常运营，将以印度次大陆和东非巨大的市场需求为依托，重点发展中转业务，将其打造为名副其实的“印度洋心脏”。在与沿线国家的运输通道建设中，我国进一步兼顾“一带”国家的出海需求。我国企业承建并运营的东非第一条电气化铁路亚吉铁路，是内陆国家埃塞俄比亚连接亚丁湾畔国家吉布提的吉布提港的出海大通道，也是中国企业在海外首次采用全套中国标准和中国装备建造的第一条现代化电气铁路。该铁路全长 751. 7 千米，设计时速 120 千米，将交通时间从一周缩短至 12 小时，释放出巨大的运力。中国路桥公司在肯尼亚承建运营的蒙内铁路，打通了肯尼亚首都内罗毕和东非第一大港蒙巴萨的快速通道，将通行时间由 8 小时缩减到 4 小时，预计将降低 40%的物流成本。

这些都为跨境物流联盟的茁壮成长培育了肥沃的土壤。港口和铁路的建设对跨境物流联盟的促进作用相当大。依托跨境物流主通道网络，结合内陆产业供应链完善，可使跨境物流全程场线效率得到提高。

第一，从集成视角看，将处于国家地理中心的国际物流枢纽作为内陆型国际中转枢纽，并与境外地位同等重要的国际物流枢纽之间形成国际物流主通道网络，即跨境国际物流通道网络。通过集聚同向物流量，在起始港和到达港分别形成集聚、配送体系，形成集聚、运输、配送一体化网络体系，以提高国际物流服务质量和效率，并降低成本，谋求长期发展。

第二，以整合同向物流场线，促进业务规模与班列频率提高，进而提升集成物流服务质量和效率，并降低跨境物流成本。

第三，关注始发国际枢纽港和终到国际枢纽港的场源建设，提升内陆型国际枢纽的物流集成引力。通过制度或市场机制处理好一般物流与国际物流、国际物流中转之间的关系，充分利用“一带一路”发展机遇，提高跨境商贸、跨境物流集成运作的组织发展水平。充分利用由跨境物流集成体主导的物流链，实现联动发展，提升物流业高端服务能力，与制造业等形成互动发展的需求关系。

第四，关注境内地理中心、采购中心、制造中心、配送中心、金融中心与跨境内陆型国际中转枢纽的功能对接和集聚，形成新的场源，增强跨境物流集成引力。充分利用并集聚多种类型的集成体，产生跨境物流业务规模效应，以支持国际物流快速通道网络，使之成为跨境联动发展最为重要的基础服务平台与综合型信息网络。

第五，在联结设计和构建方面进行持续创新。积极主动地进行基础类、服务类、综合类联结键的重新设计与创新。

跨境物流联盟积极拓宽好渠道是当下最需要做好的事。我国快递行业从无到有，再到业务量持续保持世界第一，其势不可挡，相信跨境物流联盟也必将乘“一带一路”建设之势提质增效，提高企业的核心竞争力。

（2）宣传特色产品

特色是市场份额的基石，跨境物流联盟集合了诸多优势产业、产品、资源，而市场完全可以利用跨境物流的影响力带动发展。

除了茶叶、瓷器这些典型具有中国特色的产品，我国还有很多特色产品亟待开发和宣传。西部的藏药，迄今已有上千年的历史，是我国较为完整的民族药之一。西藏雪莲、圣地红景天，这些珍贵的药材百治百效，但却鲜为人知。新疆的和田大枣和阿克苏的核桃，这些养生滋补的佳品在国外的知名度也并不高。跨境物流联盟完全可以在现有平台充分展示这类产品并开拓市场。可在国外贸易中心平台上设置特色产品专柜进行营销，在网络运营平台上依据产品特色与目标市场特点设计展示模板。不同于化妆品、数码类产品等，特色产品需要详尽的商品介绍细分模块、多元化物流方案、物流增值保障、对所达到标准水平的解读等。以马铃薯为例，其商品介绍中至少应当包括品种特色、营养成分、贮藏要求、国际比价等内容；设置根据品种差异推荐使用方法、制作过程演示等模块；设计物流板块，预测不同物流方案的物流效果；明确已经达到的国内外标准，注明各种标准的内涵；支持多语种商品功能介绍，配套买卖双方沟通的语言同步翻译软件；等等。显然，只有通过跨境物流联盟运营平台，企业才能全面而充分地展示产品的特色资源，才能够结合最优的物流方案实现贸易促进。

受到文化、制度、法律、关税、金融监管、贸易政策等因素的影响，跨境物流联盟运行机制极其复杂且具有不稳定性。跨境物流联盟的运作机理、价值创造过程、利益分配形式，以及运营稳定性和风险控制能力等，已成为影响跨境物流联盟构建与运作的主要决定要素。对它们进行系统研究，对优化跨境物流联盟组织结构、提高运营效率与稳定性、降低整个系统成本具有十分重要的现实意义。

2 跨境物流联盟构建要素

2.1 跨境物流联盟主体要素及体系结构

随着我国主导的“一带一路”建设进程的加快，构建跨境物流联盟势在必行，同时，近年来跨境电子商务的快速发展，对跨境物流提出了更高的需求。然而，如何建立跨境物流联盟，设立联盟主体要素及体系结构，构建国际化物流运营体系，已经成为我国物流业发展需要解决的重要问题。

2.1.1 主体要素

从理论上说，物流联盟是指两个或两个以上的以物流为合作基础的企业建立的战略联盟，其通过协议、契约结成组织，其中参与方至少要包括物流任务的执行者和物流方案的协调者。物流任务的执行者具备运输、配送、仓储等核心能力。物流方案的协调者将多种物流方式、物流资源进行整合，提供“门到门”的一体化物流服务。在运营过程中，盟主企业由第四方物流公司承担。在对外经营上，物流联盟以第四方物流公司的名义对外承接物流活动，成为货主的代理人，帮助货主考虑物流活动的各方面问题；在对内协调组织上，第四方物流公司不会涉足专业物流公司的具体物流业务，它会真正从方案合理性的角度去分配权利和义务。

现实组建的物流联盟一般包括联盟平台、各地物流公司、各地工业企业三大主体，三大主体之间的协作模式主要是各地工业企业向各地物流公司发出订单，物流公司接单后，将业务需求信息输入联盟平台的信息系统，由平台调度安排各种资源来执行订单。通过三大主体之间的协作模式可以看出，物流联盟的主要功能包括物流业务的调度与监管、物流资源的整合与优化、物流金融服务和相关增值服务等。

从理论定义与实际操作中可总结出物流联盟应包含以下三个基本要点：

第一，物流联盟是由两个或两个以上的经济组织构建的介于企业与市场交易关系之间的一种组织形态，主体要素间通过联盟契约维持联盟有限期间稳定的伙伴关系。

第二，在一个稳定的联盟关系中各主体要素缺一不可，联盟中的所有经济组织都具备独特的核心竞争力，从而联合起来构成一个更大的“经济组织”，统一联盟中各企业的物流目标，力求降低联盟内部的市场交易成本，达到整体利益最大化。

第三，组建联盟应构建良好的利益分配机制、风险管控机制，同时联盟成员之间需要同心协力、相互信任，只有这样才能充分发挥出企业的协同效应，使合作长远进行下去。

2.1.2 体系结构

物流联盟是以物流为合作基础的企业战略联盟，为了实现自己的物流战略目标，通过各种协议、契约而结成的优势互补、风险共担、利益共享的松散型网络组织。与物流联盟不同的是，跨境物流联盟体系的经营特征在于其具有广阔的地域特征，具备承担多种复合功能服务物流作业的能力，进行以战略联盟为主的资源整合，从而解决物流资源浪费、重复建设严重的问题，并充分发挥各地区的能动性，扬长避短，优势互补，以求在战略联盟内外实现双赢或多赢。

为了适合联盟体系的经营特征，跨境物流联盟组织构架一般包括三个层次（如图 2.1 所示），依次为协调管理层、联盟业务层和联盟企业层。协调管理层由第四方物流公司进行管理，主要通过信息平台收集信息，并制订物流任务分配方案，协调各业务团队物流工作的衔接，监督合作行为，有效评价，提出激励和惩罚措施。联盟业务层由为不同物流任务提供服务的团队组成，通过信息平台共享资源，合作完成单个企业无法完成的物流任务，并提交工作进度。联盟企业层是由物流联盟组建时参与的成员企业组成的，是业务活动的实施者。

2.2 跨境物流联盟管理结构

组建物流联盟是物流企业提高竞争力的有效途径，良好的管理结构是物流联盟发展的基础，合理有效的良好的管理结构能更好地将各成员企业组织起来，调动大家的积极性，这是联盟成功运行的基本保证。以下针对物流联盟的特点，探讨适合物流联盟整个发展过程的管理结构。

2.2.1 星形模式联盟管理结构

星形模式联盟管理结构又称有盟主的组织结构模式，该模式的主要特点

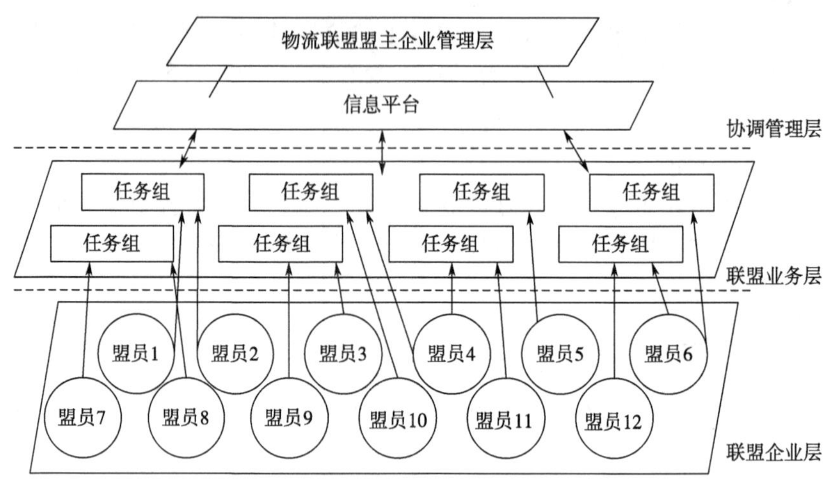

图 2.1　物流联盟组织架构

是由一个占主导地位的物流企业（盟主企业）选择一些具有相应核心物流能力和资源的伙伴，组成一个物流企业联合体。盟主企业担负着联盟组织主要的管理工作，是物流联盟组织管理的主体，其管理职能贯穿于联盟组织运作的始终。首先，它将利用自身在行业中的优势地位，敏锐、迅捷地识别出物流市场机遇，根据自身实力把握住市场机遇；其次，联盟组织的构建主要由盟主企业来完成，盟主企业负责联盟物流总目标的分解及运行规则的制定。该模式下，物流联盟组织的客体主要是处于不同地域的、有着自身独立性的其他合作伙伴，它们接受盟主企业的领导和计划指令，并利用自身某方面的资源优势，通过辅佐盟主企业，获得发展自己的机会。盟主企业还负责协调各个伙伴之间的关系，负责在伙伴之间出现冲突时做出合理仲裁。显然，物流联盟组织的高效运作，就依赖于它们优势的整体发挥和各个组织内部以及各联结部分的协调运作与高效管理。

星形模式下物流联盟组织主要由掌握关键物流技术的盟主企业集中管理，因此其管理的整合效应强大，形成统一认识的速度快，而且有利于企业整体战略以及竞争优势的形成。这样的物流联盟组织的管理具有一定的稳定性，拥有一定数量的稳定顾客群体。但是，这种模式下的物流联盟组织的经营管理容易受盟主企业的经营管理理念的影响，一旦盟主企业出现失误就会造成联盟组织整体运作的瘫痪。同时，这种模式对盟主企业的组织领导能力要求很高，盟主企业面临的管理压力也相当沉重，只有实力强大、竞争优势明显的知名物流企业才能担此重任，它们更容易维系已有的市场和顾客群体。另外，在市场信息的把握与市场机遇的识别上，这种模式的优势并不明显，因为这种组织结构具有相当的稳定性，盟主企业对市场的把握易受传统企业管理理念的局限，表现为对市场变化的响应能力与敏捷性相对较弱。

2.2.2 平行模式联盟管理结构

平行模式联盟管理结构又称民主联盟组织结构模式，该模式中不存在占主导、核心地位的盟主企业。在运行过程中，各参与者处于对等的地位，它们在保持自身独立的同时，为物流联盟贡献出自己独特的核心能力和资源。由于没有盟主，这种模式的物流联盟通过自我调节功能，即各成员企业间通过信息流、物流的交换参与运行，创造物流联盟的价值。该模式强调每个成员的作用，任何一个成员的核心能力的发挥强弱都会影响整个物流联盟组织运作的好坏。

平行模式一般要求各成员企业对市场变化的洞察力与预测力具有相当高的水平，即这种模式依赖于信息、网络技术的高度发展及普及，只有在这样的前提下才能迅速地把握住市场机遇。只有在这样的大环境下，各成员企业才会在市场需求和利益的驱使下，自发迅速地建立起协作关系，组成真正意义上的物流联盟组织形态。平行模式中各成员企业的地位平等，决定了它们在物流联盟组织管理中扮演的角色具有相同分量。每个成员企业既是管理的主体也是管理的客体，管理的重点集中在伙伴关系管理、协调管理以及风险管理上。

平行模式建立在网络信息技术高度发达的基础之上，因此，该模式具有很好的市场响应能力，更容易把握市场机遇。同时，高度发达的内外部网络连接技术，为其管埋带来了便捷。各成员企业的行为、决策更加透明，信息的反馈机制也更为健全，所以，平行模式是物流联盟组织最为理想的形态。但是，在现实中由于信息本身的特点和局限性，如信息的不对称、不同行为主体意识的不同等，加之网络信息技术处于不断发展的过程中，物流联盟组织的实际运作中还会出现许多不可预测的问题，这些都会影响合作的效果。

2.2.3 联邦模式联盟管理结构

联邦模式联盟管理结构是指在平行模式的基础上，建立一个共同的、类似协调指挥委员会形式的协调结构，对物流联盟组织的资源和技术力量实行统一计划和管理，从而实现联盟内物流资源的优化调整的模式。为实现物流联盟战略目标，协调委员会以并行工程方式分解物流作业任务，将合作伙伴中实现某种职能所具有的所有资源和能力集成在一起，形成以职能为中心的集成任务模块，如运输模块、仓储模块、装卸模块、配送模块等，各模块间平等合作，完成整个物流任务流程。

联邦模式的组织灵活，有利于不同伙伴之间的指挥和协调，是一种比较理想的联盟组织结构模式。联邦模式的主要优势在于它有一个由各成员企业共同组织起来的能够从总体上进行统一计划与管理的联盟协调委员会，这样就使得各成员企业都参与到物流联盟的管理中来，使各个成员对物流联盟整体形成全面系统的了解，明确总体物流目标及各自需要完成的物流任务，有利于调动各方的积极性，增强向心力。但是，联邦模式中协调委员会的成员全部来自物流联盟组织的各个成员企业，因此对潜在的更具优势的伙伴企业容易忽略，这不利于物流联盟的自我更新能力的发挥，同时也因协调委员会决策的主观性而使监督机制较弱。因此，为了弥补以上不足之处，可以在这种模式中把外部的专业中介服务机构引入协调委员会，为物流联盟组织提供客观的信息收集、评价等服务，对其决策进行监督，并监控整个物流联盟组织的运作效率。

2.2.4　中介模式联盟管理结构

中介模式联盟管理结构是指由对市场机遇把握准确，对物流企业、技术及客户物流需求等方面有较全面了解的中间机构来组建物流联盟的模式。中介机构的主要职责有制定运作规则，协调各合作伙伴之间的关系等。中介机构应该具有一定的权威性，如权威咨询公司等。适用中介组织模式的大致有两类情况：一种情况是某一企业发现了市场机遇，但是它并不拥有响应这一机遇的核心物流能力，或者即使拥有相关核心物流能力，却没有足够大的实力与权威号召或者组织起以它为核心的联盟，因此，寻求帮助，委托中介来组织。另一种情况是权威机构发现了市场的潜在需求，但是它自身既不具备核心物流能力，也无物流设备，更无专门的物流人员，这时，它们利用自身的有利条件组织起联盟以满足市场要求。物流联盟中介组织模式与盟主模式的主要区别在于，组成物流联盟的各成员都直接与中介组织联系，由它来传达要求、分配物流任务、进行物流作业协调管理。而盟主模式是由拥有关键核心物流能力的第三方物流企业自发组织起来的，由它占据主导地位，各成员物流企业之间是互相沟通、互相合作的。

2.2.5　主从模式联盟管理结构

主从模式联盟管理结构由两层以上的联盟构成，主联盟主要根据市场需求，对总体物流目标进行初步分解，对任务进行大致分工，明确各成员需要完成的物流子任务，是整个物流联盟的核心。根据构成主联盟的成员企业的各自物流任务与要求，再组建相应的实现物流子目标的从联盟，这些从联盟服从主联盟中相应企业的安排。同样，从联盟的成员也可以根据需要组建次级从属联盟。这种模式适用于物流项目巨大、任务十分复杂的物流联盟。虽然说物流联盟强调平等合作，但这并不意味着所有成员企业的地位都是相同的，尽管物流联盟中不存在传统企业的森严的等级制度，但是受物流企业的核心能力等因素的影响，在整个物流联盟的运行过程中，不同成员企业的地位还是会有所差别的，这是主从模式产生的原因之一。

主从模式的成员企业之间可能是一对一、一对多或多对多的关系，有利于完成复杂的物流任务，但实现和管理比较复杂，不同层次之间的沟通和信息共享可能会有一定的障碍。

2.3 跨境物流联盟物流网络结构

物流联盟的发展是经济发展中不可或缺的部分，随着物流联盟的加速发展，需要从宏观层面进行物流网络系统的统筹规划，以实现不同地区的协同发展，增加物流联盟整体竞争力，因此，搭建物流联盟网络结构至关重要。

物流网络是由执行运动使命的物流连线和执行停顿使命的物流结点两种基本元素组成的，连线与结点的相互关联构成不同的物流网络，物流网络水平的高低、功能的强弱则取决于网络中这两个基本元素的合理配置的程度。物流结点是物流网络的基本元素之一，在探讨物流网络之前，我们先来阐述物流结点。

2.3.1 物流结点

物流结点也称物流节点。结点代表收发货物的暂时停滞，是指进出口过程所涉及的国内外各层储货仓库、站场，如制造厂仓库、中间商仓库、货运代理人仓库、口岸仓库、国内外中转点仓库、流通中心、配送中心和保税仓库等。实体网络由多个收发货结点及之间的连线构成，物流过程中的包装、装卸、保管、分拣、配合、流通加工、仓储等操作，都是由结点完成的。它不仅履行一般的物流职能，而且还越来越多地履行着指挥调度、传递信息等神经中枢的职能，因而日益受到人们的重视。所以人们把物流结点称为整个物流网络的灵魂。

2.3.1.1 物流结点的功能

物流结点主要具有三项功能：衔接功能、信息功能、管理功能。

（1）衔接功能

物流结点将各个物流线路连接成一个系统，使各个线路通过结点变得更为贯通而不是互不相干，这种作用称为衔接作用。结点通过转换运输方式，衔接不同运输手段；通过加工，衔接干线物流及配送物流；通过储存，衔接不同时间的供应物流与需求物流；通过集装箱、托盘等集装处理，衔接整个“门到门”的一体化运输。

（2）信息功能

物流结点是整个物流系统或与结点相接的物流信息的传递、收集、处理和发送的集中地。在物流系统中，每一个结点都是物流信息的一个点，若干个这种信息点和物流系统中的信息中心连接起来，便形成了指挥、调度、管理整个系统的信息网络，这是一个物流系统建立的前提条件。

（3）管理功能

物流系统的管理设施和指挥机构大都设置于物流结点之处。物流结点大都是集管理、指挥、调度、衔接及货物处理为一体的物流综合设施。整个物流系统运转的有序化、正常化，以及运作的效率都取决于物流结点的管理职能实现的情况。

除此之外，物流结点还具备一些附加功能，例如，为金融业务、海关业务、边检业务和海事服务业务等提供配套服务，为过往车船提供补给和维修，并为相关人员提供居住、餐饮和娱乐等生活服务和商业服务功能，以及带动周边地区经济发展的经济辐射功能。

2.3.1.2 物流结点的种类

在跨境物流中，由于各个物流系统的目标不同以及结点在网络中的地位不同，结点的主要作用往往也不同，故将结点根据其主要功能分为以下四类。

（1）转运型结点

转运型结点是以连接不同运输方式为主要职能的结点，主要承担路线的衔接功能和不同运输方式转换功能。货物在这类结点上停滞的时间较短。这类结点有：铁道运输线上的货站、编组站、车站等，公路运输线上的车站、货场等，航运线上的机场，海运线上的港口、码头等，不同运输方式之间的转运站、终点站、口岸，等等。

（2）储存型结点

储存型结点是以存放货物为主要职能的结点，货物在这类结点上停滞的时间较长。这类结点有储备仓库、营业仓库、中转仓库、口岸仓库、港口仓库及货栈等。

（3）流通型结点

流通型结点是以组织物资在系统中流通为主要职能的结点，如流通仓库、流通中心、配送中心等。

（4）综合性结点

综合性结点是指在物流系统中集中于一个结点全面实现两种以上主要功能，并且在结点中并非独立完成各项功能，而是将各项功能有机结合成一体的集约型结点，典型的如自由贸易区、保税区、出口加工区、国际物流中心等。综合性结点是为适应物流大量化和复杂化而产生的，它使物流更为精密和准确，使物流系统简化。

2.3.2 特殊结点

物流网络中结点的种类有很多，下面主要阐述一些特殊结点，如口岸、港口、自由贸易区、保税区、出口加工区与国际物流中心等。

2.3.2.1 口岸

口岸原来的意思是指由国家指定的对外通商的沿海港口。但现在，口岸是由国家指定开展对外经贸，政治、外交活动，科技、文化交流，旅游和移民等往来，并供往来人员、货物和交通工具出入国（边）境的港口、机场、车站和通道，是国家指定的对外往来门户。

口岸可以从不同的角度进行分类，常用的分类方式有以下两种。

第一，按批准开放的权限划分，可将口岸分为一类口岸和二类口岸。在我国，由国务院批准开放的为一类口岸，包括中央管理的口岸和由省、自治区、直辖市管理的部分口岸；由省级人民政府批准开放的为二类口岸。

第二，按出入国境的交通运输方式划分，可将口岸分为港口口岸、陆地口岸和航空口岸三种。

截至 2018 年 12 月 31 日，我国共有经国家批准的对外开放口岸 306 个、水运口岸 135 个（其中河港口岸 54 个、海港口岸 81 个）、陆路口岸 97 个（其中铁路口岸 21 个、公路口岸 76 个）、空运口岸 74 个。

2.3.2.2 港口

港口是水陆空交通的集结点和枢纽，是整个物流供应链上最大量货物的集结点，是生产要素的最佳结合点、现代产业中心，是包括货源信息、技术信息、服务信息等信息的中心，是提供物流和商流各方面服务的贸易服务基地。

港口按其基本功用，可分为商港、渔港、军港和避风港四大类型。其中仅商港与跨境物流有关。现代商港不仅是水陆空运输的枢纽和货物集散地，还是一个巨大的生产单位，其规模的大小，一般以其吞吐量的大小来表示。

在综合物流时代，港口的功能发生了很大的变化。功能更加广泛的现代港口，将朝着全方位增值服务中心的方向发展。概括来讲，港口主要具备以下五个“中心”的功能：能提供综合物流服务的物流服务中心功能；为用户提供运输、商贸和金融服务的商务中心功能；提供市场决策信息，构建增值服务网络的信息与通信服务中心功能；发挥区位优势，发展相关产业的现代产业中心功能；提供人才培训、供应和海员服务及贸易谈判等设施，并提供舒适的生活娱乐空间，加强港城一体化关系，优化城市的后援服务中心功能。世界和我国主要港口如表 2.1 所示。

表 2.1　世界和我国主要港口

世界/我国	主要港口
世界主要港口	鹿特丹港（Rotterdam）、纽约港（New York）、新奥尔良港（New Orleans）、神户港（Kobe）、横滨港（Yokohama）、伦敦港（London）、新加坡港（Singapore）、汉堡港（Hamburg）、马赛港（Marseilles）、安特卫普港（Antwerp）等
我国沿海港口	上海港、宁波港、大连港、秦皇岛港、广州港、天津港、青岛港、黄埔港、湛江港、连云港、温州港、厦门港、北海港等
我国内陆主要港口	重庆港、武汉港、宜昌港、九江港、芜湖港、安庆港、南京港、扬州港、镇江港、苏州港、哈尔滨港、佳木斯港、济宁港、枣庄港、长沙港、株洲港、湘潭港等

2.3.2.3　自由贸易区

自由贸易区又称为对外贸易区、自由区、工商业自由贸易区等，是指两个或两个以上的国家通过达成某种协定或条约取消相互之间的关税以及与关税具有同等效力的其他措施的经济一体化组织。自由贸易区划在关境以外，对进出口商品全部或大部分免征关税，并且准许在港内或区内开展商品自由储存、展览、拆散、改装、重新包装、整理、加工和制造等业务活动。就性质而言，自由贸易区可分为商业自由区和工业自由区。其中，商业自由区不允许货物的拆包零售和加工制造，工业自由区允许免税进口原料、组件和辅料，并指定加工作业区加工制造。

随着时间的推移，自由贸易区数量不断增加，管理不断加强，成为跨境物流中多功能的综合物流结点，主要功能包括：转口集散；贸工结合，以贸为主；出口加工；保税仓储。世界和我国主要自由贸易区如表 2.2 所示。

表 2.2 世界和我国主要自由贸易区

世界/我国	主要自由贸易区
世界	杰贝阿里自由区、新型自由贸易区、欧盟与墨西哥自由贸易区、中国—东盟自由贸易区、巴拿马科隆自由贸易区、德国汉堡自由贸易区、美国纽约1号对外贸易区、中国自由贸易试验区、加勒比自由贸易区
我国	上海自由贸易试验区、广东自由贸易试验区、天津自由贸易试验区、福建自由贸易试验区、辽宁自由贸易试验区、浙江自由贸易试验区、河南自由贸易试验区、湖北自由贸易试验区、重庆自由贸易试验区、四川自由贸易试验区、陕西自由贸易试验区

2.3.2.4 保税区

“保税”的含义是指海关保留对货物征税的权利。保税货物是指经海关批准未办理纳税手续进境，在境内储存、加工、装配后复运出境的货物。保税区是海关设置的或经海关批准注册的、受海关监督的特定地区。许多国家对保税区的规定与自由贸易区的规定基本相同，保税区起着类似自由贸易区的作用。按照职能不同，保税区一般分为指定保税区、保税货棚、保税仓库、保税工厂、保税陈列场等。

在我国，保税区在拓展跨境物流业务方面具有非常有利的条件：一是保税区特别方便的通关条件（保税区与境外地区之间货物进出自由，无须报关），享受免许可证、免配额、免关税及进口环节税以及保税仓储时间无限制和设立外汇账户等特殊政策，使国外产品进入保税区如同在本国跨省流动，既可快速进入中国市场，又可快速转运其他国家，有利于商品及时分拨、配送；二是保税区具有保税仓储的发展基础，拥有较完善的物流基础设施，有利于对商品进行简单商业型加工处理，易实现商品仓储的自动化、包装的标准化以及配送的高效化；三是保税区一般都设立在港区或临港区，且与机场相连，具有较成熟的运输网络，交通运输相当方便；四是保税区是国内外市场的结合点，容易获得最新商品信息。

在我国，保税区从事商务运作的方式主要有两种。一是采取进口保税分拨方式。先从国外市场批量进货，经海关备案后运入保税区，在保税区仓储，根据市场行情再分批报关进口，既可降低单位货物采购成本和运输费用，又可延期缴纳进口关税和进口环节税；货物进区后保税仓储可提供看样订货、物品展示等服务，并保证及时供货；保税仓储价格较低，而且无仓储期限限制；劳动力成本较低，可根据客户需要进行简单再加工，效益十分明显。二是采取出口聚集分运方式。先将国内货物报关出口保税区，并聚集仓储，然后根据国外客户订单情况及时分运出境。由于保税区位于“境内关外”，货物进入保税区即为出口，货物出境手续简单；出口保税区的物品，可根据国外市场行情灵活、及时地向境外供货；保税区企业经批准可被授予区域性外贸经营权限，享受直接出口退税等政策，经济效益十分明显。

2.3.2.5 出口加工区

出口加工区是国家划定或开辟的专门制造、加工、装配出口商品的特殊工业区。出口加工区可吸引大量外资，为促进技术引进和产品产量、质量的提高，加速产品的升级换代创造条件。同时可扩大出口，增加外汇收入；增加就业机会，缓解所在国和地区的大量失业问题；提高生产技术水平和经营管理水平，促进各类人才的成长，通过内联和技术、人才的扩散，带动和促进国内其他地区经济的发展。

出口加工区的功能比较单一，仅限于产品外销的加工贸易，区内设置出口加工企业及其相关仓储、运输企业。我国的出口加工区是经国务院批准，由海关监管的特殊封闭区域，货物从境内区外进出加工区视同出口和进口，海关按进出口货物进行监管。国内现有的出口加工区有：深圳出口加工区、井冈山出口加工区、九江出口加工区、赣州出口加工区、昆山出口加工区、郑州出口加工区、北海出口加工区、青岛出口加工区、重庆出口加工区、成都出口加工区、无锡出口加工区、上海金桥出口加工区、松江出口加工区、天津出口加工区、乌鲁木齐出口加工区、吴中出口加工区、厦门出口加工区等。我国出口加工区的设立有利于海关加强监管，解决长期以来对加工贸易企业难以进行有效监管和手续繁杂的问题，利于联盟的管理，提高联盟的效率。

2.3.2.6 国际物流中心

国际物流中心是跨境物流活动中商品、物资等集散的场所。从各国的实践来看，国际物流中心多指由政府部门和物流服务企业共同筹建的具有现代化仓库、先进的分拨管理系统和计算机信息处理系统的外向型物流集散地。其特点是物流服务辐射范围广，具有比一般物流中心更强大的功能和更完善的体系，为客户提供高效的物流服务。从范围而言，国际物流中心可以是一些小国家或地区，如新加坡、中国香港就具有国际物流中心的地位；也可以是一国境内某一特定区域，如自由贸易区、保税仓库、外贸仓库等。国际物流中心的主要功能包括运输、仓储、装卸搬运、包装、流通加工、物流信息处理等。物流中心的具体功能可多可少，但必须有其核心功能，并由核心功能向上或向下进行扩展。

2.3.3 物流网络连线

物流网络连线是指连接国内外众多收发货结点间的运输线，这些网络连

线是库存货物的移动（运输）轨迹的物化形式，即物流的流动路径，使货物产生空间位移，实现货物的空间效益。每一对结点间有许多连线，以表示不同的运输路线、不同产品的各种运输服务，各结点表示存货流动的暂时停滞，其目的是实现更有效的移动（收或发）。

从物资输送方式角度将物流网络连线分为海运连线、铁路运输干线与大陆桥运输线、空运连线、集装箱运输干线与多式联运线等。

2.3.3.1 海运连线

海运连线是海上货物流动的路径，由于贸易总运量的2/3以上是通过海运方式来完成的，因此海运物流是跨境物流的主要表现形式，海运连线是多种网络连线中的主要连线。海运连线具体表现为各种海运航线和海上通道。世界各地水域，在港湾、潮流、风向、水深及地球球面距离等自然条件的限制下，可供船舶航行的一定径路，称为航路。海上运输承运人在许多不同的航路中，根据主客观的条件，为达到最大的经济效益所选定的营运航路，被通称为海运航线。

（1）世界主要海运航线

世界主要海运航线包括太平洋航线、大西洋航线、印度洋航线、北冰洋航线以及通过巴拿马运河或苏伊士运河的航线等，这些航线贯穿一个或多个大洋，密如蛛网，其中主要的海运航线如下。

①太平洋航线：

远东—北美西海岸航线；

远东—加勒比、北美东海岸航线；

远东—南美西海岸航线；

远东—澳大利亚、新西兰航线；

远东—东南亚航线；

澳、新—北美东西海岸航线。

②西北欧航线：

西北欧—北美东海岸航线；

西北欧、北美东海岸—加勒比航线；

西北欧、北美东海岸—地中海—苏伊士运河—亚太航线；

西北欧、地中海—南美东海岸航线；

西北欧、北美东海岸—好望角—远东航线。

③印度洋航线：

波斯湾—好望角—西欧、北美航线；

波斯湾—东南亚—日本航线；

波斯湾—苏伊士运河—地中海—西欧、北美运输线；

远东—东南亚—东非航线；

远东—东南亚、地中海—西北欧航线；

远东—东南亚—好望角—西非、南美航线。

(2) 我国开辟的主要海运航线

按照航程远近，将航线分为远洋航线、近洋航线和沿海航线。其中，远洋航线是指使用船舶（或其他水运工具）跨越大洋的运输航线；近洋航线是指本国各港至邻近国家港口间的海上运输航线；沿海航线是指本国沿海各港口间的海上运输路线。我国开辟的主要海运航线如表 2.3 所示。

表 2.3　我国开辟的主要海运航线

远洋/近洋	主要海运航线
远洋	中国至红海航线；中国至东非航线；中国至西非航线；中国至地中海航线；中国至西欧航线；中国至北欧航线；中国至南、北美西海岸航线；中国至加勒比、北美东岸航线；中国至南美东海岸航线
近洋	中国至朝鲜、韩国航线；中国至日本航线；中国至越南航线；中国至俄罗斯远东地区航线；中国内地至香港地区航线；中国至菲律宾航线；中国至泰国、柬埔寨航线；中国至印度尼西亚航线；中国至新加坡、马来西亚航线；中国至北加里曼丹航线；中国至孟加拉湾航线；中国至斯里兰卡航线；中国至阿拉伯海、波斯湾航线；中国至澳、新航线

(3) 海运连线中的重要通道——海峡、运河

在全球海运连线中最重要的海峡有：英吉利海峡、马六甲海峡、霍尔木兹海峡、直布罗陀海峡、黑海海峡、曼德海峡、朝鲜海峡、台湾海峡、望加锡海峡、龙目海峡等。其中，英吉利海峡、马六甲海峡和霍尔木兹海峡是最繁忙的海峡。

全球海运连线中重要的运河有：苏伊士运河、巴拿马运河、基尔运河、圣劳伦斯海道等。目前，苏伊士运河为最繁忙的跨境物流运输运河，每年通过运河的船只达 2 万艘次以上，而且主要是油船，其中由中东运往西欧的石油占运河总货运量的 60%以上。

2.3.3.2　铁路运输干线与大陆桥运输线

在跨境铁路物流中，一般涉及两个或两个以上国家的铁路运送。因此，铁路物流主要表现为铁路货物联运物流。各国铁路车站是跨境铁路物流的重要结点，铁路运输线及大陆桥运输线是跨境铁路货物流动的重要路径。

（1）世界主要铁路运输干线

世界主要铁路运输干线有 4 条，如表 2.4 所示。

表 2.4 世界主要铁路运输干线

铁路运输干线	具体线路状况
西伯利亚大铁路运输干线	莫斯科—梁赞—萨马拉—车里雅宾斯克—鄂木斯克—新西伯利亚—伊尔库茨克—赤塔—哈巴罗夫斯克（伯力）—符拉迪沃斯托克（海参崴），总长 9 332 千米
加拿大连接东西两大洋的铁路运输干线	①鲁珀特港—埃德蒙顿—温尼伯—魁北克（加拿大国家铁路） ②温哥华—卡尔加里—温尼伯—散德贝—蒙特利尔—圣约翰—哈利法克斯（加拿大太平洋大铁路）
美国连接东西两大洋的铁路运输干线	①西雅图—斯波坎—俾斯麦—圣保罗—芝加哥—底特律（北太平洋铁路） ②洛杉矶—阿尔布开克—堪萨斯城—圣路易斯—辛辛那提—华盛顿—巴尔的摩（圣菲铁路） ③洛杉矶—图森—帕索—休斯敦—新奥尔良（南太平洋铁路） ④旧金山—奥格登—奥马哈—芝加哥—匹兹堡—费城—纽约（联合太平洋铁路）
中东—欧洲铁路运输干线	巴士拉—巴格达—摩苏尔—穆斯林米亚—阿达纳—科尼亚—厄斯基色希—博斯普鲁斯海峡东岸于斯屈达尔—博斯普鲁斯大桥—伊斯坦布尔—巴尔干铁路—索菲亚—贝尔格莱德—布达佩斯—维也纳

（2）我国通往邻国的铁路干线

我国通往邻国的铁路干线主要有 9 条，如表 2.5 所示。

表 2.5 我国通往邻国的铁路干线

铁路干线		具体线路情况
中俄	滨洲线	哈尔滨—满洲里→西伯利亚铁路
	滨绥线	哈尔滨—绥芬河→俄罗斯远东地区铁路
中蒙	集二线	集宁—二连浩特
中朝	沈丹线	沈阳—丹东→鸭绿江→朝鲜铁路
	长图线	长春—图们→图们江→朝鲜铁路
	梅集线	梅河口—集安→鸭绿江→朝鲜满浦
中越	湘桂线	衡阳—柳州—南宁—凭祥
	昆河线	昆明—碧色寨—河口→中越铁路
中哈	北疆线	乌鲁木齐—阿拉山口，该线连接连云港和鹿特丹两大亚欧港口，是新亚欧大陆桥的重要枢纽

（3）大陆桥运输线

大陆桥是指把海与海连接起来的横贯大陆的铁路。目前广泛使用的大陆桥有西伯利亚大陆桥、新亚欧大陆桥和北美大陆桥（包括美国大陆桥和加拿大大陆桥）。

①西伯利亚大陆桥。西伯利亚大陆桥又称第一欧亚大陆桥，于 1971 年由全苏对外贸易运输公司正式确立。以俄罗斯东部的符拉迪沃斯托克（海参崴）为起点，经西伯利亚大铁路通向莫斯科，然后通向欧洲各国，最后到荷兰鹿特丹港。贯通亚洲北部，整个大陆桥共经过俄罗斯、中国、哈萨克斯坦、白俄罗斯、波兰、德国、荷兰 7 个国家，全长 13 000 千米左右。

使用这条陆桥运输线的主要是日本、中国和欧洲各国的货运代理公司。其中，日本出口欧洲杂货的 1/3、欧洲出口亚洲杂货的 1/5 是经这条陆桥运输的，由此可见它在沟通亚欧大陆、促进贸易中所处的重要地位。日本、东南亚、中国香港等地运往欧洲、中东地区的货物由海运运至俄罗斯的东方港或纳霍德卡后，经西伯利亚大陆桥有三种联运方式：

A. 铁路—铁路线。经西伯利亚大铁路运至俄罗斯西部国境站，经伊朗、东欧或西欧铁路再运至欧洲各地，或按相反方向运输。

B. 铁路—海运线。经西伯利亚大铁路运至莫斯科，经铁路运至波罗的海的圣彼得堡、里加或塔林港，再经船舶运至西欧、北欧和巴尔干地区，或按相反方向运输。

C. 铁路—公路线。经西伯利亚大铁路运至俄罗斯西部国境内，再经公路运至欧洲各地，或按相反方向运输。

②新亚欧大陆桥。新亚欧大陆桥东起中国的连云港，经陇海线、兰新线、北疆铁路，出阿拉山口，最终抵达荷兰的鹿特丹，全长 10 800 千米，途经中国、哈萨克斯坦、俄罗斯、白俄罗斯、波兰、德国、荷兰 7 国，辐射 30 多个国家和地区，比西伯利亚大陆桥缩短 2 000 千米、节省运费约 30%，与海运比较，可节省运输时间 60%左右。

③美国大陆桥、美国小陆桥以及美国微型陆桥。

美国大陆桥连接太平洋沿岸的洛杉矶、西雅图到大西洋沿岸的纽约、巴尔的摩等，连接太平洋口岸到墨西哥湾的休斯敦、新奥尔良。

美国小陆桥路线为：远东、日本—美国西海岸—美国东海岸或墨西哥湾港口—目的地。这条小陆桥路线避免了绕道巴拿马运河，可以享受铁路集装箱专用列车优惠运价，从而降低了成本，缩短了路径，运输方式为海—铁。

美国微型陆桥从日本或远东到东部太平洋口岸，经陆运到内陆中西部地区。

2.3.3.3 空运连线

空运连线按飞机飞行的路线分为国内航线和国际航线。飞机飞行的线路起讫点、经停点均在国内的称为国内航线，飞机飞行的线路跨越本国国境、通达其他国家的称为国际航线。

(1) 世界重要航空线

①西欧—北美的北大西洋航空线。该航线主要往返于西欧的巴黎、伦敦、法兰克福与北美的纽约、芝加哥、蒙特利尔等机场。

②西欧—中东—远东航空线。该航线连接西欧各主要机场至中国香港、北京、东京等各机场，途径的重要航空站有雅典、开罗、德黑兰、卡拉奇、新德里、曼谷、新加坡等。

③远东—北美的北太平洋航线。该航线使北京、中国香港、东京等主要国际机场经北太平洋上空至北美西海岸的温哥华、西雅图、旧金山和洛杉矶等国际机场，再连接北美大西洋沿岸的航空中心的航线。太平洋上的檀香山、阿拉斯加的安克雷奇国际机场是该航线的重要中间加油站。

此外，还有北美—南美、西欧—南美、西欧—非洲、西欧—东南亚—澳新、远东—澳新、北美—澳新等重要航空线。

(2) 我国的国际航线

目前，我国已有多条国际航线，从北京、上海、广州、昆明、大连、厦门等国际机场起程，可飞往亚洲、非洲、欧洲、大洋洲、北美洲等国家的城市。其中主要的国际航线有：北京—东京、北京—首尔、北京—上海—大阪、北京—上海—旧金山—纽约、北京—上海—旧金山—洛杉矶、北京—沙迦—法兰克福、北京—沙迦—苏黎世—伦敦、北京—沙迦—巴黎、北京—卡拉奇—贝尔格莱德—布加勒斯特、北京—卡拉奇—亚的斯亚贝巴、北京—卡拉奇—科威特、北京—广州—马尼拉、北京—广州—悉尼、北京—广州—曼谷、北京—莫斯科、北京—平壤、上海—东京、上海—大阪、上海—长崎、昆明—仰光、广州—曼谷、厦门—马尼拉等。

此外，我国还有一些城市开辟了至我国香港地区的航班和包机飞行。主要的地区航线有：北京—香港、广州—香港、上海—香港、杭州—香港、昆明—香港、北京—天津—香港等。

2.3.3.4 集装箱运输干线与多式联运线

集装箱运输就是以集装箱作为运输单位进行运输的一种先进的现代化运输方式，在跨境物流运输中得到了广泛应用。随着集装箱运输的发展，多式联运也迅速发展起来。集装箱货物、成组托盘货物、一般的散杂货均可适用多式联运。集装箱运输物流与多式联运物流已成为跨境物流的重要形式。集装箱运输干线与多式联运线也成为跨境物流的重要路径。

（1）世界集装箱海运干线

目前，世界海运集装箱干线主要有：远东—北美航线，北美—欧洲、地中海航线，欧洲、地中海—远东航线，远东—澳大利亚航线，澳新—北美航线，欧洲、地中海—西非、南非航线。

（2）多式联运的路线

当前，跨境物流采用多式联运的运输方式已经越来越多，形式也更为灵活多样，有陆海联运线、陆空联运线、陆空陆联运线和海空联运线等。其中使用较多的主要是陆海联运线和陆空联运线。

目前，我国已开展的多式联运路线主要有：

中国内地—中国港口—日本港口—日本内地（包括相反方向）；

中国内地—中国港口—科威特—伊拉克；

中国内地—中国港口（包括中国香港）—美国港口—美国内地（包括相反方向）；

中国港口—肯尼亚港口—乌干达内地；

中国内地—中国港口（包括中国香港）—德国港口或比利时港口—西欧内地（包括相反方向）；

中国东北地区—图们—朝鲜清津港—日本港口（包括相反方向）；

中国港口—日本港口—澳洲港口—澳洲内地；

中国—俄罗斯西部边境—欧洲、中近东（包括相反方向）；

中国—印度加尔各答—尼泊尔；

中国—坦桑尼亚达累斯萨拉姆—赞比亚、布隆迪；

中国—南非德班港—津巴布韦；

中国—喀麦隆杜阿拉港—中非共和国—乍得；

中国—贝宁科托努港—尼泊尔；

中国—多哥洛美—布基纳法索；

中国—科特迪瓦阿比让港—布基纳法索；

中国—塞内加尔喀尔港—马里。

（除了上述线路外，新的线路还在不断发展中。）

2.3.4 物流网络的建设

为了有效降低联盟物流成本，提升客户服务水平，建立完善的物流网络十分重要。对物流网络的含义存在物理网络（实体网络）和信息网络两种理解方式。可以将物流网络解释为由多个收发货的“结点”和它们之间的“连线”所构成的物理网络，以及与之相伴随的信息网络组成的有机整体。

2.3.4.1 物理网络

物流物理网络是由执行物流运动使命的线路和执行物流停顿使命的结点两种基本元素组成的。分散的物流单体只有形成网络才能满足生产与流通的需要。建设和优化物理网络，有利于提升物流量，提高联盟的成本优势。

(1) 物理网络的构成

物流物理网络系统在结构上一般由物流园区、配送中心、货站、港口、仓库等结点和运输线路构成，并通过运输子系统、商品检验子系统、报关子系统、信息子系统、流通加工子系统等联结起来，形成相互作用的网络系统，如图 2.2 所示。

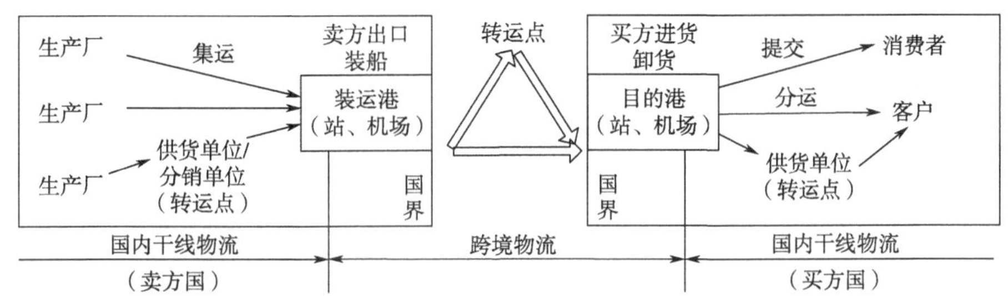

图 2.2 物理网络结构图

在整个物流过程中，不同的线路与结点相互关联组成了不同的物流物理网络。物理网络水平的高低、功能的强弱则取决于网络中这两个基本元素的配置。

(2) 物理网络的建设

物流物理网络建设的中心问题是确定进出口货源点（或货源基地）和消费者的位置，各层级仓库及中间商批发点（零售点）的位置、规模和数量，从而决定物流系统的布局和合理化问题。

建立和完善物流物理网络应注意以下问题。首先，合理选择和布局国内外物流网点，扩大贸易的范围与规模。其次，明确各结点的供应范围、分层关系及供应或收购数量，注意各层结点间有机衔接。再次，采用先进的运输方式、运输工具和设施，充分利用海运、多式联运方式；改进运输路线，减少相向、迂回运输。最后，要考虑现代物流技术的发展，留有余地，以备将来的扩建。

2.3.4.2 信息网络

物流信息网络也可理解成由“结点”和它们之间的“连线”所构成。

"连线"通常包括国内外的邮件或某些电子媒介（如电话、电传、电报、EDI等），"结点"则是各种物流信息的汇集及处理之点，如员工处理订货单据、编制大量出口单证、准备提单或对最新库存量进行记录。

（1）信息网络的构成

物流信息网络主要是由各类信息系统组成的。一个高效的信息网络应包括订货信息系统、库存信息系统、运输信息系统、货物跟踪系统、客户管理系统、供应链管理系统、金融系统、税务系统、海关系统、保险系统、检验检疫系统等。

（2）信息网络的建设

信息流在跨境物流中的作用主要表现为反馈与控制作用、支持保障作用和资源性作用。联盟对信息网络的基本要求是提供充足且准确的信息，同时要求通信顺畅，因此，其建立的难点一是管理困难，二是投资巨大。

建设和优化物流信息网络应注意以下几点：首先，要以联盟发展战略为基本指针。其次，要以客户服务需求为基本依据，确定物流运作流程。最后，信息网络的结构要具有开放性和扩展性。

2.3.4.3 物流网络的衔接

信息网络与物理网络并非各自独立，它们之间是密切相关的，共同构成物流网络。物流的几乎每一活动不仅有"结点"与"连线"上的运作，同时还有信息支撑，物流质量取决于信息，物流服务也要依靠信息。物流网络的构建应尽量使货物在物流各环节中的运作实现自动化、标准化、规格化，以节省物流时间，最大限度地降低联盟物流总成本、提高经济效益。物流接口的良好衔接是解决这个问题的根本方法。实现物流网络的良好衔接主要有以下三种方法。

（1）建立方便转换的接口系统

不同类型的运输方式和运输工具之间有接口衔接问题，不同国家的铁路轨距不同，两条连通的公路有不同的车道数等，都与接口转换有关。公路、铁路、航空、水路运输使用的基础设施不同，它们之间也需要转换。建立方便转换、简单和标准化的接口系统，将大大缩短转换时间。

（2）直拨

直拨是指制造出来的产品直接运到站台或码头以供发运，而不是先运到仓库储存再发运。在物流活动中采用直拨的方式，可以简化"入库—储存—出库—发运"这一烦琐的流程。通过以站台或配送中心为临时储存场所，直拨可在收货工具和发货运输工具之间建立一个快速转运、配送的平台。目前，世界大型跨国公司也越来越多地采用直拨的运输方式以优化跨境物流流程。

(3) 接口信息及管理

物流流程的接口信息需要通过物流信息管理系统进行管理。单证、票据是物流信息管理系统中跨越接口的主要信息交换工具。EDI（电子数据交换）是一种用于管理这些跨越接口信息的信息交换标准和技术；条形码也可作为一种跨越系统边界的商品识别标志，通过在一定范围内共享商品识别标志数据库，条形码的应用可使物流流程的运转大大顺畅。此外，商品物流包装上的一些通用语言、符号、代码等都可以作为接口信息进行处理。

2.4 跨境物流联盟运作结构

跨境物流联盟运作系统的功能要素一般包括海关、货运代理、保税仓、运输等，即主要由上述具体工作构成，因此，跨境物流联盟的业务活动主要围绕这些工作的运作及管理进行，具体运作环节如图 2.3 所示。

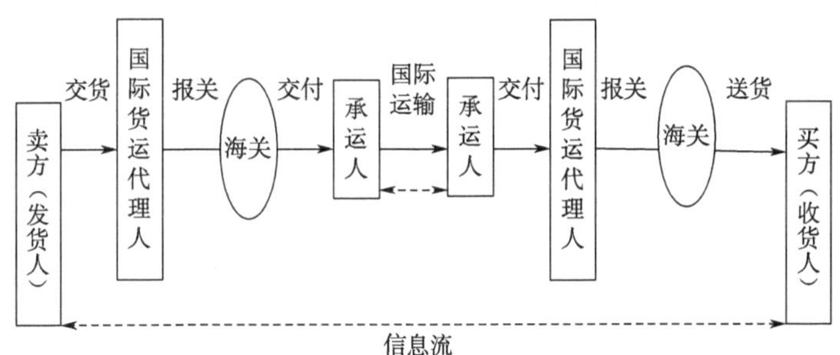

图 2.3 跨境物流的运作环节示意图

2.4.1 海关

按照《中华人民共和国海关法》（以下简称《海关法》）的规定，进出口货物必须通过设立海关的地点进出境并办理相关手续，这是货物进出境的基本原则。在对外开放的口岸和海关监管业务集中的地点设立海关是我国海关的设关原则。海关被赋予四项基本任务，即监管、征税、查缉走私和编制海关统计，是进出境的监督管理机关。

2.4.1.1 海关监管货物分类

按货物进出境的不同目的划分，海关监管货物可以分为以下五大类。

(1) 一般进出口货物

一般进出口货物是指从境外进口，办结海关手续直接进入国内生产或流通领域的进口货物，以及按国内商品申报，办结出口手续到境外生产、消费领域流通的出口货物。

（2）保税货物

保税货物是指经海关批准未办理纳税手续而进境，在境内储存、加工、装配后复运出境的货物。此类货物又分为保税加工货物和保税物流货物两类。其中保税加工货物包括来料加工货物、进料加工货物、外商投资企业加工贸易货物、保税工厂货物、保税集团货物、出口加工区加工贸易货物。保税物流货物包括保税仓库贮存货物、海关出口监管仓库贮存货物、保税物流中心货物（A 型、B 型）、保税物流园区货物、保税区货物。

（3）特定减免税货物

特定减免税货物是指经海关依据有关法律准予免税进口的用于特定地区、特定企业、有特定用途的货物。

（4）暂准进出境货物

暂准进出境货物是指经海关批准，凭担保进境或出境，在境内或境外使用后，原状复运出境或进境的货物。

（5）其他进出境货物

其他进出境货物是指由境外启运，通过中国境内继续运往境外的货物，以及其他尚未办结海关手续的进出境货物。

2.4.1.2 海关对监管货物报关程序的管理

报关程序，是指进出口货物收发货人、运输工具负责人、物品所有人或其代理人按照海关的规定，办理货物、物品、运输工具进出境及相关海关事务的手续和步骤。因此，从海关对进出境货物进行监管的全过程来看，报关程序按时间先后可以分为三个阶段：前期管理阶段、进出境管理阶段和后续管理阶段。

（1）前期管理阶段

前期管理阶段是指根据海关对保税货物、特定减免税货物、暂准进出口货物等的监管要求，进出口货物收发货人或其代理人在货物进出境以前，向海关办理上述拟进出口货物合同、许可证等的备案手续的过程。前期管理阶段适用于保税加工进出口货物、特定减免税货物、进出境展览品。

（2）进出境管理阶段

进出境管理阶段是指根据海关对进出境货物的监管制度，进出口货物收发货人或其代理人在进口货物进境时和出口货物出境时，向海关办理进出口申报、配合查验、缴纳税费、提取或装运货物手续的过程。进出境管理阶段适用于所有的进出境货物。进出口货物通过的基本环节如图 2.4 所示。

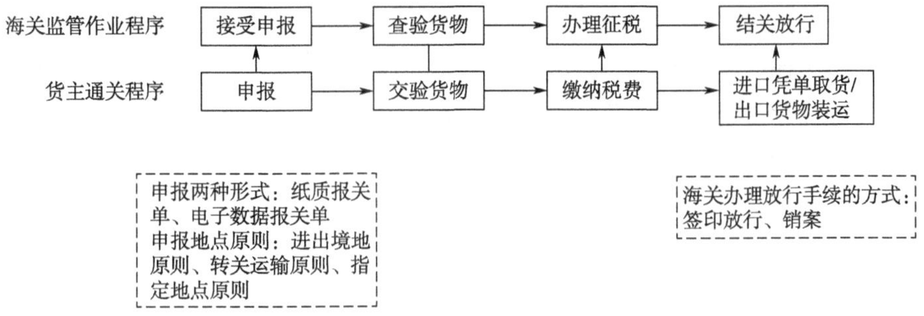

图 2.4　进出口货物通关的基本环节

（3）后续管理阶段

后续管理阶段是指根据海关对保税货物、特定减免税货物、暂准进出口货物等的监管要求，进出口货物收发货人或其代理人在货物进出境储存、加工、装配、使用维修后，在规定的期限内，按照规定的要求，向海关办理上述进出口货物核销、销案、申请解除监管等手续的过程。

2.4.2　货运代理

进出口货物运输是一项业务范围广、头绪多而且情况复杂的工作，任何一个运输承运人或货主都不可能亲自处理每一项具体运输业务，不少工作需要委托代理人代为办理，由此产生了货运代理服务。

2.4.2.1　货运代理的概念

关于货运代理，货运代理协会联合会的定义是：货运代理是根据客户的指示，并为客户的利益而揽取货物运输的人，其本身并不是承运人。货运代理也可以依据这些条件从事与运输合同有关的活动，如储货（也含寄存）、报关、验收、收款等。《中华人民共和国货物运输代理业管理规定》中对货运代理的定义是：接受进出口货物收发货人的委托，以委托人的名义或者以自己的名义，为委托人办理货物运输及相关业务并收取服务费用的行业。

2.4.2.2　货运代理的性质

当前，货运代理具有双重身份，即货运服务代理人与当事人。货运代理已不是传统的纯粹代理人，这不仅是因为其业务范围得到了拓宽，更是因为其服务内容也发生了很大变化。它有时作为代理人行事，有时作为当事人行事，有时二者兼而有之。作为中间人行事的代理人是货运代理的基本性质；作为当事人行事的承运人则是货运代理的扩展性质。目前，货运代理更注意在“产品”开发上集中财力、物力，如改善服务、开辟新航线、提供新的联运方式、开拓物流和增值服务市场等，以增加效益。

2.4.2.3 货运代理的服务对象

货运代理的服务对象包括发货人（出口商）、收货人（进口商）、海关、承运人、班轮公司、航空公司，在物流服务中还包括工商企业等。货运代理与相关部门（包括政府和某些公共机构）建立、发展和保持联系也必不可少，如图 2.5 所示。

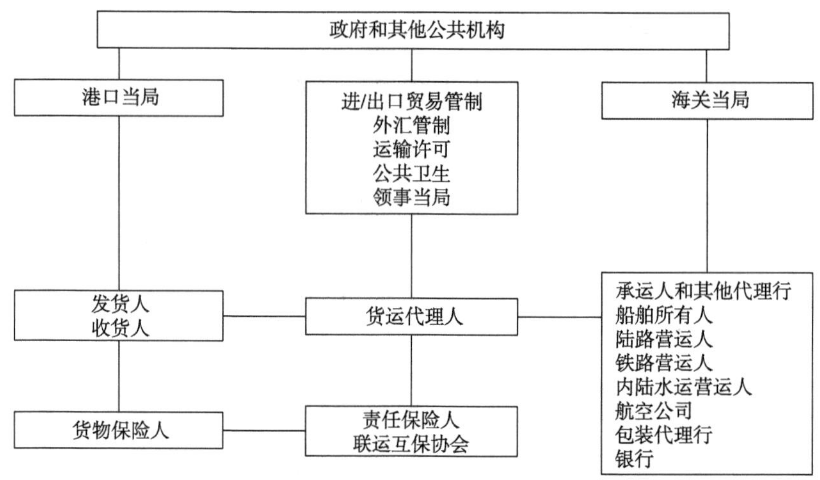

图 2.5 货运代理与服务对象的联系示意图

2.4.2.4 货运代理的业务内容

（1）货运代理作为货运服务代理人提供服务

货运代理作为货运服务代理人提供服务，主要是接受客户的委托，完成货物运输的某一个环节或与此有关的各个环节的任务，除非客户想亲自参与各种运输过程和办理单证手续，否则，货运代理可以直接或通过其分支机构及其雇用的某个机构为客户提供各种服务，也可以利用其在海外的代理提供服务。从货主到买方之间的货物运输的某一个环节或与此有关的各个环节的任务，都可以成为货运代理的业务内容，如图 2.6 所示。

货运代理为委托人服务，并从委托人那里获得劳动报酬，其工作内容完全属于商业或贸易行为。根据货运代理作为货运服务代理人的不同服务对象，可将其业务内容分为以下四类：一是为发货人服务。可代替发货人承担在各种不同阶段的货物运输中的任何一项业务。二是为收货人服务。可以作为收货人的代理开展各种服务。三是为检验检疫机构、海关服务。四是为承运人如班轮公司、铁路部门、航空公司服务。

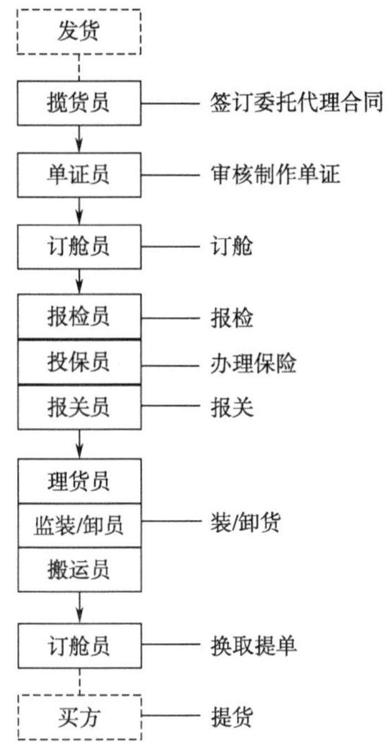

图 2.6　货运代理作为货运服务代理人的业务内容及工作关系图

（2）货运代理作为当事人开展服务

货运代理作为当事人开展服务体现在：货运代理作为经营人提供多式联运服务，货运代理提供的服务从运输服务延伸到物流服务等方面。

2.4.2.5　货运代理的种类

货运代理业务的复杂性和多样化决定了当前货运代理种类的多样性。

按照货运代理的业务范围分类，较常见的货运代理主要有以下几类：一是租船订舱及货运安排代理；二是货物报检、报关代理；三是转运及理货代理；四是储存代理；五是集装箱代理。

按照货运代理的业务重点和经营方式分类，货运代理主要有以下几类：一是海上运输（海运）代理；二是航空运输（空运）代理；三是陆路（铁路、公路）运输代理；四是多式联运代理；五是船舶代理；六是无船承运人；七是第三方物流经营人。

按照货运代理的企业背景和经营特点分类，我国货运代理企业可以基本划分为以下五大类：一是大型集团公司；二是船公司、航空公司、铁路部门设立的货运代理；三是由原专业、工贸总公司组建的货运有限公司；四是专业化类型的货运代理公司；五是中外合资的货运代理公司。

2.4.3 保税仓

保税仓库是指由海关批准设立的供进口货物储存而不受关税法和进口管制条例管理的仓库。储存于保税仓库内的进口货物经批准可在仓库内进行改装、分级、抽样、混合和再加工等，这些货物如再出口则免缴关税，如进入国内市场则须缴关税。设立保税仓库不仅能为贸易商提供便利，还可以促进转口贸易。

保税仓库允许存放的货物范围包括：缓办纳税手续的进口货物，需做进口技术处置的货物，来料加工后复出口的货物，以及不内销而过境转口的货物。

保税仓库的类型包括专业性保税仓库、公共保税仓库、保税工厂以及海关监管仓库。

2.4.3.1 保税仓业务流程

保税仓的业务流程如图 2.7 所示。

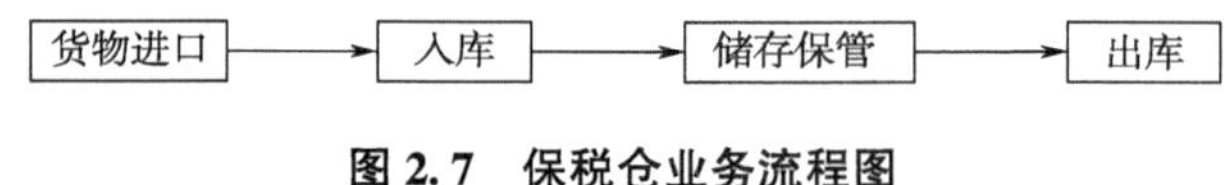

图 2.7 保税仓业务流程图

（1）货物进口

保税仓库货物进口主要有两种情况：本地进货与异地进货。

①本地进货：货物入境时，货物所有人填报关单向海关申报，经海关验放后加盖“保税仓库货物”戳记并注明“存入××保税仓库”，将两份报关单随货交保税仓库核对无误后签收，一份报关单连同入库单据交海关存查，另一份由保税仓库留存。

②异地进货：货物入境时，货主先向保税仓库所在地海关提出申请，海关核实后签发“进口货物转关运输联系单”，注明货物转运存入××保税仓库。货主凭联系单到入境地办理转关运输手续，当货物经入境地海关监管运至目的地后再申报入库。

（2）入库

入库也称进仓，分为散货进仓与拆箱进仓。拆箱进仓又分为机械拆箱（用堆高机）和人工拆箱。散货进仓作业主要流程如图 2.8 所示。

（3）储存保管

货物入库以后，便进入储存保管阶段，它是仓储业务的重要环节。其主要内容包括货物的存放、保管、检查与盘点等。

①存放：有两种常用的货位分配方法，即流动型——可变的货位（动态

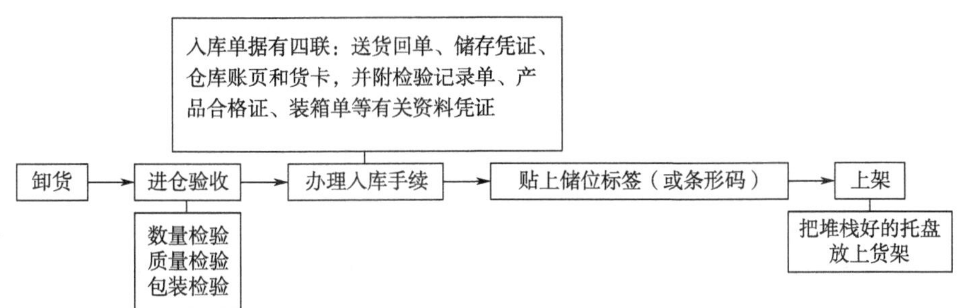

图 2.8　散货进仓作业流程图

定位）和固定型——固定的货位。

②保管：必须与拣选和搬运等相协调。

保管有五种类型：地面平放式；托盘平放式；直接堆放式；托盘堆码式；货架存放式。

保管的一般原则是：面向通道进行保管；尽可能地向高处码放，提高保管效率；根据出库频率选定位置；同一品种在同一地方保管；根据物品重量安排保管的位置；依据形状安排保管方法。

③检查与盘点：

商品在存储的过程中，因其自身属性（如蔬菜、水果的易腐性）、计量工具的误差和人为因素的影响，商品数量和质量容易发生变化，为了及时了解和掌握这些变化，就需要对库存商品进行盘点和检查。

商品盘点分为账面盘点（永续盘点）和现货盘点（实地盘点）两种。账面盘点就是把每天出入库商品的数量、单价记录在电脑或账簿上，而后不断地累计加总计算出账面上的库存量和库存金额。现货盘点就是去实地点数、调查仓库中实际的库存数，并换算出库存金额的方法。

当盘点结束后如果发现账物不符时，应追查差异发生的原因，并针对性地制定解决办法以杜绝类似隐患的发生。

（4）出库

对于存入保税仓库的货物，其出库的流向较为复杂，一般可分为储存后原物复出口、加工贸易提取使用、转入国内销售等三种情况。出库作业流程如图 2.9 所示。

2.4.3.2　保税仓优势

保税仓备货模式，也称为备货清关（先备货，后有订单）模式，是指企业先将境外货物运至境内保税区存储，即由海外仓库转至“境内关外”仓库，再根据订单分批销售给国内消费者。保税仓备货模式不仅可以通过批量运

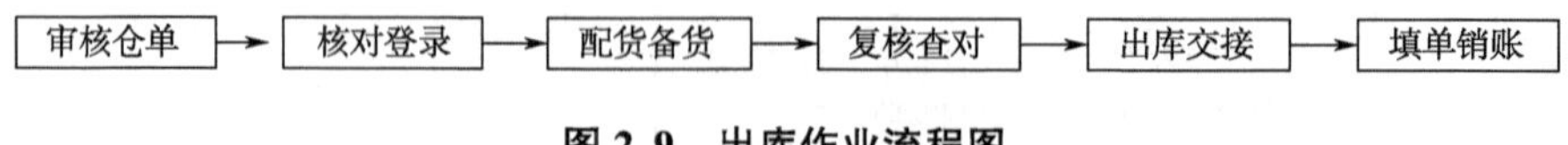

图 2.9　出库作业流程图

输节约成本，还能大大缩短买家收货时间。更重要的是，自贸区、保税区的商品在法律上可以视为还未通关入境，无须交税。而买家下订单之后，可拣成小包后以个人物品清关，只需缴纳行邮税。国内保税仓流程如图 2.10 所示。

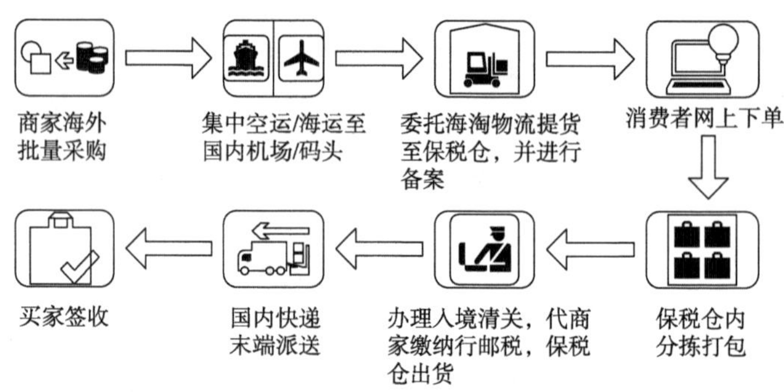

图 2.10　国内保税仓流程图

跨境保税仓备货模式依托保税区的特殊优惠政策，以其交易速度更快、配送时间更短的强大优势，渐成跨境电商主流模式。其具体优势包括：①速度快。由于保税仓备货模式中商品提前暂存保税区仓库，因此一旦消费者通过网络下单，货物便可直接从保税仓库出货并配送，从而省去了货物在运输中的时间。②成本低。一方面，海外集中采购降低了进口商品的采购成本；另一方面，在进口环节可以享受相关税收优惠。③透明化。所谓透明化，指采用保税仓备货模式的商品在进口通关、检验、检疫等诸多流程完全公开透明，便于消费者进行质量监督，利于维护自身权益。

对于进口电商平台来说，保税仓备货模式不可或缺，如何能够更好地利用该模式快速灵活地响应市场，还在于各电商平台卖家自身优势与当地保税政策的有效结合。

2.4.4　运输

跨境运输是指货物在国家与国家、国家与地区之间的运输。跨境运输与国内运输相比，具有自身显著的特点：运输距离长，涉及面广，中间环节多，情况复杂多变，时间性强，风险大。因此，跨境运输难度远高于国内运输。

跨境运输是跨境物流的核心内容，是跨境贸易的实现形式，适当的跨境运输方式对跨境物流影响巨大，一切跨境物流活动都要依赖或伴随着跨境运输。因此，跨境运输是跨境物流中最重要的一个子系统。跨境运输主要有以下几种形式。

2.4.4.1 海洋运输

海洋运输是使用船舶通过海上航道在不同国家和地区的港口之间运送货物的一种方式。其主要特点有：运输量大，运费低廉，为低值大宗货物的运输提供了有利的竞争条件。海洋运输的特点使海上运输基本上适应绝大多数货物的运输要求，使其成为跨境贸易中最主要的运输方式，在跨境贸易以及经济发展中发挥着重要的作用。

（1）运输方式

按照海洋运输船舶经营方式的不同，海洋运输可分为班轮运输和租船运输两种类型。

班轮运输是当今跨境海洋运输中不可缺少的运输方式之一。其遵循固定的船期表，沿着固定的航线，停靠固定的港口，按相对固定的运费率收取运费。运价内已包括装卸费用，船方负责配载装卸事宜。承托双方的权利和义务以及责任豁免以签发的提单条款为依据，并受统一的国际公约制约。班轮承运货物的品种、数量较灵活；同时因竞争原因，班轮的质量较好，设备较全，货运质量有保证。运输手续简便，一般采用码头仓库交接，并办理转口等方面的业务。

租船运输可以选择不同的方式，可以定期租船，即船舶所有人把船舶出租给承租人使用一定时期，在这个期限内，承运人可以利用船舶的运载能力来安排货运；也可以定程租船，即船舶所有人按双方事先议定的运价与条件向租船人提供船舶全部或部分舱位，在指定的港口之间进行一个或多个航次运输指定货物的租船业务。定程租船就租赁方式的不同又可分为单航次租船、来回航次租船和连续航次租船。

（2）业务程序

①出口程序。海洋运输出口作业的流程如图 2. 11 所示。

备货报检 → 租船订舱 → 办理保险 → 货物集港，报关放行 → 装运，领取提单 → 交单结汇

图 2. 11　海洋运输出口作业流程图

②进口程序。海洋运输进口作业的流程如图 2. 12 所示。

图 2.12　海洋运输进口作业流程图

（3）单证管理

海运单据种类很多，如海运提单、托运单、出口收汇核销单、出口货物报关单、装箱单等，这些单据关系到进出口业务的顺利进行和收汇，都是非常重要的。

①提单。海运提单是海运进出口最主要的货运单证。提单是承运人或其代理人在收到其承运的货物后签发给托运人，证明托运的货物已经收到或已装船并约定将该项货物运往目的地交予提单持有人的物权凭证。它体现了承运人与托运人之间的关系，兼具货物收据、物权凭证和运输契约证明的性质。

②托运单。托运单是办理出口运输最关键的单据之一，货运代理及承运人按出口托运单所列的运输资料和数据安排运输和出具运输单据，它是出口运输管理最直接的依据。托运单即订舱委托书，也是换取正本提单的集装箱场站收据，或散货大副收据。

③出口收汇核销单。出口收汇核销单是国家对出口货物收汇实施跟单核销逐笔管理的凭证，通过这一凭证，国家可以全面掌握收汇实绩，催促逾期收汇，防止外汇漏收及骗取出口退税。该单由出口企业向外汇管理局申领，并向出口海关备案，出口报关时应随附此单据，经海关验讫后留作以后结汇核销之用。

④出口货物报关单。出口货物报关单指发货人或其代理人在货物发运前向出境地海关办理货物出口申报手续时提交的单证。出口货物报关单是向海关申请审查、放行货物的必要的法律文件，又是编制海关统计数据表的原始凭证。能否正确填制报关单将直接影响报关效率、企业的经济效益、海关监管的各个工作环节以及对外信息公布的正确性。

⑤装箱单。装箱单是报关单的主要附件，与报关发票一样作为海关验关放行的主要凭证之一。装箱单表明装箱货物的名称、规格、数量、唛头、件数、重量以及包装情况。

2.4.4.2　航空运输

航空运输是一种现代化的运输方式，尽管其起步较晚，但发展异常迅速。航空运费虽然相对较高，但其运输速度快、安全可靠、不受地面因素影响等特征是其他运输方式不可比拟的。航空运输特别适合鲜活易腐和季节性商品、贵重物品和急需物品等货物的运输，在跨境物流中发挥着越来越重要的作用。

（1）运输方式

航空运输的经营方式主要有班机运输、包机运输、集中托运和航空快递业务。

①班机运输。班机是指在固定的航线上定期航行的航班，这种飞机固定始发站、目的地和途经站，定期开航，收发货人可以准确地把握起运和到达时间，保证货物能够安全迅速地运送到世界各地投入市场。因此，班机运输颇受欢迎。

②包机运输。当货物批量较大，而班机不能满足需要时，一般就采用包机运输。根据货物数量，分为整机包机与部分包机。

③集中托运。集中托运方式是指航空货运代理公司把若干批单独发运的货物组成一整批，向航空公司办理托运的方式。这种业务在航空运输业中开展比较普遍，也是航空货运代理的主要业务之一。

④航空快递。航空快递方式是指由专门经营航空快递业务的公司与航空公司合作，向货主提供快速投递服务的方式。这种“桌至桌”运输方式最为快捷，特别适用于传送各种急需物品和文件资料。

（2）业务程序

航空运输业务程序包括货物出口业务程序和货物进口业务程序。货物进出口业务一般由航空货运代理负责，而货物运输过程则由航空公司负责。

①出口程序。航空货物出口程序是指航空货运代理公司从揽货到将货物交给航空公司承运这一过程所需通过的环节、所需办理的手续以及必备的单证，如图 2. 13 所示。航空公司只负责从一个机场至另一个机场的空中运输。

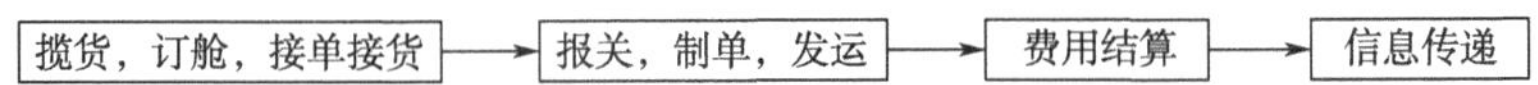

图 2. 13　航空运输出口作业流程图

②进口程序。航空运输进口作业流程如图 2. 14 所示。

图 2. 14　航空运输进口作业流程图

（3）单证管理

航空运输单证主要有航空运单、商检证书、进口或出口许可证以及以加工贸易或补偿贸易方式进出口货物的登记手册等。这里主要讲述航空运单。

航空运单主要分为两类：主运单和分运单。凡是航空公司签发的航空运单，就称为主运单。它是航空公司据以办理货物运输和交付的依据，是航空公司和托运人订立的运输合同。每一批货物都有其对应的主运单。集中托运人在办理集中托运业务时，为每批货物的收货人出具的该公司的运单，称为分运单。这就是说，在集中托运的情况下，既存在主运单，又有分运单。分运单可以作为集中托运人与托运人之间的货物运输合同，而主运单可以作为航空运输公司与集中托运人之间的运输合同。

2.4.4.3 铁路运输

铁路运输的运行速度较快，载运量较大，一般不受气候条件影响，具有高度的连续性，手续办理也较海洋运输简单一些，运输成本较低，因此是跨境贸易中仅次于海洋运输的一种主要的运输方式。由于跨境铁路运输要通过几个国家不间断地将货物运送到目的地，所以要涉及多个国家的铁路、车站和国境站。在此把在两个或两个以上国家开展铁路运输的过程叫作铁路联运。铁路货物运输主要指的是铁路联运。

（1）运输方式

根据发货人托运的货物数量、性质、状态等条件，铁路运输可以分为整车、零担和大吨位集装箱运输。

（2）业务程序

①出口程序。出口货物铁路联运工作主要包括计划的编制，货物的托运、承运、装车、运送和交付。

②进口程序。进口货物铁路联运与出口货物铁路联运在货物与单据的流转程序上基本相同，只是在流转方向上正好相反，该运输工作主要包括向国境站外运机构寄送合同资料、核放进口货物、交付进口货物。

（3）单证管理

铁路联运的货运单据以铁路联运单为主，此外还有部分随附单据。

①铁路联运运单。铁路联运运单是发货人与铁路之间缔结的运输契约，它规定了铁路与发货人、收货人在货物运送中的权利、义务和责任，对铁路和发货人、收货人都具有法律效力。

②运单的随附单据。我国出口货物必须添附“出口货物明细单”和“出口货物报关单”以及“出口外汇核销单”。另外根据规定和合同的要求，还要添附出口许可证、品质证明书、检验证、卫生检疫证、动植物检验检疫证以及装箱单、磅码单、化验单、产地证和发运清单等有关单证。

2.4.4.4 公路运输

公路运输是现代运输的主要方式之一，同时，也是构成陆上运输的两个基本运输方式之一。公路运输既是一个独立的运输体系，也是车站、港口和机场集散物资运送的重要手段。

公路货物运输主要是汽车运输，其特点为机动灵活，简洁方便。在短途货物集散运送上，它比铁路、航空运输更易实现“门对门”运输。

公路运输的组织和经营方式主要有以下四种：一是将车辆出租给用户定次、定程或定期使用。二是根据运输合同或协议派车完成运输任务。一般用于货物运输。三是组织定线、定站、定时的客货运班车。四是按用户托运货物的要求，调派、组织车辆合理运行。

2.4.4.5 多式联运

跨境物流的复杂性使得物流运作中通常需要联合采用运输方式。多式联运即指按照多式联运合同，以至少两种不同的运输方式，由多式联运经营人将货物从一国境内接管货物的地点运至另一国境内指定地点交付的货物运输。多式联运能提高运输组织水平，降低运输成本，有效实现“门对门”运输，安全迅速，手续简便。

多式联运除了具备两种以上运输方式、穿越两个国家以上等一般特性外，还具有两个基本特征：有一个对全程运输负责的多式联运经营人，制定全程单一的运费费率；有一份内容覆盖运输全程的多式联运合同，使用一份全程多式联运单据。

多式联运的方式包括：大陆桥、小陆桥、微型陆桥运输，海铁运输，海上/航空运输，航空/公路运输，海上/公路/内河—海上/铁路/内河运输，以及背负式/背驮运输。

2.5 物流联盟运作系统

2.5.1 物流联盟运作系统基本构成

物流联盟运作系统是指由物流联盟信息系统、指挥中心、专家辅助决策系统和各个联盟成员及其所能够掌控的物流资源、物流作业执行体系共同构成的有机整体。物流联盟成员是运作系统的基石，它不仅拥有联盟物流资源的产权和直接运营的权利，同时还影响着联盟指挥中心、专家辅助决策系统、信息系统和物流作业执行体系的现实存在形式。物流联盟运作系统架构如图 2.15 所示。

从成员层次来看，联盟组织由内部紧密层和外围松散层组成。内部紧密层成员是依据核心能力原则确定的，是联盟的主体部分，其中各核心能力伙伴在整个运作中不宜变更，也不宜过多。外围松散层主要由建立在信息网络

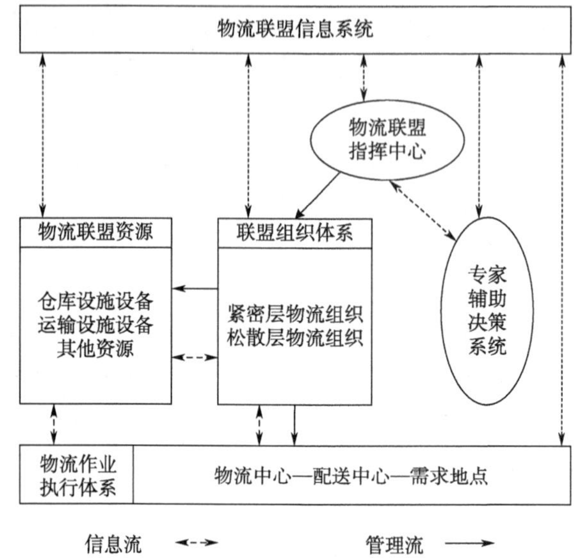

图 2.15　物流联盟运作系统架构图

平台上的广泛的物流组织构成。在联盟运行过程中，核心能力伙伴可以根据实际情况增加或删除外围物流组织。从管理的角度来看，物流联盟运作系统也是由两层构成的：在宏观上由核心能力伙伴高层管理者构成的指挥中心——管理决策层，负责评估客户物流需求，明确各物流伙伴的任务职责，以及对物流联盟的资源和技术进行统一的协调管理；在微观上根据项目或任务的分解情况，由各核心能力伙伴及其外围伙伴物流组织所掌控的物流资源（包括劳动力、仓库、企业属性的配送中心或物流中心）组成物流业务运作体系——物流业务执行层，负责遵循联盟决策层的指令，提高物流作业的运营效率，为顾客创造更多的让渡价值。物流联盟信息系统相当于神经系统，无论是重大经营决策，还是日常运营，都需要其为相应部门提供及时有效的信息资料。

2.5.2　物流联盟运作系统具体形式

物流联盟运作系统是一个抽象的模型，事实上随着联盟成员之间组合方式的不同，物流联盟运作系统的具体形式也在发生改变。通常按照业务关联程度和成员企业对联盟整体具有的战略重要性程度，将物流联盟的组合方式分为项目合作型物流联盟、权益型物流联盟和合资型物流联盟三种模式。不同物流联盟模式的运作系统的具体表现形式各不相同，在指挥中心、专家辅助决策系统、物流作业执行体系方面尤为突出。

当联盟成员之间业务关联度不高、战略重要性不大时，适合采取宽松的项目合作型模式。所谓项目合作型联盟模式，是指拥有不同关键资源的几家物流组织，为了快速地响应某一市场机遇，通过契约关系结成的暂时性的物流作业联合体。在该模式下，通常不设专门联盟指挥中心和专家辅助决策系统，联盟成员的物流资源一般不进行充分整合，它们对各自物流资源的支配具有较强的独立性，联盟之间的信息传递以及联合业务的安排，主要由各联盟成员的经理人直接沟通后做出，当既定项目任务完成时，物流联盟就会面临是否解散的问题。

如果联盟成员对联盟整体具有战略重要性，企业间业务关联度高，那么合资型物流联盟是一种比较理性的选择。合资型物流联盟成员之间的核心业务是互补的，出资方都保持着各自的独立性，而联盟成员共同出资形成的物流企业内部则出现了层级式的管理体制。在该模式下，联盟指挥中心成为常设机构，其团队成员主要由联盟成员外派组成；专家辅助决策系统主要由行业内专家或联盟成员内部优秀的专业人士组成；联盟成员之间的物流资源、信息系统进行了充分整合，物流资源得到合理布局，信息处理能力也大幅提高。

如果业务关联度和战略重要性介于上述两种状态之间，那么权益型物流联盟则比较适用。所谓权益型物流联盟，就是指联盟成员为巩固良好的合作关系，长期地相互持有对方一部分股权，而各个联盟成员仍是独立的实体。在该模式下，联盟指挥中心以决策委员会的形式存在，委员会成员由联盟成员的高层管理人员兼任，平常由一个常设的办公室处理日常事务，并负责定期或不定期地召集委员会成员对联盟相关事宜展开讨论，做出决策。专家辅助决策系统和联盟信息系统没有固定的模式。

2.5.3　物流联盟运营过程与组织设计

跨境物流联盟是受市场预期、资源约束的影响，根据企业现状组建的物流联盟，该物流联盟的运营过程主要包括四个阶段：需求分析、机制设计、实施和绩效评估。这四个阶段是不可分割的。

第一个阶段是需求分析阶段，主要进行任务承接和分解；从组织角度看，主要研究运营主体是谁的问题，它对需求分析和任务分解负有首要责任。

第二个阶段是机制设计阶段，它表明资源约束、能力约束和稳定性约束等因素制约着物流联盟协同效应的实现；从组织角度看，这个阶段最重要的任务就是要弄清楚松散型物流联盟的组织性质，以确定采用哪种手段来应对合作伙伴的特质差异和组织边界。

第三个阶段是实施阶段，选择联盟伙伴，并进行相应任务分配，实现企业单独无法完成的物流目标；从组织角度看，这个阶段要提出完整的组织架构和创造运行环境来保障联盟运行。

第四个阶段是绩效评价阶段，它通过对整体利益评估和个体利润分配进行不断调试，反过来影响伙伴选择和任务匹配分工，最终使物流联盟形成合力，实现协同效应；从组织角度看，这个阶段要分析组织绩效对组织结构设计的影响。

四个阶段将物流联盟协同不断引向深入，联盟组建与结构设计为其提供保障，如图 2. 16 所示。

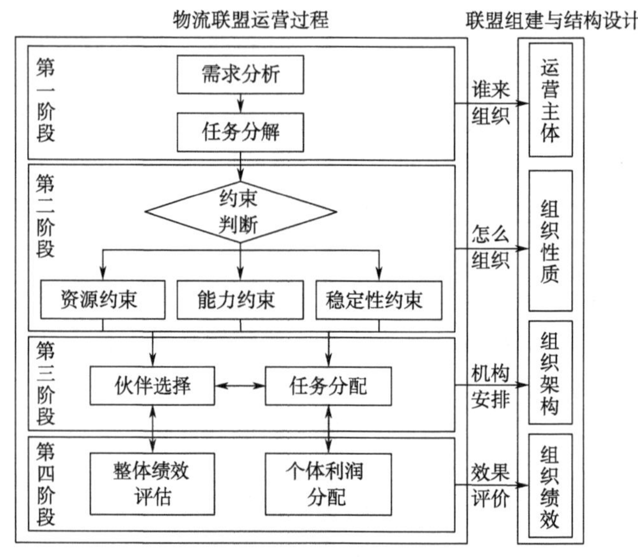

图 2. 16　物流联盟运营过程与组织设计结构图

联盟化的运营方式逐渐成为企业应对市场竞争和谋求长远发展的必然选择。物流联盟的初期构建和后期的有效评价与分析是保证联盟稳定发展的关键，只有对运营效果进行科学合理的评价与分析，及时改正存在的问题、化解盟员间存在的利益冲突和矛盾，才能保证联盟运营效率的不断提高。通过物流联盟信息共享与自动协商平台，以盟主身份存在的企业可以实时、全面地把握整个物流联盟的运营情况，并利用数据挖掘等技术对联盟状态进行评估和分析，进而有效协调盟员间的关系，适时采用相应的激励和惩罚机制。

3 跨境物流联盟运作影响因素

3.1 跨境物流联盟运行环境

在经济全球化、各国经济增速放缓、互联网络日趋成熟等因素影响下，跨境电子商务作为新型电子商务交易模式，对各国的影响逐渐加深。中国经济发展已进入新常态阶段，经济增速逐渐放缓，实体经济与传统进出口贸易发展速度放缓的同时，电子商务及跨境电子商务则保持高速增长，发展前景不容忽视。如图 3.1 所示，未来几年跨境电子商务交易额将持续增长。

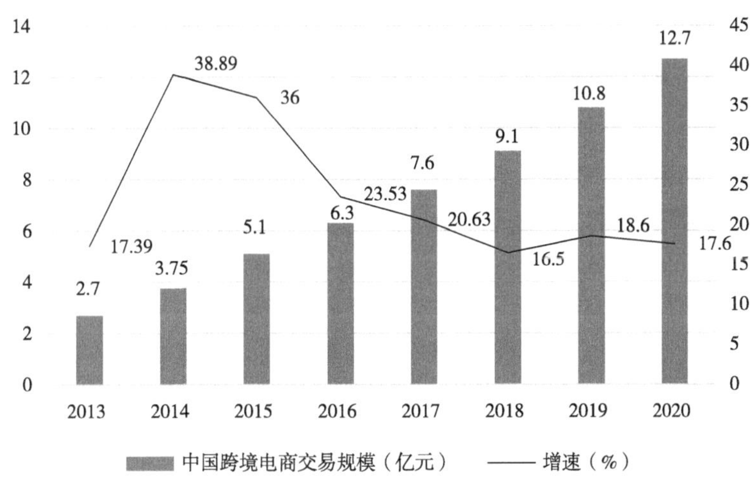

图 3.1　2016—2020 年中国跨境电子商务交易规模及预测

数据来源：电子商务研究中心。

跨境电商是“中国特色的对外贸易”。庞大的消费市场及难以匹敌的制造业生态体系，是我国跨境电商引领全球的两大优势。在新形势下，受全球范围内经济持续疲软、外需不振等因素影响，加之国内要素成本上升、人民币升值以及产品结构低端化等因素影响，我国传统的外贸优势正逐步丧失。在外贸形势不断恶化的背景下，政策部门接连部署跨境电商出口业务规范，试图从政策层面为出口业务注入源头活水，促进外贸转型升级。

跨境电商成为新时期我国深化国内改革和对外开放的新窗口，应打造一条“网上丝绸之路”，促进我国与“一带一路”国家的贸易往来和中小企业发展，增进各国企业和人民之间的互信合作和共同发展。国家层面的协调包括：通过与相关国家推进跨境电子商务规则、条款的研究和制定工作，包含跨境电商通关服务相关的配套管理制度和标准规范、邮件快件通关商检的监管模式、产品质量的安全监管和溯源机制等，健全跨境电商国际合作机制，进一步促进跨境电商的国际拓展。在各种双边、多边谈判中，从国家层面也考虑了我国跨境电商发展的实际问题，帮助国内企业处理跨境电商贸易纠纷。

3.1.1 外部环境

物流联盟产生的根本原因就在于物流企业希望通过整合资源，提高效率，降低成本。构建跨境物流联盟是当下的必然选择。经过十多年粗放式的高速发展，我国物流业开始遭遇一系列问题：运行成本居高不下，效率不高，行业服务能力不强，等等。在此形势下，物流业积极转型升级、谋求集约化发展迫在眉睫，跨境物流联盟也正是在这一环境下应运而生的。因跨境物流联盟内的企业分属于不同国家和地区，企业在经营的过程中会受到该地区的政治因素的影响，且企业必须遵守其所属地区政府部门制定的相关政策，所以稳定的运行环境可有效降低跨境物流联盟内企业运作过程中的风险。国家相关部委对跨境物流联盟的发展给予了积极的政策鼓励与引导。

3.1.1.1 政治环境

政局稳定程度和政策变化程度影响着跨境物流联盟运作的效率，利好政策和稳定的政局为建立全球物流供应链和提供境外物流服务的物流联盟运作体系提供了强有力的支撑。

2015 年 4 月，商务部印发《“互联网+流通”行动计划》，明确提出两年内推动建设 100 个电子商务海外仓。2015 年 9 月，“一带一路”中国（兰州）国际跨境电商物流大会开幕式及项目签约仪式后，“一带一路”跨境电商物流合作联盟成立大会随即举行。共计 58 个城市、社团组织、企业作为发起单位共同成立联盟，“一带一路”跨境电商物流合作联盟代表发表了《兰州宣言》。

2016 年 3 月，政府工作报告强调要采取有效措施支持有实力的电商企业设立海外仓，进一步提高通关效率、降低物流成本、缩短营销环节、改善配送效率。

2017 年 1 月，《快递业发展“十三五”规划》（以下简称《规划》）对跨境电商物流布局做出了明确表述，要求加快发展国际物流和保税物流，支持优势电商物流企业加强联合，在条件成熟的国家和地区部署海外物流基地和仓配中心。《规划》明确提出，鼓励重点快递企业以服务跨境电商、伴随国内企业境外发展等为契机，衔接境外物流体系，构筑立足周边、覆盖“一带一路”、面向全球的跨境寄递网络。2018 年，国务院先后批复北京、天津等共计 34 个跨境电子商务综合试验区，旨在通过设立跨境电子商务综合性质的先行先试的城市区域，协同制度创新、管理创新、服务创新发展，破解跨境电子商务发展中的难题，逐步形成一套适应和引领全球跨境电子商务发展的管理制度和规则，为推动中国跨境电子商务健康发展提供经验。

2018 年 8 月，海关进出口货物整合申报政策实施，将报关单和报检单合二为一，以提升海关工作效率。电商重速度、效率、体验，此举对跨境电商行业发展明显利好。2018 年 12 月，海关总署发布跨境物流、退货新规，公布了跨境电商企业管理、通关、税收、场所、检疫、查验、物流和退货八项管理细则。新规于 2019 年 1 月 1 日正式实施。

我国电子商务市场在飞速发展的同时，也出现了大量违法违规行为。2019 年 1 月 1 日起我国正式施行《电子商务法》，电子商务市场变得有法可依，行业逐步正规化，消费者权益得到了更好的维护。

2020 年 5 月，国家外汇管理局发布《关于支持贸易新业态发展的通知》（以下简称《通知》）。《通知》指出，从事跨境电商的企业可将出口货物在境外发生的仓储、物流、税收等费用与出口货款轧差结算。跨境电商平台企业可为客户代垫与跨境电子商务相关的境外仓储、物流、税收等费用。从事跨境电子商务的境内个人，可通过个人外汇账户办理跨境电子商务外汇结算。

3.1.1.2 社会环境

社会环境是跨境电商物流联盟的重要外在环境，由于联盟运行的成效受到各国政策、地方政府重视程度、社会风气等多方面的影响，因此联盟的运行若能恰逢“天时地利人和”，其发展壮大就有了坚实基础。

近年来全球跨境电商市场不断发展，各地跨境物流的建设和推进也如火如荼地开展起来。云南省出台多项措施推动现代跨境物流发展，包括推进跨境物流便利化、加强口岸基础设施建设等。为提升国际物流服务能力，云南省还计划打造跨境物流企业集团，鼓励支持云南省有实力的物流企业设立境外跨境物流公司。

中国邮政集团公司表示，北京邮政正在积极推进区块链发展模式，建立信息化北京邮政通关口岸，打造高效物流运行体系，引入智能仓储服务，与 AliExpress、eBay 等电商平台合作，全力推动北京邮政跨境物流区块链的形成与发展。

2018年4月，首届跨境物流征信研讨会在深圳举办，研讨会吸引了众多行业知名人士以及200多家国际物流商参加，与会嘉宾发表了自己对跨境物流行业的独到见解，共同商讨跨境物流未来的发展方向。

在一波接一波的电商发展大潮中，有“中国小商品之都”称号的义乌市走出了一条由传统批发市场向电子商务、网络经济转型的新路。义乌市早在2014年就成立了跨境电商物流联盟，成员包括义乌市内外的30多家物流企业，跨境物流联盟还整合推出海外仓、跨境物流方案优选等多项增值服务，甚至还为客户提供个性化定制服务，这些举措为义乌快递业带来低成本效应，提升了跨境电商在物流运输中的竞争力，也为中小跨境电商企业发展提供了保障。2018年7月，义务成功获批跨境电商综合实验区。2019年，义乌全市实现电子商务交易额2 768.92亿元，其中，跨境电子商务交易额为753.98亿元，同比增长15.16%。

2018年2月，顺丰国际和Estore在日本东京共同举办了“中日（深圳—东京）电商发展研讨会”。此次活动旨在与社会各界共建跨境电商生态圈，共同推动中日电商产业发展。

2020年1月21日，中欧跨境电商业务在新疆阿拉山口落地，阿拉山口口岸5月仅用29天就实现单月出口跨境电商包裹超1 000万件，货物价值3 260万美元。目前，阿拉山口综保区已有阿里巴巴、亚马逊等国际知名电商企业落地，口岸出口跨境电商包裹主要为玩具、家具、服饰等商品，货物通过铁路运输发往比利时、德国，再向欧盟海关申报进境转当地邮政或DHL、UPS等进行配送。

3.1.2 内部环境

跨境物流联盟面临的内部环境主要是指技术环境伴随着市场竞争的日益加剧和信息化的深入发展，企业开始大力开发物流信息系统。跨境物流联盟的技术环境指的是由EDI技术、条形码技术、射频识别技术、全球卫星定位系统、地理信息系统、云平台技术等组成的庞大的物流信息技术环境。

3.1.2.1 EDI技术

在国际物流领域里，EDI（电子数据交换）的应用十分广泛。EDI是将与贸易有关的运输、保险、银行和海关等行业信息，用一种国际公认的标准格式进行编制，并通过计算机通信网络，实现各有关部门或公司之间的数据传输与处理，完成以贸易为中心的全部业务过程。EDI是一种电子数据输入取代人工数据输入的方法，其目的不是消除纸张，更主要的是消除处理的延误

及数据的重复输入。

EDI 的快速、精确等特性为用户带来很多实质性好处。从 EDI 的发展历史可以发现，自 EDI 被采用以来，EDI 的用户（往往是一些大企业）就一直在对其贸易伙伴施加压力，要求它们加入 EDI 的潮流。这种趋势表明，在 EDI 迅猛发展的今天，它已经成为企业赖以生存的支柱。有了 EDI，企业将大大改善在激烈竞争的市场中的地位，处于主动有利的形势中。

3.1.2.2　条形码技术

条形码是一种信息代码，是由一组宽度不同、反射率不同的条和空按规定的编码规则组合起来，用以表示一组数据的符号。条形码可以分为一维条形码和二维条形码。相比其他自动识别技术，条形码技术具有可读性高、可靠性高、信息对应性强、柔性强等优势。条形码如今被广泛应用于大型市场、购物中心，以及货物分拣、生产制造以及物流搬运等领域。

3.1.2.3　射频识别技术

RFID 是射频识别技术的英文缩写，简称“射频技术”，又称“电子标签”。其基本原理是电磁理论，射频识别卡具有读写能力，可携带大量数据，且难以伪造。

在配送环节，采用射频技术能大大加快配送的速度，提高拣选与分发过程的效率与准确率，并能节省人工，降低配送成本。运用 RFID 技术，可以合理地进行产品库存控制。借助电子标签，可以实现对商品的运输、仓储、配送甚至退货处理等环节的实时监控，使整个供应链管理透明而高效。

3.1.2.4　全球卫星定位系统

全球卫星定位系统（Global Positioning System，GPS）是利用分布在距地面约 2 万千米高空的多颗卫星对地面目标的状况进行精确测定以进行定位、导航的系统。20 世纪 90 年代以来，全球卫星定位系统在物流领域得到越来越广泛的应用。

GPS 技术在物流中主要应用于汽车自定位、跟踪调度、铁路和远洋运输管理等方面。我国已有数十家企业在开发和销售车载导航系统，中远、中外运等大型国际物流服务企业均建立了装载有卫星定位系统的车队。

3.1.2.5　地理信息系统

地理信息系统（Geographic Information System，GIS）是以地理空间数据为基础，采用地理模型分析方法，适时地提供多种空间的和动态的地理信息的系统。GIS 的基本功能是将表格型数据（可来自数据库、电子表格文件等）转换为地理图形显示，然后对显示结果进行浏览、操作和分析。其显示范围可以从洲际地图到非常详细的街区地图，显示对象包括人口、销售情况、运输路线等内容。

GIS 技术包括数据库管理、图形图像管理、地理信息处理等多方面的基础技术，其物流分析软件融合了车辆路线模型、最短路径模型、网络物流模型、分配集合模型和设施定位模型等模型的核心元素。

3.1.2.6 云平台技术

云平台技术是随着互联网技术的发展而发展的，是建立在云计算、云存储、分布式终端基础上的综合技术。云平台技术的开发是数据时代信息化技术的革命性突破，目前各个行业越来越重视云技术的发展及运用，尤其是跨境物流行业。

（1）云平台适用于解决跨境电商物流特殊性

跨境电商物流是指分属不同关境的交易主体通过电子商务平台达成交易，进行支付结算，并通过跨境物流送达商品、完成交易的一种国际商业活动。与国内其他物流活动相比，跨境电商物流具有以下特点：首先，跨境电商物流货物订单多为小批次、小批量，这就决定了跨境电商物流企业难以利用传统贸易模式开展经营，要求企业转变经营模式。其次，跨境电商物流具有空间远、时间长、范围广的特点。最后，跨境电商物流运营需要进行跨文化、跨语言活动，在国际运输中环节较为复杂，需经历商检及清关等流程。

跨境电商物流联盟云平台作为综合性信息、管理平台的集成，通过将联盟内不同企业及相关参与者的信息、管理等综合集成，针对性地解决跨境电商物流特殊性需求问题。通过云平台共享联盟内物流资源，联盟企业可以将跨境运输中的小批次、小批量订单聚合成大批量货物，运用运输规模优势来降低跨境物流产生的高成本。云平台可利用联盟企业共有资源，优化联盟运输路线，开辟联盟企业共用专线或设立共用海外仓，在提升物流时效的同时充分利用物流资源。跨境电商物流联盟云平台作为综合集成平台，具有支持多国语言能力，且平台内采用国际统一技术及数据标准，可满足跨境运输中跨语种、跨海关、跨技术标准的要求。

（2）云平台可有效改善制约跨境电商物流发展要素

虽然跨境电商平台给予消费者不限时空的全球购物环境，但这种消费创新能否实现，取决于跨境物流的发展情况。目前跨境电商物流在发展过程中主要受以下因素制约：第一，需支付高昂的物流成本。由于跨境电商经营商品单件及批次体量都较小，为保证其时效，物流运输主要依靠航空，据统计，目前跨境电商的物流成本约占其总成本的 20%~30%，其运输成本一直居高不下。除此之外，跨境物流运输环节较多，货品易出现破损或丢失等现象，不同地区海关、商检等的不合理政策要求都会使跨境物流成本增加。第二，消费者权益及逆向物流服务得不到保障。由于跨境物流涉及不同国家和地区，其法律法规存在一定差别，我国消费者在与国外商家有冲突时，因管辖权问题，可能存在国内现行法律无法保障消费者权益的情况，且消费者发生退换货问题时，因跨境物流涉及流程和环节多，其逆向物流服务处理难度非常大。第三，存在物流业务中的税务体系问题。随着跨境电商交易频次的迅速增加，物流联盟内企业每天要处理海量订单，而跨境电商货物以小件为主，企业无法提供报关单，因此享受不了相关退税政策。此外，跨境商品在过海关时，因税收制度不同，所以海关对于海量小批量商品的属性及通关时间长短的认定决定了其通关成本的高低。第四，物流企业信息化建设不足。目前消费者对于海淘物品的可视化要求越来越高，这意味着相关企业需要加强信息化建设，实时传递物品在运输途中的状态。

跨境电商物流联盟云平台作为联盟企业的中枢大脑，依靠对联盟内部跨境物流资源的整体优化，通过对同一目的地跨境商品进行集约，凭借货物规模优势与航空公司等进行有效谈判，达到降低物流运输成本的目的。云平台可通过组织联盟内企业，建立高效的逆向物流通道，快速处理消费者退换货问题，并通过提前向消费者发布商品退换货等相关政策，确保消费者权益。云平台作为物流联盟的信息化平台，可通过加强信息化手段，与海关等政府部门配合，将货物过关时的税收相关政策要求提前通知报关企业，让企业提前安排过关前的准备工作，并将商品信息提前传至海关系统，加快海关审查速度，缩短通关时间，提高商品运输时效。除此之外，云平台通过收集联盟内跨境业务的历史数据，可有效完成对未来业务量的预测，并合理安排联盟内企业进行相关业务资源扩充，优化企业运输路线，达到综合降低成本的目的。

（3）云平台能高效连接跨境电商中的商流与物流

在跨境电商领域，每天产生海量交易数据，但因电商平台和物流企业均从自身利益最大化角度对企业进行经营，致使跨境电商中的商流与物流连接度不高。跨境电商物流联盟云平台作为物流资源集结中心，吸引着跨境电商平台，而跨境电商平台稳定的商流也是物流联盟发展壮大的驱动力。联盟云平台提供给电商平台及其他客户海量的物流服务信息，包括物流企业市场供需、业务运作、物流设备、人力资源、交通、气象等方面的信息。通过提供全方位物流相关信息，向平台及其他客户提供一站式物流服务。云平台在利用物联网技术的基础上，综合使用射频识别技术、全球卫星定位系统、汽车物联网等技术，在快速、准确处理客户订单的同时，能够对联盟内的全球电商物流进行综合调度，规划出最佳路线及物流一体化方案，在提高社会物流效率的同时提升联盟物流资源优势。跨境电商平台每天海量的交易订单为其带来了巨大的商流。作为未来经济增长的新引擎，跨境电商连接全球贸易平台，其通过海内外商家入驻，极大地丰富了销售商品种类，有效地扩大了全球商流流通半径。跨境物流联盟与跨境电商平台合作，可以实现将其云平台系统和跨境电商平台系统有效对接。云平台利用云计算程序为联盟内物流数据集和跨境电商的商流数据集提供交互式信息平台，通过并行和串行的方式驱动商流和物流同步化运行，以优化商流和物流的运作效率为目标，驱动商流和物流的数据高效连接，最终达到融合的目的。

（4）云平台是跨境电商物流联盟新的发展路径

随着互联网的快速发展，物流业的发展也步入了“数据时代”。跨境电商物流作为新物流时代发展的排头兵，通过组建联盟形式可有效实现物流资源共享，但为进一步优化跨境物流的运作效率，联盟必须以大数据技术为驱动，制定标准的物流作业流程，综合调度联盟内物流资源，对业务运作给予智能决策支持，同时为相关主体提供有力的信息支撑，使得联盟内各种运作活动高效且通畅进行。

云技术是网络技术、信息技术、整合技术、管理平台技术、应用技术的总称，通过运用云技术搭建的云平台，可将联盟内企业的资源整合形成资源池，池内所有资源主体按照自身需求与其他资源主体达成合作意向，共享池内资源，提升跨境物流的整体效率，达到提升资源池综合效益的目的。云平台通过云计算对联盟内各种数据信息进行充分分析，从中挖掘出对联盟最有价值的信息，通过优化计算，自动将结果提供给联盟内不同企业，供其参考和运用。可以说，云平台能够在对跨境电商物流联盟进行综合运作分析的基础上，发挥其“中枢”作用，提出最有利于联盟发展的作业任务及发展计划，所以，构建云平台是跨境电商物流联盟新的发展路径。

（5）云平台可改善传统跨境电商物流联盟的经营模式

跨境电商物流联盟电商化的特点决定了其基础经营模式。部分企业通过组建成联盟的方式，集成并共享联盟内物流资源，解决企业物流高端及其他增值服务缺失、国际物流衔接不畅等问题。联盟作为一个虚拟实体，其经营模式受联盟规模、联盟形式、联盟状态等综合因素影响。跨境电商物流联盟成立之初主要有两种形式：一是依联盟内核心企业组建，即核心企业依据企业业务发展需要，有目的地选取适合企业业务发展的企业组建联盟；二是依某具体业务而组建，即各跨国物流企业依据业务需要组成联盟。这种传统的联盟经营模式决定了跨境电商物流联盟在经营模式上具有局限性。

基于云平台的跨境物流联盟是指通过云平台将各跨境物流的服务方、需求方及各组织团体连接起来，由云平台将各跨国物流企业组建成联盟，向跨境物流需求方提供“一体化”综合物流服务。与传统跨境电商物流联盟不同，其通过采用大数据及云计算技术，自动为各需求方及服务方推荐最佳合作伙伴，并给予各方自主选择权限，使得企业自身拥有相对自主的经营权利，整个联盟的经营模式相对自由。联盟采用这种经营模式，可使得平台上各主体互利共存，并不断在动态平衡中发展壮大。

3.2 时空距离分析

3.2.1 时空概念

在现代化的社会中，时间和空间是可以分离的，全球化意味着“在场”和“缺场”交织在一起。从这个层面上看，时空关系得到了延伸。然而在交通运输与物流活动中，时空是紧密联系在一起的，需要我们用统一的时空观来认识它。

马克思从生产、流通经济活动的时间与空间辩证关系中得出结论：社会化大生产在资本主义条件下表现为“资本一方面要力求摧毁交往即交换的一切地方限制，夺得整个地球作为它的市场，另一方面，它又力求用时间去消灭空间”。他指出，在专业化大生产条件下，产品空间转移的次数增加了，转移的距离拉长了，但是距离可以归结为“时间”，因为“重要的不是市场在空间上的远近，而是商品到达市场的速度，即‘时间量’。在一定期间能够生产多少产品，在一定期间资本能增殖多少次，它的价值能够再生产和增殖多少，就取决于流通的速度，取决于流通经历的时间”①。

对时空概念进行阐述时，就不得不引入时空经济学的理念。周扬明在《时空经济学论纲》一书中提出：“时空经济学就是要研究‘时差’和‘空差’的规律性，使人们在经济生活中自觉掌握和运用这种规律。换句话说，时空经济学的任务就是要深入研究并揭示生产商品的社会必要劳动时间和商品的流通时间的缩短从而节约时间的规律，就是要研究并揭示生产力要素在空间的合理布局和最优结合的规律。”从这个定义来讲，时空经济学是以时间和空间为研究对象，研究如何从时空方面实现“经济”，实现人们日常生活和经济发展中的效用最大化和利润最大化的。

3.2.2 现代物流时空分析

现代物流对于经济的重要作用总体来说是实现要素的区际流动，努力消

---

① 引自马克思的《资本论》。

除阻碍生产要素流动的因素，通过物流降低成本，实现商品和生产要素的自由、合理流动，提高经济活动的效率和水平。现代物流改变了商品的时空属性，使商品在时间和空间上获得增值。现代物流在空间上的流程如图 3.2 所示。

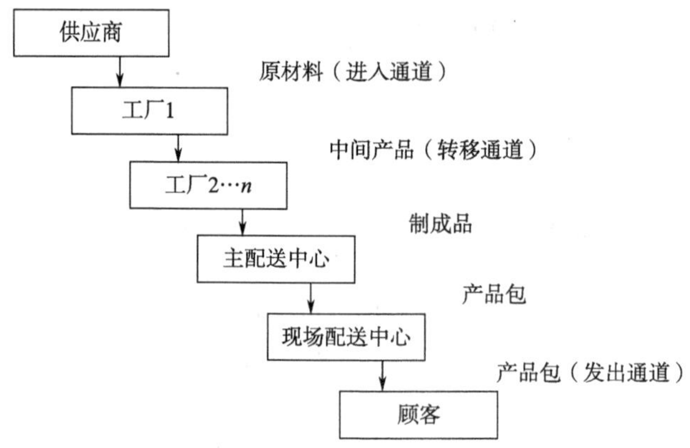

图 3.2　现代物流的空间流程图

从空间来看，现代物流完成的是物资从供应商到工厂、配送中心最后到顾客手中的一个过程。不同的主体之间有不同的空间距离，现代物流的增值活动过程就是把正确的商品在正确的时间送到正确的地方，凡是有助于实现这一目标的活动都可认为增加了价值。随着生产的进行，产品的时间、空间和形态效用按照交换的需要发生变化，产品也就产生了增值。

从时间来看，现代物流时间由运动时间和静止时间组成，运动时间又可分为外部途中运输时间、内部移动时间和加工时间，其中，外部途中运输时间和加工时间能使劳动对象新增价值，内部移动时间则属于中间的连接环节，不能新增价值。静止时间又包括库存时间、线内等待时间和交接等待时间，其中，库存是企业为了应付紧急需要或者提高设备利用率而设置的，库存时间和等待时间都可以通过优化管理、实现无缝隙衔接来尽量缩短。现代物流的时间组成如图 3.3 所示。

现代物流在运输时间、库存时间、等待时间三个方面可以不断突破、优化改进，更好地实现区域内部资源和产品的流动，为区域经济服务，为自身创造经济效益，提高区域经济效率，实现经济增长。

物流所创造的价值不是使用价值，而是直接与时间和地域有关的时空价值，时间和空间这两个因素无时无刻不包含在物流活动的成本和效益中。时间和空间在一定条件下可以互相转换，最终转化为物流成本的一部分。伴随

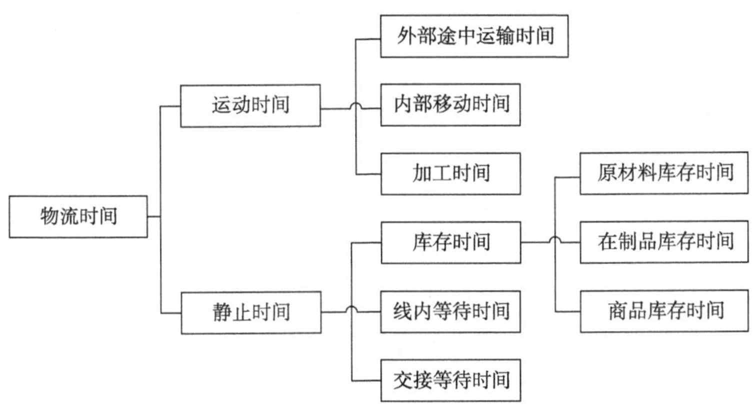

图 3.3 现代物流的时间组成图

着现代交通和通信技术的迅猛发展，单纯的“空间距离”对区域内部和区域之间的交流制约正在逐渐弱化。地理空间上的接近与时间上的便捷联结相比，后者可能更具优势，因此，在物流过程中，时间和空间是需要同样重视和统一的两个因素。

3.2.3 跨境物流联盟的时空分析

随着经济全球化步伐的加快，现代信息和通信技术的发展，跨国公司的发展延伸所带来的本地化生产、全球化采购和消费等潮流，使得跨境物流联盟的发展呈现出多种发展趋势。对于跨境物流联盟来说，时间效应和空间效应的最优化更是必不可少的。此外，在第三方物流大行其道的今天，跨境物流的专业化、科技化趋势越来越明显，信息技术和通信技术已被大范围采用。随着物流技术装备的系统化、智能化、信息化，物流在时间和空间上的准确性将进一步提高，时空距离的缩短将使联盟内部的经济交流更加频繁。由此看来，要增强联盟的稳定性，必须从时空的角度出发，不断提高时空的契合度，实现利益最大化。

3.2.3.1 跨境物流联盟的时空机制分析

（1）时空整合

随着云平台技术和全球电商市场的飞速发展，跨境电商物流联盟的时空距离正在发生变化。

一方面，时空距离越来越小。根据时空经济理论，在一定生产力水平下，原料从产出地到生产制造企业的空间距离或者产品从产出地到销售市场的空间距离都可以归结为时间。即使距离很远，只要有足够完善的运作体系及足够的基础设施水平，就可以缩短时空距离。

另一方面，时空距离正不断延伸。在经济全球化和“一带一路”建设的大背景下，电商物流企业与外界的联系正在不断增强，相比于传统物流活动只能在有限时空条件下进行，联盟形式的跨境物流使物流活动能在更广泛的时间和空间条件下开展，其时空边界得到进一步扩展，时空的范围扩展到了全球。得益于云平台技术的支持，顾客和企业可以在不同的时空完成经济活动。

时间和空间与商品的价值与成本联系起来：时间越快，空间距离越短，产品成本越低；反之，则产品成本越高。因此，要获得同样水平的产品价值或者联盟绩效，就需要联盟从多方面平衡时间与空间，优化整合时空资源，提升运营能力，加强企业信息化建设，准确把握市场供需，以达到时空节约的目的。

（2）时空协调

空间维度包含线下实体空间和线上虚拟网络空间，两者的结合能够极大地丰富顾客体验。云平台作为联盟成员的“大脑”，能够为联盟内部的跨境物流资源进行整体优化，在线上平台使资金流和信息流得到高效的配置和处理，在线下对同一目的地的跨境商品进行集约，利用规模优势与航运、海运运输公司进行谈判，同时建立高效的逆向物流通道，对消费者的售后问题进行及时有效的处理，以保护消费者利益。线上交易平台在用户选择物流服务交易后，自动为用户推荐合适的物流服务方案，当用户选择满意方案后，云平台向物流系统中的对应企业发放任务书并得到物流企业的接单反馈，然后用户便可在交易系统中完成支付。线下实体企业（运输配送企业、报关企业、海关检查机构、货运代理企业以及金融保险企业等）在物流企业接单后收到相应商品信息并配合进行调度。物流企业派出运输车辆和人员进行货物运输周转，并利用 GPS、RFID 等技术将信息实时与港口海关检查机构共享，提高货物的通关效率。用户可在线上随时查看物品状态。此外，云平台中的金融保险系统及报关系统对需要资金支持的企业进行数据分析，在进行风险把控的基础上对交易活动给予一系列支持。

传统跨境电商活动由于缺少信息技术支持，需要企业在地理区域完成具体活动，其本身缺乏时空协调性。云技术的出现和发展催生了与地理空间分离的线上虚拟空间，原本发生在实体空间的活动更多地被转移到虚拟空间。时间和空间是相辅相成的统一整体，二者不可分割，通过将线下空间转移到线上，跨境物流联盟能够打破原有僵硬的约束格局，通过线上线下的时空协调，在一定程度上改变空间结构，使时空布局更加优化，同时促进跨境电商的发展，扩大电商物流市场的广度，增加区域联系和开展经济活动的范围。

3.2.3.2 跨境物流联盟的时空整合机制

本书首次提出联盟“时空整合”的概念。时空整合，即通过时空经济视角，对联盟的基本特性进行分析，使物流活动与供需双方在时间上和空间上的需求相匹配，以提升联盟的物流价值。为了满足联盟的时空整合机制分析需要，基于平台的逻辑结构，将联盟的层级体系结构设计为5层，从上至下依次为：信息与数据管理层、时空数据层、中间层、基础设施层和应用层。跨境物流联盟的层级体系结构如图3.4所示。

信息与数据管理层的中枢是云技术平台，由云技术平台提供数据的收集、分析、存储等功能，通过对数据的处理进行资源集成共享与流程优化等操作，达到整合线上时间的作用。

时空数据层对应着各类时空数据，即线下的基础地理数据与线上的时空整合系统。

中间层起到承上启下的桥梁作用，利用虚拟技术对线下监测系统、风险处理系统、云环境管理系统和运输仓储系统以及各个系统下的子系统进行功能衔接和动态监控协调，使得线上虚拟平台与线下的企业机构分工明确又紧密联系，使时空整合机制效用最大化。

基础设施层对应线下的仓储运输公司、关检机构、保险金融公司、技术咨询公司、物流服务商以及云平台的基础设施。

应用层对应着对跨境物流业务有需求的企业、团体组织或个体等广大受众。

时空整合机制是联盟内部各要素之间稳定的时空秩序和时空关系的表现形式，时空是复杂多变的，而时空整合机制具有稳定性。通过时空整合机制，联盟能以最小的物质消耗、人力消耗和时空消耗去创造最大的包括时空价值在内的价值。

3.3 制度距离与文化距离

跨境物流联盟的建立与运行的稳定性通常涉及多个国家，各个国家在制度、文化上往往存在着差异，这些差异影响和制约着跨境物流联盟的运作情况以及联盟企业间的战略决策及投资方向。但是国与国在制度文化上的差异是抽象的、模糊的，很难对其进行测度。当无法准确地对各国制度和文化差异进行判别时，企业采取同一化的决策方针盲目进行投资，势必会增加企业的运作风险。基于此，国内外学者提出了制度距离与文化距离两种概念，并

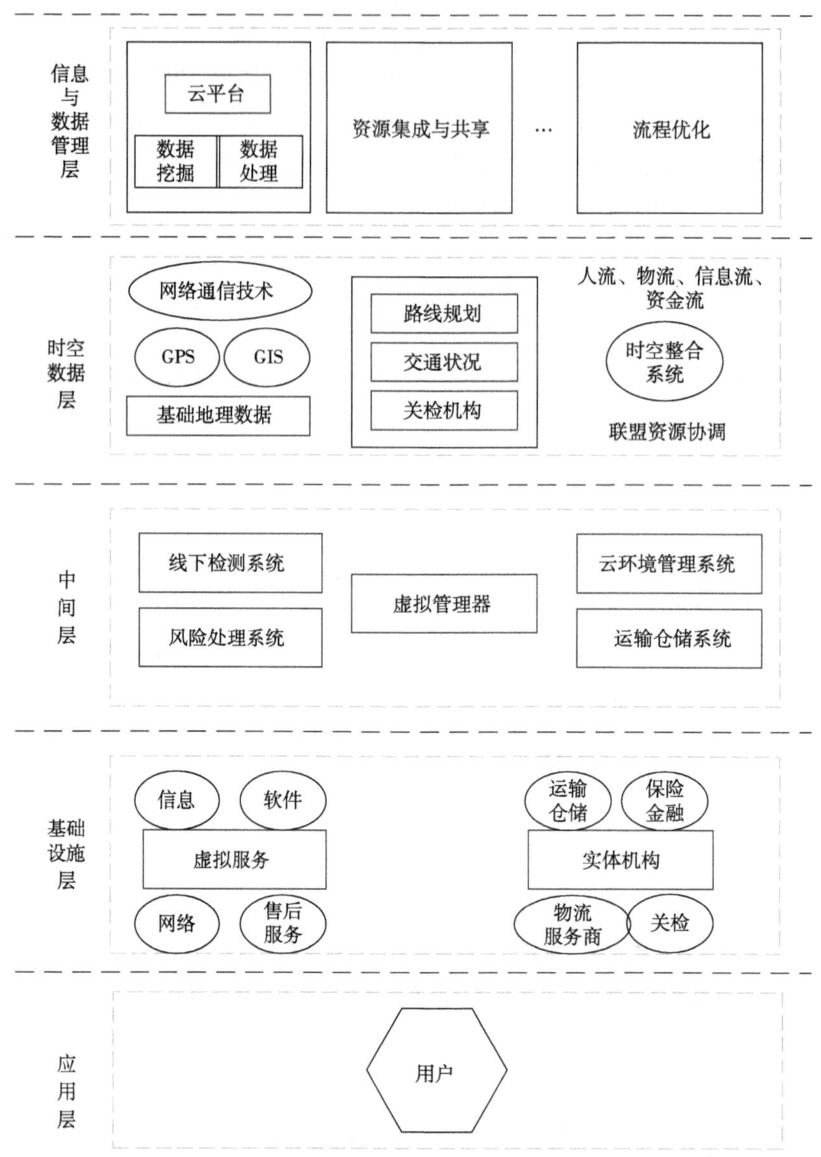

图 3.4　跨境物流联盟的层级体系结构图

进行了大量的研究，总结归纳出影响国家间制度、文化距离的一些因素，通过引进数学定量方法，从不同的维度对制度、文化距离进行分析，并根据实际影响程度对各个影响因素赋予权重，使得从定量分析的角度测量出国家与国家之间的制度距离与文化距离成为可能。制度距离与文化距离自诞生至今引起了众多学者的关注，也是当今经济研究的热点之一。

制度距离与文化距离被广泛应用于跨国公司对外投资选择、跨国公司组织行为转移、跨国公司战略选择、跨国公司海外经营绩效与效果等方面的研究；跨境物流联盟从本质上讲是跨国物流企业的合作，不同国家间的制度距离与文化距离是跨境物流联盟企业必须要考量的要素之一。当然，由于研究的方向及所采用的方法不同，国内外学者在国家之间制度距离和文化距离上得出的结果并不完全相同，在进行制度距离与文化距离的研究中选择合理的角度及方法进行研究显得格外重要。

3.3.1 制度距离与文化距离概述

3.3.1.1 制度距离

制度距离这一概念是由科斯托娃（Kostova）在 1996 年以制度理论为基础研究国家间的差距问题时明确提出来的，并将制度距离定义为国家之间在规制、规范和认知三个方面所存在的差异。这一定义得到了学者们的广泛认同。

制度距离这一概念的提出，一方面为国际商务领域的相关研究提供了一个崭新的理论视角，另一方面也为研究跨国公司的经营行为和战略选择提供了有力的解释工具。

科斯托娃从制度三维度的角度对国家间的制度差异进行诠释，是目前应用相当广泛的一种划分方法，即从规制、规范、认知三个维度对国家间制度距离进行分析测度，如图 3.5 所示。同时，由于国内外学者研究方向的不同，对这三种制度维度具体涵盖的影响因子的总结并不完全相同。

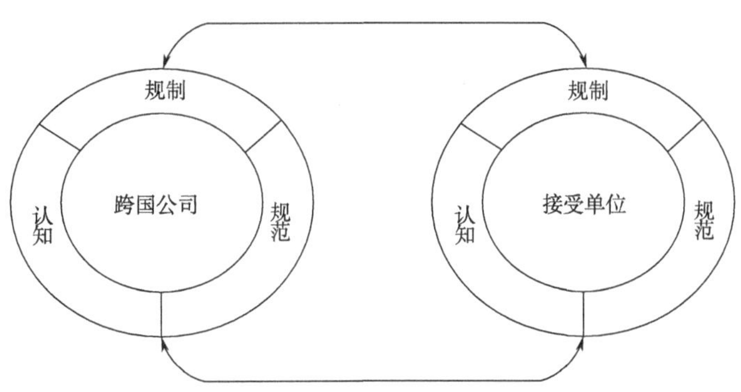

图 3.5 制度距离概念图示

国内外学者较为认同的规制维度涵盖的影响因子主要有：法律制定、实施力度和法律体系有效性、行业业务规制、竞争规范、资本监管、具体行业从业人员行为规范等方面的差异、国家财政政策、政治透明度、反垄断规制、知识产权保护、司法体系效率、通货膨胀、关键行业市场支配程度、反垄断法实施、法律对契约的保护、仲裁公正性、公民对争端解决机制的依赖程度、制度稳定性和警方对公民安全的保护等。

在规范和认知维度这两种维度上，学者们常采用以下两种方法来测量规范和认知维度的制度距离。

第一种方法是用社会对某种行为的共识或者某种社会公认的行为规范来衡量规范维度的制度距离，而用社会价值观差异来衡量认知维度的制度距离。其中，在社会公认的行为规范方面，国内外学者提出的影响因子有创业知识和技能方面的差异、公民参与政治活动的积极性、政府腐败程度、政府干预经济的程度、政府行为透明度等；在社会价值观差异方面，国内外学者提出的影响因子有语言和宗教差异、国民认知差异等。

第二种衡量规范和认知维度制度距离的方法是借用文化距离衡量方法，即从下面将要提到的文化距离的六种维度出发进行分析研究。国内外学者进行影响因子分析时主要采用科古特和辛格（Kogut & Singh）的文化距离量表（简称“KS 量表”）进行分析。

3.3.1.2　文化距离

文化距离这一概念最早由荷兰心理学家霍夫斯泰德（Hofstede）提出。霍夫斯泰德于 1980 年从文化价值的视角分析了国家之间的差距，并提出了“文化距离”这一概念。

关于文化距离的研究，目前影响较大的有：克拉克洪和斯乔见克（Kluckhohn & Strodbeck）的六大价值取向理论；霍尔（Hall）的文化行为构成；霍夫斯泰德的文化六维度模型；特姆彭纳斯和查尔斯 · 汉普登-特纳（Trompenaars & Charles Hampden-Turner）的国家文化七层面理论；豪斯（House）等人的 GLOBE 文化维度模型。

其中，霍夫斯泰德的文化分析框架是迄今为止在跨文化管理研究中较为完整、系统的文化分析模式，对跨文化研究产生了巨大的影响。1980 年，霍夫斯泰德在调查 66 个国家的 117 000 位 IBM（国际商业机器公司）员工的工作价值的基础上，发展出基于西方文化的四个文化维度，即个人主义与集体主义、权力距离、不确定性规避、刚柔性；后又采纳了其他学者对他的理论的补充，总结出衡量价值观的六个维度。这一理论的主要贡献在于，他将文化这一复杂的概念变成了可以测量的操作性变量，使得研究人员可以在比较直观的情况下对比文化差异和因文化差异而产生的行为差异。因此，本书将霍夫斯泰德文化六维度理论作为文化距离的测度依据。

霍夫斯泰德最初从四个维度对文化距离进行分析，即集权和分权、不确定性规避、刚柔性以及个人主义与集体主义差异。后采纳其他学者的意见归纳总结出六个文化维度，分别是：权力距离；不确定性的规避；个人主义与集体主义；男性化与女性化；长期取向与短期取向；自身放纵与约束。六个文化维度的具体含义如下。

（1）权力距离

权力距离是指某一社会中地位低的人对于权力在社会或组织中不平等分配的接受程度。各个国家对权力的理解不同，导致在这个维度上存在着很大的差异。欧美人不是很看重权力，他们更注重个人能力；而亚洲国家由于体制的关系，注重权力的约束力。

（2）不确定性的规避

不确定性的规避是指一个社会受到不确定的事件和非常规的环境威胁时，是否通过正式的渠道来避免和控制不确定性。回避程度高的文化比较重视权威、地位、资历、年龄等，并试图以提供较大的职业安全，建立更正式的规则，不容忍偏激观点和行为，相信绝对知识和专家评定等手段来避免这些情形；回避程度低的文化对于反常的行为和意见比较宽容，规章制度少，在哲学、宗教方面容许各种不同的主张同时存在。

（3）个人主义与集体主义

个人主义与集体主义衡量的是某一社会总体是关注个人的利益还是关注集体的利益。个人主义倾向的社会中人与人之间的关系是松散的，人们倾向于关心自己及小家庭；而具有集体主义倾向的社会则注重族群内关系，关心大家庭，牢固的族群关系可以给人们持续的保护，而个人则必须对族群绝对忠诚。

（4）男性化与女性化

男性化与女性化主要看某一社会代表男性的品质如竞争性、独断性更多，还是代表女性的品质如谦虚、关爱他人更多，以及对男性和女性职能的界定。男性指数的数值越大，说明该社会的男性化倾向越明显，男性气质越突出；反之，则说明该社会的女性气质越突出。

（5）长期取向与短期取向

长期取向与短期取向指的是某一文化中的成员对延迟其物质、情感、社会需求的满足所能接受的程度。这一维度显示有道德的生活在多大程度上是值得追求的，而不需要任何宗教来证明其合理性。长期取向指数与各国经济增长有着很强的关系。20 世纪后期东亚经济突飞猛进，学者们认为长期取向是促进其发展的主要原因之一。

(6) 自身放纵与约束

自身放纵与约束指的是某一社会对人基本需求与生活享乐的允许程度。自身放纵的数值越大，说明该社会整体对自身约束力不大，社会对自身放纵的允许度越大，人们越不约束自身。此为最新添加的维度。

3.3.2 制度距离与文化距离的测度研究

3.3.2.1 制度距离与文化距离测度维度分析

国内外学者在进行制度距离与文化距离的研究时，对制度距离主要从规制、规范、认知三种维度进行测度，对文化距离主要从权力距离、不确定性的规避、个人主义与集体主义、男性化与女性化、长期取向与短期取向、自身放纵与约束六个维度进行测度。

在进行具体的距离测度时，主要采用多元线性回归、多元线性调节回归、二次项和三次项多元线性调节回归、结构方程、比例风险、逻辑回归、半参数、面板固定效应、贸易引力模型等数学方法进行定量模型构建和相应的实证研究。

3.3.2.2 基于跨境物流联盟的制度距离测度指标体系

本书在制度距离方面采用三维度理论进行测度分析，如图 3.6 所示。

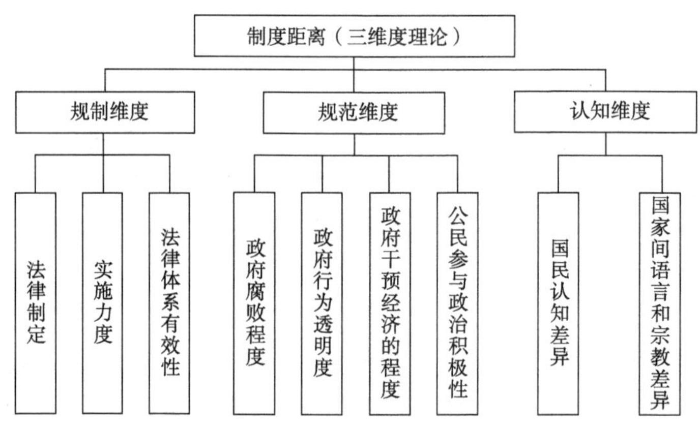

图 3.6 制度距离结构图

在规制维度方面，主要从法律制定、实施力度和法律体系有效性三个方面进行分析。结合不同国家的物流制度特色，在法律制定上主要从合同法律制度健全程度、信息法律制度健全程度、保险法律健全程度、竞争法律健全程度、物流标准体系推广程度及物流法律体系健全程度六个维度对不同国家的法律制定进行测度。在实施力度方面，选取世界经济论坛在《全球竞争力年度报告》中采用的四个指标，即仲裁公正性、反垄断法的实施、法律对契约的保护、公民对争端解决机制的依赖程度进行测度。在法律体系有效性上，采用制度稳定性与法律法规及其执行力作为测量标准。

在规范维度方面，采用瓜尔等（Guar et al，2007）提出的公民参与政治活动的积极性、政府腐败程度、政府干预经济的程度、政府行为透明度四个方面来衡量规范维度的制度距离。

在认识维度方面，采用波格雷布尼亚科夫和梅特兰（Pogrebnyakov & Maitland，2011）提出的国家间语言和宗教差异、国民认知差异来衡量国家间认知维度的制度距离。

本书采用科古特和辛格（1988）提出的综合距离计算公式：

$$Distance_{ij,\ t} = \sum_{m=1}^{n} [(I_{im,\ t} - I_{jm,\ t})^2 / V_{m,\ t}] / n \tag{3.1}$$

式中，$Distance_{ij,t}$ 是第 t 年国家 i 和国家 j 在管制维度上的差异；$I_{im,t}$ 是第 t 年国家 i 的管制维度第 m 个指标的指数值；$I_{jm,t}$ 是第 t 年国家 j 的管制维度的第 m 个指标的指数值；$V_{m,t}$ 是第 t 年管制维度第 m 个指标上所有样本国家指数值的方差；n 是该维度包含的指标数。

同时，在制度距离的三个维度中，规制维度与规范维度主要从物流法律体制的健全程度及政治透明度两个方面对跨境物流联盟产生影响，认知维度与文化距离具有一定的相关性，主要从意识形态层面对跨境物流企业产生影响。从总体上看，研究制度距离对跨境物流联盟的影响的着眼点应当集中在法律法规体系的健全程度及政治透明度两个方面。

3.3.2.3　基于跨境物流联盟的文化距离测度指标体系

本书以霍夫斯泰德文化六维度为研究对象，因此在构建文化距离测度指标体系时从文化距离六维度的视角着手，如图 3.7 所示。

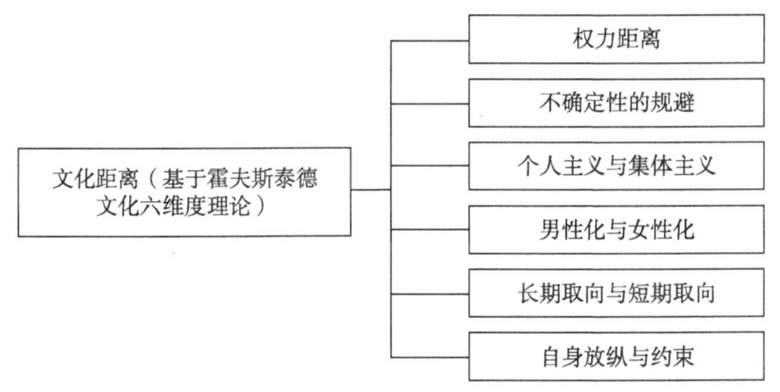

图 3.7　文化距离结构图

在文化距离的测度方面，从现有方法来看，最为常见的有 KSI 指数（Kogut & Singh Index）、EDI（欧几里得空间距离测算方法）、WVS（世界价值观调查）等方法。在各种文化距离测度方法中，KSI 指数是最为经典和权威的。从实证角度讲，KSI 指数根植于霍夫斯泰德理论（1980），而该理论不仅是迄今为止世界上最大规模的文化价值观调查研究，而且将国家文化特征量化，其有效性和解释力在国外学者对外直接投资（OFDI）的研究中得到了证明（Drogendijk & Slangen，2006）。

以中国为例，KSI 指数的公式如下：

$$CD_j = \sum_{i=1}^{6} [((I_{ij} - I_{iCH})^2 / V_i] / 6 \tag{3.2}$$

式中，CD_j 指东道国 j 与中国的文化距离值；I_{ij} 指东道国 i 维度的文化距离值；I_{iCH} 指中国 i 维度的文化距离值；V_i 是 i 维度文化距离的方差。

然而，建立在此基础上的 KSI 数值过于陈旧，自 20 世纪 60—90 年代测算后再无更新，难免与实际情况有所出入，毕竟国家之间的文化距离不可能一成不变。经验表明，一方面，国家与国家之间在建交后可以通过发生贸易行为、进行国事访问等方式来缩小国家之间的文化距离；另一方面，这种文化距离的缩小速度满足递减规律，即文化距离在最初缩小的速度很快，但随着时间的推移，这种缩小速度会减缓，而倒数型函数很好地满足了上述特征（綦建红，2014）。因此本书采用綦建红提出的 KSI 指数改进公式。

以中国为例，KSI 指数改进公式如下：

$$CD_j = \left\{ \sum_{i=1}^{6} [(I_{ij} - I_{iCH})^2 / V_i] / 6 \right\} + (1/T_j) \tag{3.3}$$

式中，T_j 表示第 j 个国家与中国建交的年数；$1/T_j$ 表示中国与第 j 个国家之间的文化距离随着建交时间的推移而缩小，但缩小速度随着时间的推移而递减。

本书中的各国文化距离各个维度的 KSI 指数数据均来源于霍夫斯泰德文化距离网站所提供的数据库。将两国之间的六个维度的数据代入上述 KSI 指数改进公式中，即可得出两国之间的文化距离。

霍夫斯泰德文化距离网站中提供的各国文化距离各个维度的数据更新至 2015 年，因此本书将中美两国 2015 年文化距离 KSI 数据代入公式（3.3）之中。

霍夫斯泰德数据库中中国六个维度的数据分别是：权力距离（pdi）为 80；不确定性的规避（idv）为 20；个人主义与集体主义（mas）为 66；男性化与女性化（uai）为 30；长期取向与短期取向（itowvs）为 87；自身放纵与约束（ivr）为 24。美国六个维度的数据分别是：权力距离（pdi）为 40；不确定性的规避（idv）为 91；个人主义与集体主义（mas）为 62；男性化与女性化（uai）为46；长期取向与短期取向（itowvs）为26；自身放纵与约束（ivr）为68。中美1979年1月1日正式建交，截至2019年中美建交40年。将上述数据代入KSI指数改进公式后，可计算得到中美两国的文化距离为90.73。

从文化距离六维度的角度对跨境物流企业进行分析可知，当文化距离大时，母国和东道国在文化、制度等方面存在较大的差异；当文化距离小时，母国和东道国间的差异较小。跨境物流联盟企业可根据母国与东道国文化距离的大小进行合理的战略决策。

3.3.3 “一带一路”沿线国家制度距离与文化距离测度案例分析

“一带一路”是“丝绸之路经济带”和“21世纪海上丝绸之路”的简称，它将充分依靠中国与有关国家既有的双多边机制，借助既有的、行之有效的区域合作平台，旨在借用古代丝绸之路的历史符号，高举和平发展的旗帜，积极发展与沿线国家的经济合作伙伴关系，共同打造政治互信、经济融合、文化包容的利益共同体、命运共同体和责任共同体。

“一带一路”倡议属于“国家级顶层合作倡议”，涉及众多国家。对于我国的经济发展、国家间合作具有重要的意义，国家也出台了一系列优惠政策鼓励国内企业“走出去”。但是各国的制度、文化等环境因素往往有较大的差异，这使得跨国企业需要调整运营策略，进行合理的投资选择。因此，本书以国内一些学者在“一带一路”上的研究为基础，就制度距离和文化距离如何对跨国企业的经营投资产生影响进行分析。

本书以李晓敏、李春梅对“一带一路”国家制度距离与文化距离的研究为案例加以分析。李晓敏、李春梅从腐败程度、政治风险和法治水平三个维度对“一带一路”沿线国家的制度质量进行了测度。

3.3.3.1 腐败程度测度

各国的腐败程度指数可以从一些国际组织发布的权威报告中获得，案例中采用全球腐败指数（Corruption Perception Index，CPI）进行“一带一路”沿线国家腐败程度的测度，选取2018年发布的全球腐败指数作为数据参数。

“一带一路”沿线64个国家覆盖在2018年CPI所统计的175个国家之中，其中新加坡得分（87）排名第二，但64个国家的CPI均值（39.6）低于全球均值（43）。CPI按得分的高低划分为四种腐败类型，高达61%的沿线国家属于严重腐败，极端腐败的比重也达到15%，在全球比较廉洁的11个国家中，沿线国家仅占1个，而严重腐败和极端腐败的国家数量在全球该类型国家中占比分别达到39%和35%。因此，总体而言，“一带一路”沿线国家的腐败问题十分严峻，属于高腐败地带。

3.3.3.2 政治风险测度

目前世界范围内覆盖面较广的衡量国际风险的指标体系是国际国家风险指南（International Country Risk Guide，ICRG），覆盖全球140个国家，是以月为周期的百分制评价体系。ICRG是综合风险的子评价指标之一，涉及社会和政治属性。ICRG按分数的高低来界定风险等级，得分越高表明该国的政治风险越小。近年的ICRG数据中包含的“一带一路”沿线国家有48个，其中高政治风险和最高政治风险等级的国家占38%，而最低政治风险等级的国家占4%（2个）。可以看出，“一带一路”沿线国家总体上处于高政治风险状态。

3.3.3.3 法治水平

全球治理指标（简称“Kaufmann指标”）是由考夫曼等人（Kaufmann et al）构建的衡量各国政府治理水平的指标体系，其因统计全面、覆盖范围广而频繁出现在各类跨国的制度因素研究中。本书选取6个子指标中的法治指数（Rule of Law）进行研究。法治指数是以合同执行和司法体系的质量来测度一个国家制度质量的指标，其最终取值在-2.5和2.5之间，数值越高，表示法治越良好。近年的数据显示，“一带一路”沿线国家中有62个覆盖在全球治理指标体系范围内，62个国家中只有24个国家的法治指数得分高于全球均值，大部分国家得分为负值，各个地区除中东欧之外，法治指数均值都明显低于全球均值；尤其是独联体国家和中亚地区国家与全球平均水平之间存在相当大的差距，中亚地区国家中最高得分也仅为-0.67，其余的得分均在-1分以下，在全球的排名位于第180名之后。可以看出，“一带一路”沿线区域的法治水平较低，司法独立性较差，堪称“低法治区域”。

3.3.4 制度距离与文化距离对跨境物流联盟的影响

跨境物流联盟是多个物流企业形成的松散的联盟结构，其主要业务是为客户提供跨国物流服务，实现商品货物的国际物流。

随着全球化进程的不断推进，国际贸易活动愈加频繁，加之近些年互联网经济快速发展，海淘风潮席卷全球，跨境电商所带来的跨境商品流通日益增长。传统的物流运输已经不能满足消费者对商品流通快速化、便利化的需求。跨境物流联盟通过整合参加联盟的各个国家的物流企业资源，可以最大限度降低物流成本，提高商品的运输速度。但是在跨境物流运作过程中，其海外仓、边境仓、保税仓的建设，以及商品的通关国际运输等运作环节，都不可避免地要涉及多个国家，各个国家的制度距离与文化距离的高低会直接对物流企业的各项战略运作及投资选择产生影响。

根据国内外学者对制度距离、文化距离在对外投资与跨国企业战略选择等方面的众多研究，可以将制度距离与文化距离如何对跨境物流联盟产生影响的因素总结如下。

第一，母国与东道国之间的制度距离与文化距离较短时，母国企业的运作模式容易在东道国实施。通常情况下，当母国与东道国制度距离与文化距离较短时，意味着两个国家在法律制度、经济环境、意识形态等方面具有较大的相似性，物流企业在进行跨国运作的过程中，其在母国的成熟的管理模式、经营策略可以很容易地在东道国进行复制，极大地减少了物流企业在跨国运作过程中的市场开发及经营探索成本。因此，当两国制度距离与文化距离较短时，比较适合物流企业快速开展相应的经营活动，跨境物流企业的战略和运作模式在东道国较容易实施。

第二，当制度距离与文化距离较长时，说明母国与东道国在制度及文化上有较大的差异，物流企业应当对其运营策略进行适当的调整，提高其竞争力。当母国与东道国的制度距离与文化距离较长时，意味着两国之间的法律制度环境、经济环境、消费者意识及心理都存在较大的差异。在这种情况下，一味照搬母国的企业运营战略及管理模式，可能会造成企业“水土不服”，因此物流企业在进行市场开发时，需要高度重视两国间的差异，适时调整企业的经营策略及管理模式，以适应东道国的制度体系与文化环境，并在进行相应的战略决策的过程中综合考虑各项因素，从而提高物流企业在东道国的市场竞争力，扩大市场份额。

第三，发展中国家与发达国家在制度距离与文化距离上存在较大差异，在进行投资决策时应当采取区别化战略决策。从普遍意义上讲，发达国家的法律法规及经济市场规则相对更加成熟，发展中国家则因为处于发展上升阶段，制度、法律、市场规则并不十分完善，同时部分国家的政治稳定性差，致使其制度变动性较大。相较而言，发达国家的制度体系更加完善。因此，物流企业在进行跨国物流运作时，应根据具体国家的发展情况及该国的法律法规完善程度，进行区别化决策，制定适合该国国情的物流运作策略。

3.4　法律法规及其执行力

3.4.1　中国物流法律法规体系及其综合评价

3.4.1.1　中国物流法律法规体系

物流法律法规体系，是指由规范物流活动的各种法律法规按照一定标准所结成的有机联系的统一整体。研究物流法律法规体系，是健全和完善我国物流法律法规体系的需要，有利于从整体上掌握物流法律法规的内容及内在联系。

（1）法律效力视角

从法律效力来看，我国物流法律法规可以分为以下三类。

①法律，如《铁路法》《海商法》等。《铁路法》保障了铁路运输和铁路建设的顺利进行，《海商法》对平等主体之间的海商法律关系、海运服务贸易法律关系，以及非平等主体之间的纵向海事行政关系、海上刑事法律关系等进行了法律层面的规范。

②行政法规，如公路、水路、铁路、航空货物运输合同实施细则，以及《海港管理暂行条例》《公路管理条例》《航道管理条例》《关于发展联合运输若干问题的暂行规定》《关于加快发展国内集装箱运输的若干意见》等。

③部门规章，如《关于商品包装的暂行规定》《商业运输管理办法》《铁路货物运输规程》《国际铁路货物联运协定》《关于加快我国现代物流发展的若干意见》《关于促进运输企业发展综合物流服务的若干意见》等。

（2）体系结构视角

从体系结构来看，我国现行物流法律体系由以下几部分构成。

①运输法律制度。运输法律制度是物流法律制度最重要的组成部分，我国运输法律制度按照不同运输方式进行立法。近几十年以来，我国运输业的立法和实践，经历了计划经济体制阶段、十一届三中全会后至1988年的初步开放阶段以及1988年以后的快速发展阶段。经过长期探索和发展，我国已建立了包括公路运输法、水路运输法、铁路运输法、航空运输法、货运代理法等方面的运输业的法律规范体系。

A. 公路运输法。在我国的基础设施建设中，公路使用率相对较高，发展速度也相对较快，因此对公路运输予以规范的相关法律法规也相对比较健全，主要有《公路法》《汽车货物运输规则》《道路货物运输服务业管理办法》《道路交通管理条例》《城市道路管理条例》《道路零担货物运输管理办法》等一系列法律规范。

B. 水路运输法。水路运输是最古老的运输方式，其优点在于运价低、运量大，但其缺点是速度较慢、受自然条件的限制较多。关于水路运输的法律法规主要有《海商法》《海上交通安全法》《国际海运条例》等。

C. 铁路运输法。铁路运输在我国是仅次于公路运输的一种运输方式，其优点在于载重量大、速度较快、成本较低、抗风险能力强，缺点是投资大、建设周期长、运输灵活性差、短距离运输成本较高。我国关于铁路运输方面的法律法规主要有《铁路法》《铁路运输安全保护条例》《铁路货物运输管理规则》《铁路货运事故处理规则》等。

D. 民用航空运输法。在现有的运输方式中，航空运输的运输速度最快，机动、灵活，但运费最高。我国在航空运输方面的法律法规主要有《民用航空法》《通用航空飞行管制条例》《民用航空安全保卫条例》《航空货物运输合同实施细则》等。在国际条约方面，我国先后签署、批准了20多个国际公约和协定书，并与80余个国家签订了双边航空运输协定，形成了我国民用航空运输法律体系。

E. 货运代理法。货运代理是现代运输物流的一种普遍形态。关于货运代理的法律法规主要有原外经贸部颁布的《国际货物运输代理业管理规定》及《实施细则》。

②信息法律制度。现代物流的发展与信息技术息息相关。目前我国针对信息技术的立法还严重不足，主要有《计算机软件保护条例》《计算机信息网络国际联网管理暂行规定》《计算机信息网络国际联网安全保护管理办法》《计算机信息系统安全保护条例》等。

③保险法律制度。同其他行业一样，物流服务离不开保险，保险具有转移风险的积极作用。《保险法》在财产保险方面的规定比较明确，对物流的法律体系来说，就是要求当事人对通过保险手段化解“物”的风险的一些基本规范。投保国际货运代理责任险已成为发达国家或其国际货运代理协会或某些客户的强制要求。

④合同法律制度。物流服务离不开合同，物流系统各个环节的衔接和实现是不断缔约和履约的过程。合同是规范物流过程中各种行为的重要的法律关系文件。《合同法》对运输合同、保管合同、仓储合同都有原则性的规定，对于包装、搬运等行为没有专门规定。但《合同法》的原则适用于各类合同。

⑤竞争法律制度。通过法律手段加强对物流的组织管理，创造公平、公正的市场竞争环境，是政府职能的一部分。政府对物流行为的管理主要有两个方面的任务，一是反不正当竞争，二是反垄断。《反不正当竞争法》已于1993年颁布实施；《反垄断法》也于2007年出台，2008年8月1日起实施。

⑥物流标准体系。

A. 建立物流标识标准。在我国，《中国物流标准化体系规范》《物流术语》《商业条码》《物流单元格条码》等一些重要的国家标准已经实施。

B. 调整物流活动主体与市场准入方面的法律规范。这方面的法律规范有《公司法》《中外合资经营企业法》《关于开展试点设立外商投资物流企业工作有关问题的通知》等。

C. 调整物流经营活动的法律规范。其中广泛适用于物流活动各环节的法律主要有《民法通则》《合同法》等，但更多的是适用于物流某一环节的法律规范，如适用于运输、装卸、仓储、包装、流通加工、信息处理等各环节的法律规范，包括《民用航空法》《海商法》《铁路货物运输管理规则》等。

D. 调整物流作业的技术规范和标准。这方面的法律规范有《集装箱名词术语》（GB/T 1992—1985）、《包装术语基础》（GB/T 4122. 1— 1996）、《标准物流术语》（GB/T 18354—2001）等。

E. 调整物流基本建设方面的法律规范。这方面的法律规范有《港口法》《铁路法》等。

F. 调整物流市场监管方面的法律规范。这方面的法律规范有《对外贸易法》《海关法》《反不正当竞争法》等。

3. 4. 1. 2 我国物流法律体系综合评价

改革开放后，特别是加入 WTO 后，我国物流业迎来了快速发展的黄金期，近些年互联网经济的兴起，则加速了我国快递物流的发展，以“四通一达”为代表的一大批民营物流企业在市场上快速崛起。伴随着物流的快速发展，从制度层面规范物流行业的运作，整合物流市场，推动物流行业规范化、标准化、国际化，成为国家物流战略的一项重点，为此国家出台了一系列政策法规来规范物流业的发展。

中国物流法律制度的制定主体包括国家立法机构、国务院、国务院各部委和地方政府。最高国家立法机构全国人民代表大会及其常务委员会制定国家级法律，地方性人民代表大会及其常务委员会制定地方性法规。国务院制定行政法规，国务院各部委制定规章制度，地方政府根据地域的发展状况制定地方规章。

在国家层面上，我国发布的关于物流发展的指导意见主要有以下几个文件：一是原国家经贸委等六部委 2001 年 3 月联合印发的《关于加快我国现代物流发展的若干意见》，这是我国政府部门颁布的第一个关于发展现代物流的指导性文件，属于综合性政策，从总体上调整物流发展；二是国家发展和改革委员会等九部委 2004 年 8 月 5 号联合颁布的《关于促进我国现代物流业发展的意见》，这是目前我国综合性、全国性的物流政策，也是促进我国现代物流发展的最高纲领和行动指南；三是 2009 年 3 月 10 日国务院颁布的《物流业调整和振兴规划》和 2014 年 9 月 12 日国务院颁布的《物流业发展中长期规划（2014—2020 年）》。

从总体上看，我国的物流法律规范分散于物流各个环节的法律、法规、规章、国际条例、国际惯例以及各种技术规范、技术法规中，还没有形成独立完整的物流法律体系。

(1) 物流法律规范缺乏系统性和协调性

物流所涉及的领域和环节众多，我国物流相关的法律规范分散于物流活动的各个环节中。物流立法涉及交通、铁路、航空、邮政、海关、工商等众多部门的利益，造成法规众多而分散的局面，缺乏统一性、系统性。制定物流规章制度时，部门多各自为政，缺乏组织性，实施时可能出现相互冲突的问题。这加大了建立统一、安全、开放的全国性物流法律法规系统的难度，阻碍了物流业健康快速发展。

(2) 现行物流法规效力不强

从法律效力来看，目前中国物流领域内的法律制度属于法律、行政法规层次的不多，大多表现为由各部门、各地方制定的规章制度和地方性法规，效力层次较低，法律效力不强，而且有些规范明显带有部门分割、地方保护等色彩，这不仅成为中国物流业发展的障碍，也制约了中国物流企业以及外资企业的发展。

(3) 物流立法相对滞后，缺乏国际视野

中国现有物流相关法律大多是在改革开放时期制定的，这些法律能否适应时代发展的需要是必须正视的问题。另外，在贸易快速发展、物流业需求激增的背景下，中国物流产业与国际发展水平还有很大的差距，其中重要的表现就是物流相关法律无法适应新形势的发展需要。例如，“绿色物流”已成为全球物流业发展趋势，而中国目前有关绿色物流的规定不系统、不具体、不协调，主要分散在不同的规范中，如《中华人民共和国环境保护法》《中华人民共和国大气污染防治法》《中华人民共和国清洁生产促进法》《中华人民共和国固体废物污染环境防治法》《中华人民共和国环境噪声污染防治法》《废弃电器电子产品回收处理管理条例》等，而没有在物流相关法律法规中做出调整。所以，中国要加快物流立法的更新，以适应物流环境的发展变化。

3.4.2 其他国家物流法律法规体系及其综合评价

3.4.2.1 美国物流相关法律法规体系及其综合评价

《美国法典》中 TITLE49 的运输法和联邦法规汇编中的 TITLE49 法案适用于在美国从事铁路、公路、航空以及内河运输的物流服务；而从事海上运输则必须遵守《美国法典》中 TITLE46 的航运法和联邦法规汇编中的 TITLE46 法案。这种根据不同的服务内容、从不同的业务范畴来规划管制物流业的方法，促使美国物流业更加规范发展。

美国政府在物流宏观管理方面的立法主要以运输业为中心，其陆路交通法规系统主要分为公路法系统和运输法系统，汇编于《美国法典：23 公路》《联邦规章：23》《美国法典：49 运输》《联邦规章：49》。在航空系统方面，制定了《航运法》《协议费率法》《机场航空改善法》《1984 年航运改革法》。这些覆盖面极广的法律规制一方面促使运输管理良性发展，另一方面减少了政府的硬性管制，促使物流管理运输业向自由市场发展。

从总体上看，美国在物流方面拥有一套完整的法律法规，从联邦到各州，分工明确，且重视发展第三方物流，能够合理调整市场，重视信息技术的发展应用；政府放松管制，增加了市场活力。

3.4.2.2 日本物流相关法律法规及其综合评价

日本物流业发展起步较早，于 1990 年颁布了《物流法》，日本现行的物流法律体系以《物流法》为主，辅之以物流各个环节相应的专门法规，其主要的物流相关法律有《物流法》《综合物流施政大纲》《大规模零售店铺布局法》《流通业务城市街道整备法》《汽车终端站场法》《货物汽车运输事业法》《港口运输事业法》《物流效率化法》等。

日本的物流法律法规体系主要由三个模块组成，即综合性物流发展政策、物流场所的规划立法和交通运输业立法。其中，综合性物流发展政策模块以日本政府颁布的《综合物流施政大纲》为纲领性政策文件，该法令为日本的物流产业的发展提供了指导性的方向，同时对日本的物流产业发展环境进行了规范。物流场所的规划立法模块中，按照物流场所的不同，日本政府制定了不同的物流法律法规，其现行的物流法律法规主要有《大规模零售店铺布局法》《流通业务城市街道整备法》《汽车终端站场法》，分别对应大型的店铺、街道、货运站、配送中心等物流节点。交通运输业立法主要有《货物汽车运输事业法》《货物运输经营事业法》《港口运输事业法》，这几部法律对物流业的货物运输、经营等方面进行了规范和管制。

3.4.2.3 韩国物流相关法律法规及其综合评价

韩国自 20 世纪 70 年代开始发展物流，韩国独特的三面环海地形使其海上运输业在国际贸易中发挥着重要作用，也加快了韩国海上运输业及相关物流产业的发展。在韩国的内陆运输中，公路运输占据主体地位；近年来，航空运输发展显著，需求量不断增长，相关的服务产业也不断成长。目前韩国关于物流的法律主要有《物流政策基本法》《关于物流设施的开发及运营法》《关于物流仓储业注册及优秀企业认证的规则》《关于医药品物流合作构建及运营的规定》《关于综合物流企业认证的规则》《可持续物流发展法》等。

韩国的物流法律法规，采取统一立法模式，其物流领域的相关法律以《物流政策基本法》为核心，它是其他物流法律法规制定的基石。《关于物流设施的开发及运营法》《关于物流仓储业注册及优秀企业认证的规则》《关于医药品物流合作构建及运营的规定》等法律为其具体领域物流运作提供了法律依据。韩国的物流法律法规近些年也进行了大幅度的调整，增加了绿色物流、环境保护等方面的内容。

3.4.2.4 德国物流立法及其综合评价

德国政府依据法律程序推进铁路改革。为确立与铁路改革相配套的法律体系，德国政府修改了宪法的有关条款和100多个相关的法律法规，形成与改革相适应的法制环境，为铁路实现从政府机构向企业转变创造了前提条件。保障德国铁路改革的法律文件体系主要是指由6个子法规组成的“铁路重组议案”，其内容包括《两德铁路合并重组法》《德国铁路股份公司组建法》《联邦铁路管理法》《地方短途铁路客运管理法》《通用铁路法》，以及既有法律法规修正。一系列专门法律、法规的立法保障和要求，分阶段、系统性地稳步推进了德国铁路的改革。

德国实行联邦制，联邦和各州都有制定法律的权力。联邦制定的物流法律法规中涉及道路运输的相关法律主要有《联邦公路货运法》《联邦公路客运法》《短途交通法》《联邦长途公路法》《公路运输审批条例》《公路运输放开条例》《公共短途营运地方化法》《公路交通条例》《公共交通法》。涉及内河及海洋运输的主要有《联邦航海管理法》《联邦内河航运任务法》《联邦海运任务法》《海商法》《海事调查法》。其立法特点是以联邦法律为主导，各州法律为辅助。

3.4.2.5 法国物流立法及其综合评价

法国铁路长期实行政企合一的管理体制，存在着各种矛盾，使铁路陷入经营困境。为促进铁路改革发展，法国于1997年颁布《改革铁路运输业，成立“法国铁路网公司”公共机构的政令》，对法国铁路的管理体制实行重大改革。通过组建路网公司，把法铁公司原承担的国家铁路网建设责任分离出来，其主要承担客货运输经营责任。为保证改革的顺利实施，法国议会同时修改了《法国国内运输法》，进一步从法律上明确政府与法铁公司各自的职能。

3.4.3 基于全球物流绩效指数的法律法规执行力分析

物流绩效指数（LPI）是指基于对跨国货运代理商和快递承运商的绩效调研得出的一系列数据指标。这是交互式的基准测试工具，可以帮助各国识别其在贸易物流绩效里面临的挑战和机遇，并助其改善提高。

物流绩效指数的综合分数，反映出根据清关程序的效率、贸易和运输质量相关基础设施的质量、安排价格具有竞争力的货运的难易度、物流服务的质量、追踪查询货物的能力以及货物在预定时间内到达收货人的频率所建立的对一个国家的物流的认知。指数的范围为 1 至 5，分数越高代表绩效越好。数据来源为物流绩效指数调查，该调查由世界银行联合学术机构、国际组织、私营企业以及国际物流从业人员共同完成。世界银行高级运输经济学家和 LPI 项目创始人让–弗朗瓦·阿维斯说："LPI 试图捕捉一个相当复杂的现实，即供应链的属性。在物流成本较高的国家，造成高成本的最重要的因素往往不是贸易伙伴之间的距离，而是供应链的可靠性。"

物流绩效涉及七个方面的指标：海关清关的效率以及其他边境机构的办事效率；货物运输和物流的信息技术设备的质量；安排国际货物运输的便利性和负担能力；当地物流产业的竞争力；跟踪国际货物运输的能力；国内物流成本；货物运输抵达目的地的及时性。

各个国家和地区间的物流绩效水平与其物流法律法规体系的完备程度是息息相关的，完备的物流法律法规体系可以使企业规避风险，降低物流运作过程中的不确定性。在一定程度上，物流绩效指数的得分越高，说明该国家和地区的物流相关的法律法规制度越完善，物流行业越规范。基于此，本书就一些主要国家的物流法律法规情况和物流绩效指数情况介绍如下。

3.4.3.1 中国的物流绩效指数

2018 年中国的物流绩效指数综合得分为 3.61 分，全球排名为第 26 位。从分项得分情况来看，中国单项得分较高的两项是：预定交货时间内送达收货人的频率（得分为 3.84 分）以及贸易和运输基础设施的质量（得分为 3.75 分）。单项得分最低的是海关和边境管理清关的效率，得分为 3.29 分。与排名第 25 位的韩国相比，我国物流运作过程中的货物送达时间及基础设施情况相对较好，但海关和清关效率方面稍显不足，说明我国海关在实际运作过程中存在效率不高的情况。

通关的过程涉及海关、检疫、申报人、承运人等多个节点，各个节点又涉及各级主管单位，运行较为复杂，因此我国海关可从法律法规层面改革通关流程，简化通关运作。

3.4.3.2 美国的物流绩效指数

2018 年美国的物流绩效综合排名为全球第 14 位，其中，海关效率和边境管理清关得分为 3.78，排名第 10；贸易和运输相关基础设施的质量得分为 4.05，排名第 7；运输频次得分为 3.51，排名第 23；物流服务质量得分为 3.87，排名第 16；及时性得分为 4.08，排名第 19；跟踪和定位能力得分为 4.09，排名第 6。

从各项指标排名来看，美国物流基础设施与跟踪定位能力的得分均排名在前十位以内，说明美国的物流设施建设及信息化程度较高。同时美国物流方面的立法相对完善。

3.4.3.3 日本的物流绩效指数

日本综合排名为全球第 5 位，其中，海关效率和边境管理清关得分为 3.99，排名第 3；贸易和运输相关基础设施的质量得分为 4.25，排名第 2；运输频次得分为 3.59，排名第 14；物流服务质量得分为 4.09，排名第 4；及时性得分为 4.25，排名第 10；跟踪和定位能力得分为 4.05，排名第 10。

从总体上看，其各项指标排名除运输频次外均在前十位以内，说明日本物流行业的总体发展水平居世界前列。

3.4.3.4 韩国的物流绩效指数

韩国综合排名为全球第 25 位，其中，海关效率和边境管理清关得分为 3.40，排名第 25；贸易和运输相关基础设施的质量得分为 3.73，排名第 22；运输频次得分为 3.33，排名第 33；物流服务质量得分为 3.59，排名第 28；及时性得分为 3.72，排名第 25；跟踪和定位能力得分为 3.75，排名第 22。

从总体上看，韩国的物流的各个方面排名情况在第 25 位上下浮动，其总体物流发展情况处于世界中上游水平。

3.4.3.5 德国的物流绩效指数

德国综合排名为全球第 1 位，其中，海关效率和边境管理清关得分为 4.09，排名第 1；贸易和运输相关基础设施的质量得分为 4.37，排名第 1；运输频次得分为 3.86，排名第 4；物流服务质量得分为 4.31，排名第 1；及时性得分为 4.39，排名第 3；跟踪和定位能力得分为 4.24，排名第 2。

德国排名世界首位，各个方面的排名均居世界前五位，说明德国的物流总体发展情况居于世界领先地位。

3.4.3.6 法国的物流绩效指数

法国综合排名为全球第 16 位，其中，海关效率和边境管理清关得分为 3.59，排名第 19；贸易和运输相关基础设施的质量得分为 4.00，排名第 12；运输频次得分为 3.55，排名第 17；物流服务质量得分为 3.84，排名第 17；及时性得分为 4.15，排名第 14；跟踪和定位能力得分为 4.00，排名第 12。

从总体排名上看，法国物流的各个方面排名比较靠前，物流的总体发展情况居于世界前列。

3.4.3.7 英国的物流绩效指数

英国综合排名为全球第 9 位，其中，海关效率和边境管理清关得分为 3.77，排名第 11；贸易和运输相关基础设施的质量得分为 4.03，排名第 8；运输频次得分为 3.67，排名第 13；物流服务质量得分为 4.05，排名第 7；及时性得分为4.33，排名第5；跟踪和定位能力得分为4.11，排名第4。

从总体排名上看，英国物流服务质量与跟踪定位能力排名在前10位以内，同时其总体排名在第9位，物流总体发展情况居世界领先地位。

3.4.4 法律法规及其执行力对跨境物流联盟产生的影响

法律法规的完善程度及其执行力的强弱，直接关系到该国和地区的政治环境及商业贸易环境的好坏。跨境物流联盟的主营业务是物流，旨在为客户提供运输服务，跨境运输路途遥远，容易发生突发状况，而且跨境运输涉及国与国之间的物流对接，这些运作环节需要有相关的法律法规作为支撑，以保证联盟的利益不会受损。从总体上看，法律法规及其执行力对跨境物流联盟产生的影响主要体现在以下几个方面。

第一，从法律法规差异化的角度来看，提高了跨境物流企业的决策难度。不同国家在法律法规的制定及执行上存在着很大的差异，这些差异使得跨境物流企业在实际运作中需要根据不同国家的法律法规及执行力特点进行合理的决策，从而提高联盟的效率，降低联盟运作风险。根据国内外学者的研究，通常情况下发达国家对外贸易相关的法律法规相对比较完善，并能有效执行。而大部分发展中国家，还处在快速的发展过程中，一些法律法规不是十分成熟，而且受制于地区的政治体制特点，在执行力上的表现也参差不齐。这就使得跨境物流企业在进行决策时，需根据具体国家的具体国情进行合理的战略选择，这也从一定程度上提升了跨境物流企业的决策难度。

第二，从物流企业跨境投资的角度来看，跨境物流企业应当结合该国法律法规的特点，进行合理的投资选择。跨境物流企业在不同的国家进行经营活动时，应当综合考虑各个国家的各方面因素，特别是研究其关于法律法规等方面的硬性规定，如研究各国的关税法、道路交通法等，因为这些法律法规都有可能对跨境物流企业的实际运行产生影响。由于各国关于物流方面的法律完善程度不同，因此跨境物流企业应当对相关国家的法律法规有一个清晰的认知。

第三，从应急事件角度来看，面对突发政治事件时，跨境物流企业应当及时进行战略调整。由于突发政治事件，一些国家会通过采用临时制定或改变一些法律规定的方式来应对这些突发情况。这些改变同样会对国家间商业贸易产生影响。因此，跨境物流联盟的管理者应当对国际政治事件有敏锐的感知力，并能够根据事态发展及当时国家在法律法规上的改变及时调整联盟的运行策略，从而规避风险并发现机遇，制胜于市场。

3.5 技术标准与规范

随着经济全球化、贸易自由化进程的加快，技术分工与应用呈现出更加网络化的趋势，跨境物流联盟的标准之争愈演愈烈。在科技高速发展的今天，技术更新换代更加迅速，因而，如何在风云变幻的市场环境中率先占据有利的市场地位，是值得每个跨境物流联盟深思的问题。而标准正是帮助联盟中的企业实现扩大市场份额、提高盈利能力、致力促进研发成果转化为经济效益的桥梁。从标准的组成体系来看，标准可分为国家标准、行业标准、地方标准等。标准的确立需要经过漫长的审核时间，且存在一定程度的协调时间和摩擦成本；虽然制定企业标准需要的时间短，灵活度高，但企业标准通常难以在短时间内被其他企业所接受。跨境物流联盟标准作为标准的一种特殊形式，可通过自发形成的联盟组织制定，从而促进联盟甚至整个产业的发展，这对企业的行为有着深远的影响。

3.5.1 国际物流标准化

标准化是对产品、工作、工程或服务等普遍活动规定统一的标准，并且对这个标准进行贯彻实施的整个过程。标准化的内容，实际上就是经过优选之后的共同规则。国际物流标准化指的是以国际物流为一个大系统，制定系统内部设施、机械装置、专用工具等各个分系统的技术标准；制定系统内各分领域（如包装、装卸、运输等方面）的工作标准；以系统为出发点，研究各分系统及分领域中技术标准与相关其他系统的配合性，进一步谋求国际物流大系统的标准统一。

近年来我国对外贸易和交流有了大幅度上升，国际交往、对外贸易对我国经济发展的作用越来越重要，而所有的国际贸易又最终要靠国际物流来完成。各个国家都很重视本国物流与国际物流的衔接。在本国物流管理发展初期就力求使本国物流标准与国际物流标准化体系相一致，若不如此，不但会加大国际交往的技术难度，更重要的是在本来就很高的关税及运费基础上，又会增加因标准化系统不统一而造成的效益损失，增加外贸成本。因此，物流标准化的国际性也是其不同于一般品标准的重要特点。

物流标准化的主要特点有以下几方面。

第一，物流标准化属于二次系统，或称后标准化系统。这是由于物流及物流管理思想诞生较晚，组成物流大系统的各个分系统在没有归入物流系统之前，早已分别实现了本系统的标准化，并且经多年应用，不断发展和巩固，已很难改变。在推行物流标准化时，必须以此为依据。

第二，物流标准化要求体现科学性、民主性和经济性。这是标准的“三性”。科学性的要求，是要体现现代科技成果，以科学实验为基础，在物流中，还要求与现代化（包括现代技术及管理）相适应，要求能将现代科技成果联结成物流大系统。否则，单项技术再高也是无效的，甚至还会起反作用。民主性指标的制定，需采用协商一致的办法，充分考虑各种现实条件，广泛听取意见，使标准更具权威，更易于贯彻执行。经济性是标准化的主要目的之一，也是决定标准生命力的重要因素，物流过程不像深加工那样会产生大幅度增值，即使通过流通加工等方式，其增值也是有限的，所以，物流费用多支出一分，就要影响到一分效益，但是，物流过程又需要大量投入，因此如果不注重标准的经济性，片面强调反映现代科技水平，片面顺从物流习惯及现状，就会引起物流成本的增加，会使标准失去生命力。

第三，具有较强的国际性。改革开放以来的事实证明，对外贸易和交流对我国经济发展的作用越来越大，而所有的对外贸易又最终要靠国际物流来完成，因此，我国的物流标准化在运输工具、包装、装卸搬运工具、流通加工等方面都要与国际物流标准相一致，积极采用国际标准，完善国内标准体系，提高运输效率。

3.5.2　物流联盟标准的性质

物流联盟标准作为某个具体行业的联盟标准，拥有联盟标准具备的共同属性。鉴于新修订的《标准化法》以及刘杰、王修鹏等学者分别从联盟标准的制定主体、产业集群等角度定义了联盟标准，结合物流联盟和物流标准的概念，本书将物流联盟标准定义为“由各物流学会、协会、商会、联合会、物流产业联盟等社会团体发起，为了在物流行业内获得最佳竞争秩序，由物流标准联盟组织成员协商一致制定并批准，经国家标准化主管部门登记或备案，共同使用和重复使用的一种规范性文件”。物流联盟通过市场竞争的方式，最大限度地推广和扩大其制定的物流联盟标准的用户基础，从而优先抢占市场，逐渐发展成为市场主流标准。物流联盟标准的制定者可能包括同业竞争者，如各大快递公司，它们为了共享先进技术或是共同利益而制定统一的标准，也可能是供应链上下游企业，如淘宝供货商和第三方物流公司，它们通过业务关联和产品互补的方式共同建立标准。制定物流联盟标准的最终目的是通过同业竞争和市场的检验，为联盟获得长期经济效益和竞争优势。

跨境物流联盟的技术标准与规范具有共同的属性：统一性、局部公开性、垄断性、先进性和及时性。

第一，统一性。技术标准与规范对标准联盟成员具有统一的约束性，其被制定出来是为了实现联盟效益最大化，联盟成员统一按照标准进行生产经营活动，使得该联盟具有与其他联盟不同的属性和特色。

第二，局部公开性。联盟标准只对联盟内成员公开全部的标准文件，而不对市场公开。

第三，垄断性。由于技术标准通常涉及专利技术，因此当联盟标准内含有专利时，特别是当标准得到一定的普及和应用时，联盟外部成员使用该项专利技术的成本要比联盟内部成员高得多。同时，当用户在选择该联盟时，将感觉到转换到别的同类联盟需要较高的转换成本。这就使得联盟的技术标准具有一定的垄断性。

第四，先进性。由于标准与规范在建立之初就是为了使联盟通过市场竞争的考验，扩大用户基础，获得网络外部效应，实现经济效益的最大化，所以技术标准必须具备技术上的先进性，这里的先进性并非最先进的意思，而是说要高于行业内平均技术水平，这样的跨境物流联盟才有竞争力。

第五，及时性。联盟技术标准与规范的组建主体能够及时对现有行业标准的空缺做出反应，并能提供统一的规范供联盟成员使用，及时获取有利的竞争地位，满足客户需求。

3.5.3 物流联盟标准的运行机制

我国标准体系分为六个层次，包括国际标准、国家标准、行业标准、地方标准、团体标准和企业标准。各个层次的标准都是在各自的适用范围内协调一致的结果。从企业标准到国家标准，层级逐级上升，代表着标准的适用范围逐渐拓宽，也就意味着标准在更大范围内与更多方达成协商一致。如图 3.8 所示。随着市场化进程的逐步深入，标准化工作从以往的“政府主导，自上而下”模式，逐渐转变成为国家鼓励企业制定推荐性标准，国家机构和市场主体共同促进标准化发展的模式，涌现出了各行各业的标准联盟，如深圳的 LED 标准联盟、深圳红木家具标准联盟、中国家用电器标准与技术产业联盟等。这些标准联盟紧密联系市场，主动了解经济发展、市场需求，积极参与到联盟标准的立项中来，投入大量经费，加强人员培训和管理经验的学习，使得联盟标准具有相当的市场竞争力，能够约束联盟企业，使其自觉执行联盟标准，并将其产品推广和打造成具有先进技术和品牌优势的优质产品。联盟标准真正做到了将标准的制定、执行与市场需求紧密结合，能够反映企业自身和行业的发展需要，有益于引导行业的发展。

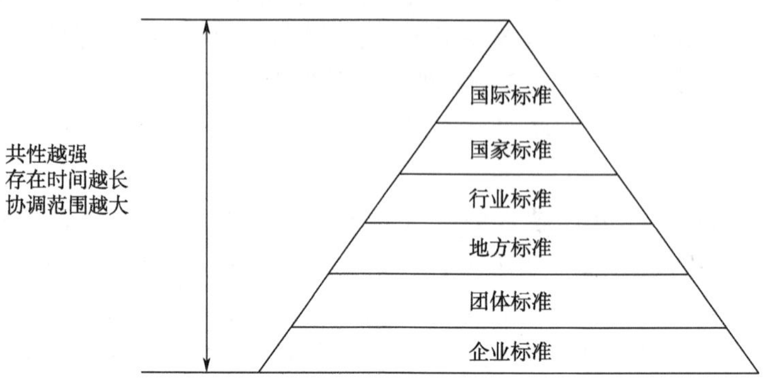

图 3.8 标准体系层次图

3.5.4 制定技术标准与规范的意义

只有实现了物流标准化，才能在国际一体化的条件下有效地实施物流联盟的科学管理，加快物流联盟建设，促进物流联盟系统与国际系统和其他系统的衔接，有效地降低物流费用，提高物流系统的经济效益和社会效益。物流标准的重要性具体体现在以下几方面。

第一，物流标准化是实现物流管理现代化的重要手段和必要条件。从原料供应、产品生产，经市场流通到消费环节，再到回收再生，是一个综合的物流大系统。为了实现整个物流联盟系统的高度协调统一，提高物流联盟管理水平，必须在物流联盟系统的各个环节制定标准，并严格贯彻执行。在我国，以往同一物品在生产领域和流通领域的名称和计算方法互不统一，严重影响了我国的物资流通。建立标准和规范，使物品有统一的代码和依据，有利于建立普遍性的经济联系，为物流联盟系统的信息交换提供便利的条件。2001 年出版发行的《物流术语》一书，成为我国物流领域第一个基础性的标准。

第二，物流标准化是物流产品的质量保证。物流活动的根本任务是将工厂生产的合格产品保质保量并及时地送到用户手中。物流标准化组织对运输、保管、配送、包装、装卸等各个子系统都制定了相应的标准，形成了物流质量保证体系，只要严格执行这些标准，就能将合格的物品送到用户手中。

第三，物流标准化是降低物流成本、提高物流效益的有效措施。物流的高度标准化可以加快物流过程中运输、装卸的速度，降低保管费用，减少中间损失，提高工作效率，因而可以获得直接或间接的物流效益，否则就会造成经济损失。我国铁路与公路在使用集装箱统一标准之前，运输转换时要

“倒箱”，全国“倒箱”数量很大，为此损失巨大。

第四，物流标准化是我国物流企业进军国际物流市场的通行证。物流标准化已是全国物流企业提高国际竞争力的有力武器。我国物流企业在物流标准化方面仍然十分落后，面临加入WTO带来的物流国际化挑战，实现物流标准的国际化已成为我国物流企业开展国际竞争的必备资格和条件。

第五，物流标准化是消除贸易壁垒、促进国际贸易发展的重要保障。在国际经济交往中，各国或地区标准不统一，形成了较高的技术贸易壁垒，严重影响了国际进出口贸易的发展。因此，要使国际贸易更快发展，各国或地区必须在运输、保管、配送、包装、装卸、搬运、信息，甚至资金结算等方面采用国际标准，实现国际物流标准统一化。

物流标准化包括：物流设施标准化，如托盘标准化、集装箱标准化等；物流作业标准化，如包装标准化、装卸/搬运标准化、存储标准化等；物流信息标准化，包括EDI/XML电子报文标准化、物流单元编码标准化、物流节点编码标准化、物流单证编码标准化、物流设施与装备编码标准化、物流作业编码标准化等。

3.5.5 菜鸟联盟案例分析

2013年3月28日，阿里巴巴集团、银泰集团联合复星集团、富春集团、顺丰集团、三通一达（申通、圆通、中通以及韵达）以及相关金融机构共同宣布，启动“中国智能骨干网”项目，合作各方共同组建的“菜鸟网络科技有限公司”（以下简称“菜鸟网络”）正式成立。近几年来，菜鸟网络及其发起组建的菜鸟联盟，以联盟标准制定者的角色为物流行业的标准化做出了卓越贡献。在这期间，菜鸟网络先后与国内外数十家物流公司签订合作协议或合作备忘录，整合全球业内资源，利用大数据和社会化协同，初步构建出智能物流平台，并联合国内外主要物流合作伙伴组建“菜鸟联盟”，成为国内物流行业联盟标准的制定和执行者。

背靠阿里巴巴，菜鸟网络定位为以数据驱动、社会化协同的物流及供应链平台，公司计划首期投资1 000亿元人民币，用5~8年的时间，努力打造遍布全国的开放式、社会化物流基础设施，建立一个能支撑日均300亿元（年度约10万亿元）网络零售额的智能骨干网络。为了实现这一目标，菜鸟网络主要做了以下几个方面的努力。

第一，积极组建战略合作联盟。菜鸟在2014年至2016年分别与中国邮政、巴西邮政、海尔日日顺和德邦物流等公司签订战略合作协议/备忘录，菜鸟网络因此共享了各个物流公司体系下遍布全国的网点资源、“最后一千米”

的配送能力以及当地的仓储设施。同时与众多合作伙伴在提升物流时效、降低运营成本、推进大数据和无线端应用、推进快递服务标准化、建立和维护行业诚信体系等领域开展更深入的合作，也让更多的物流公司参与和认同新的物流标准和服务价值理念。

第二，深化布局大数据和资源共享平台，建立新的物流标准和树立服务价值理念。通过搭建专业冷链仓储网络，打通各地生鲜配送队伍，菜鸟网络为电商提供仓储配送一体的冷链物流解决方案，这也是国内电商平台的首个生鲜仓储配送网络。菜鸟网络联合“三通一达”等 14 家主流快递公司推出了电子面单平台，各大快递公司和商家都可申请免费接入使用，这也是菜鸟网络联合快递公司推进快递行业使用大数据所做的努力。菜鸟网络也同中通、圆通等合作伙伴启动了大数据路由分单项目的合作，大数据路由分单项目可以做到精准分拣，能够提高快递公司内部的运作效率。除此之外，菜鸟还推出了几个基于全业务链条的大数据产品，如菜鸟联合高德地图以及大数据处理产生的 4 级地址库，可以匹配消费者的配送地址到结构化的乡镇/街道。有了这些结构化的地址信息，就可以提供更精准的线路规划和配送分派，通过大数据的方式，有效帮助各快递公司提升服务水平。

第三，终端 O2O：菜鸟驿站。菜鸟驿站是菜鸟网络推出的“最后一千米”便民 O2O 网络，由社区商业设施、快递公司社区网点、物业、校园小邮局等组成。通过菜鸟驿站对众多快递公司收发包裹进行统一管理，便于消费者就近定点解决快递签收、寄送货物、退货等问题，且极大地减少了因派件时无法联系、家中无人而造成的快递重复派送问题，提升了快递包裹管理的效率，节省了快递公司的运输成本。

在搭建好上述网络体系后，菜鸟网络进一步联合合作伙伴，组建了“菜鸟联盟”，制定联盟标准，推动物流业的发展。

首先是仓储物流标准化。菜鸟网络一方面自建物流基地和仓库，着手进行全国核心物流枢纽智能化布局，另一方面由于建仓速度跟不上业务发展速度，所以也充分利用全国各地社会化的仓库资源。这些仓库资源只要按照菜鸟网络的标准建造和布置，配上菜鸟网络的物流服务系统和运营合作伙伴，就可成为菜鸟网络仓配体系的一部分。

其次是平台标准化。为了实现仓储和配送协同，打通仓储和配送的交接环节，菜鸟网络把所有菜鸟仓配体系网里的系统，全部更换成了由菜鸟网络自主研发的大宝仓储物流服务系统（WMS），确保了菜鸟网络协同调度的标准一致。这样一来，即使某一环节出现问题，因为处在同一个系统中，反应速度也会很快。而且通过电子面单能够生成记录有买卖双方相关信息的统一可识别的编码，运用编码对包裹进行管理，能够使操作更加准确和迅速。

再次是包装标准化。采用统一的有菜鸟联盟标识的快递箱，这种快递箱通体没有胶带，顶部有一条类似于拉链的封口，一撕即开。菜鸟联盟采用这种可以重复使用的快递包装箱，减少了对不可降解胶带的使用，以及胶状黏性物污染，解决了菜鸟绿色联盟一直以来要解决的难题之一，走出了物流绿色联盟行动计划的关键一步。

最后是配送标准化。在菜鸟科技搭建好大数据与云计算平台后，联盟推出了“当日达、次日达、预约配送”等服务，制定了严格的配送时限，并承诺“说到做到，不到就赔”，从而能够提升联盟的竞争力，使得原来快递市场上“顺丰一家独大”变为“众快递企业百花齐放”。

3.6 跨境物流联盟运作模式模型

3.6.1 构建模型的目的

本书将系统动力学应用于跨境物流联盟的各要素相互关系的研究，有针对性地构建跨境物流联盟运作模式模型，在各个系统要素之间构建反馈机制，根据以往学者的研究，引入跨境物流联盟运作绩效、跨境物流运作风险、物流成本，并将前面提到的时空距离、制度距离、文化距离等要素考虑进跨境物流联盟的运作过程中；结合跨境物流联盟的实际情况进行实际参数和方程式的设置，通过仿真模拟，探索对跨境物流联盟运作绩效、运作风险影响较大的变量，研究制度距离、文化距离、时空距离三者间的相互关系。

3.6.2 系统边界

确定系统边界不仅是系统动力学模型的重要研究前提，更为进一步的系统变量选取提供了重要依据。因此，合理恰当的系统边界必须涵盖适当的变量，使其能够构建出研究需要的系统对象，保证系统反馈行为的准确性。本章主要研究的是跨境物流联盟运作影响因素关联关系，因此在系统边界内应包括跨境物流联盟运作过程中的一些主要影响因素。本章将跨境物流联盟运作绩效、物流运作风险、制度距离、文化距离、时空距离、技术规范标准等作为变量，基本涵盖了跨境物流联盟的主要影响因素。这些要素之间的相互关系都将对最终联盟运作绩效、运作风险产生影响。

3.6.2.1 跨境物流联盟运作绩效

有效测量联盟取得的绩效是至关重要的。大多数研究从目标实现的角度定义联盟绩效，将联盟绩效定义为有效实现合作伙伴目标的程度，将衡量联盟绩效的指标归纳为财务绩效、运营绩效和组织有效性。同时，不少学者将财务目标作为联盟绩效的主要目标，但财务目标并不能包含所有的联盟优势，有时企业是以非财务目标结成联盟的。本书从跨境物流联盟不同国家间的距离层面和效益方面对联盟绩效进行分析。

3.6.2.2 跨境物流联盟物流运作成本

对于物流流程的构成，国内外学者已从不同的角度进行了界定。本章中物流流程与物流成本的划分方式将参考国家标准《企业物流成本构成与计算》(GB/T 20523—2006)。标准中将物流流程分为运输、仓储、包装、装卸搬运、流通加工、物流信息和物流管理等部分，而这些部分在实际操作中会耗费相应的人力、物力、财力与存货成本，将其全部相加便可得到企业物流总成本。由于快递物流服务企业的主要业务是运输配送，不涉及流通加工与货物储存，因此可以将该类企业的物流流程划分为运输、仓储、包装、装卸搬运、配送、信息处理和其他流程七个部分。其具体的物流成本环节如图 3.9 所示。

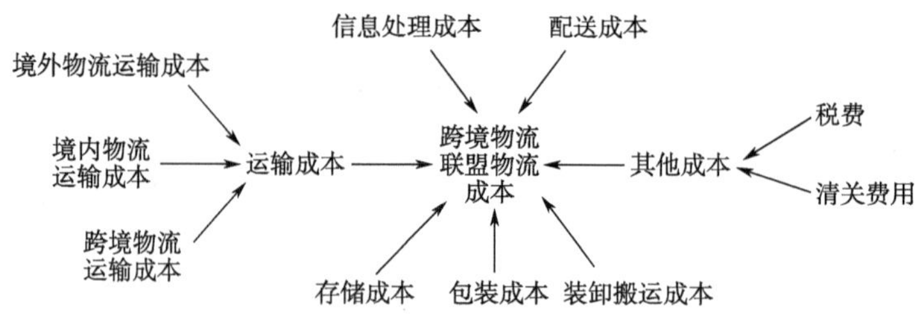

图 3.9 跨境物流联盟物流成本

3.6.2.3 跨境物流运作风险

目前跨境联盟运作风险主要包括环境风险、成本风险、通关风险与运输风险。

(1) 环境风险

环境风险是指跨境物流联盟在进行运作过程中遇到的政策风险及自然风险。就政策风险而言，因为跨境物流联盟内企业分属于不同国家和地区，所以企业在经营过程中会受到该地区政治、经济、汇率波动等各种因素的影响，且企业必须遵守其所属地区政府部门制定的相关政策，而稳定的政策可有效降低跨境物流联盟内企业运作过程中的政治风险。对自然风险而言，由于跨境物流业务涉及不同国家和地区，其运输方式涉及海运、空运等，所以货物在跨境运输过程中，受自然灾害（如地震、海啸）或不可预测的突发事故(道路中断、桥梁崩塌)等的影响，会发生破损、毁坏。

（2）成本风险

企业在组建跨境物流联盟时，对于合作伙伴的挑选须进行综合考虑，挑选性价比较高的合作伙伴，并在此基础上预测双方联盟时的合作成本，将联盟的运营成本控制在企业能够接受的范围内，避免成本过高对企业造成的风险。同时，企业也需分析进行跨国物流业务时的潜在机会成本，防止因投入成本过高而发生资金链断裂等现象，进而对联盟运作产生不利影响。目前不少跨境物流企业开设了海外仓，但海外仓需要利用大数据对消费者消费行为进行准确预测，一旦需求预测不准确，会进一步加大成本风险。

（3）通关风险

通关是跨境物流的一个重要环节，跨境电商物流要经过母国和东道国两道通关口，不同国家在海关政策上存在着较大的差异，通关程序通常包括申报、查验、征税、放行四个环节，在各个环节的运作过程中，主要存在海关政策、海关清关效率、海关通关平均时间、海关税收情况、商检水平五种风险。

（4）运输风险

运输环节在跨境物流中起着至关重要的作用，运输环节时间的长短基本上决定了跨境电商平台商品的配送效率。其主要受到运输效率、配送效率、母国和东道国物流基础设施状况、货损率、信息跟踪等风险因素的影响。

3.6.2.4 制度距离、文化距离、时空距离

制度距离主要从前面归纳的规制、规范、认知三个维度对不同国家间制度距离进行分析。文化距离从霍夫斯泰德提出的权力距离、不确定性的规避、个人主义与集体主义、男性化与女性化、长期取向与短期取向、自身放纵与约束维度六个文化维度进行分析。时空距离从运动时间和静止时间两个方面进行考虑，运动时间又可分为外部途中运输时间、内部移动时间和加工时间，静止时间又包括库存时间、线内等待时间和交接等待时间。

3.6.3 系统流图构建及分析

构建系统动力学流图，如图 3.10 所示，在分析各变量的实际经济意义的基础上，借鉴系统动力学相关函数进行各变量数学公式的设定，为进行系统模拟仿真提供更准确的依据。在该系统中存在 5 个状态变量、10 个速率变量、8 个辅助变量以及 33 个常量。

本节以我国某跨境物流服务企业 S 为例，对跨境物流运作进行分析。S 公司在美国的主要合作对象是 UPS，其通过建立跨境物流联盟来实现强强联合，多家企业共同分担物流运输成本。S 公司在拓展海外市场之前，其主要采

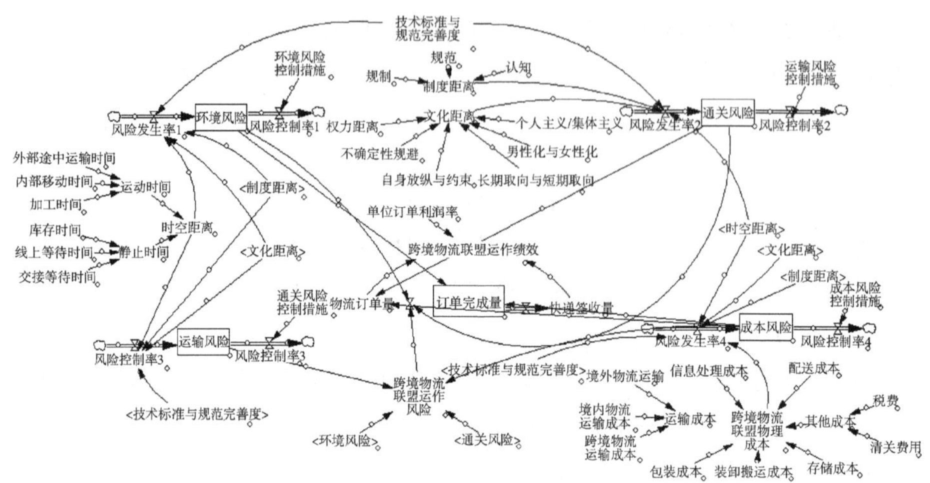

图 3.10　跨境物流运作流图

用快递外包的形式进行物流运输，因此可进行很好的对比。根据 S 公司的公开财务报表，对其跨境物流联盟建立前后的跨境物流运作进行分析。

3.6.3.1　算例中主要参数和方程的设定

S 公司的快递订单量可通过相关合作平台获取，本书利用 17track 官网上的信息可搜集到 S 公司近 1 年来运往美国的国际物流快递件数量。数据来源于世界银行最近发表的各个国家海关清关时间及平均的物流运输时间、S 公司的年度财务报表、S 公司官网上的报价、S 公司的基本航运信息、国家统计局发布的物流运输数据以及其他网上可查阅物到的流信息。其中，控制策略等参数的设置采用百分制的方式进行赋值，在 0.1~1.0，0.1~0.5 为一般，0.6~1.0 为优秀。

在方程式的构建方面，结合了跨境电商物流运作的特点，并借鉴了游达明、zhixueliu、杨陈等人的研究成果进行设定，其中主要的方程式如下所示：

①环境风险＝INTEG（风险发生率 1−风险控制率 1）。

②通关风险＝INTEG（风险发生率 2−风险控制率 2）。

③运输风险＝INTEG（风险发生率 3−风险控制率 3）。

④成本风险＝INTEG（风险发生率 4−风险控制率 4）。

⑤风险发生率 1＝（0.78×时空距离＋0.46×制度距离＋0.52×文化距离＋0.56×技术标准与规范完善度）/4。

⑥风险发生率 2＝（0.62×时空距离＋0.68×制度距离＋0.53×文化距离＋0.51×技术标准与规范完善度）/4。

⑦风险发生率 3＝（0.75×时空距离＋0.46×制度距离＋0.56×文化距离＋0.58×技术标准与规范完善度）/4。

⑧风险发生率 4＝（0.52×时空距离＋0.63×制度距离＋0.58×文化距离＋0.59×技术标准与规范完善度）/4。

⑨风险控制率 1＝DELAY3I（环境风险控制策略，3，0）。

⑩风险控制率 2＝DELAY3I（运输风险控制策略，3，0）。

⑪风险控制率 3＝DELAY3I（通关风险控制策略，3，0）。

⑫风险控制率 4＝DELAY3I（成本风险控制策略，3，0）。

⑬跨境电商物流运作风险＝ZIDZ（环境风险＋通关风险＋运输风险＋成本风险，Time）。

⑭跨境物流联盟物流成本＝ ZIDZ（运输成本＋信息处理成本＋配送成本＋包装成本＋装卸搬运成本＋存储成本＋其他成本，Time）。

⑮跨境物流联盟运作绩效＝（签收量＋订单量）×单位订单利润率。

3.6.3.2　模拟仿真结果分析

模型中运用的数据是 S 公司 2018 年 12 月前 10 天运往美国的国际快递件订单情况，但是由于在实际中会存在海关通关延迟和配送延迟等情况，因此会出现订单完成配送的周期变长，为了清楚地看到企业物流成本和效益的变化，本书将模型中的模拟运行期限设定为 30 天。

对模型进行运行，并进行灵敏度分析。灵敏度分析主要用于寻找模型中较为敏感的参数，以此作为调试对象，分析和寻找满足系统运行实际的最佳杠杆作用点。本节主要通过对制度距离、文化距离、时空距离进行灵敏度测试，研究其对跨境物流联盟运作绩效的影响，如图 3.11 至图 3.13 所示。

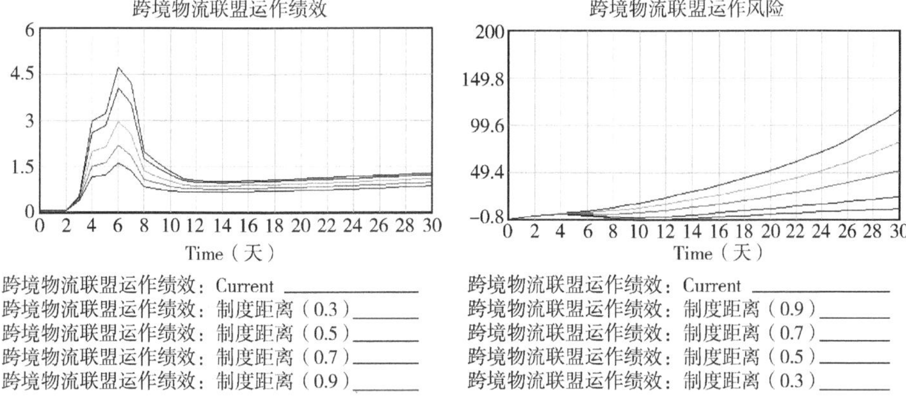

图 3.11　制度距离、跨境物流联盟运作绩效、运作风险

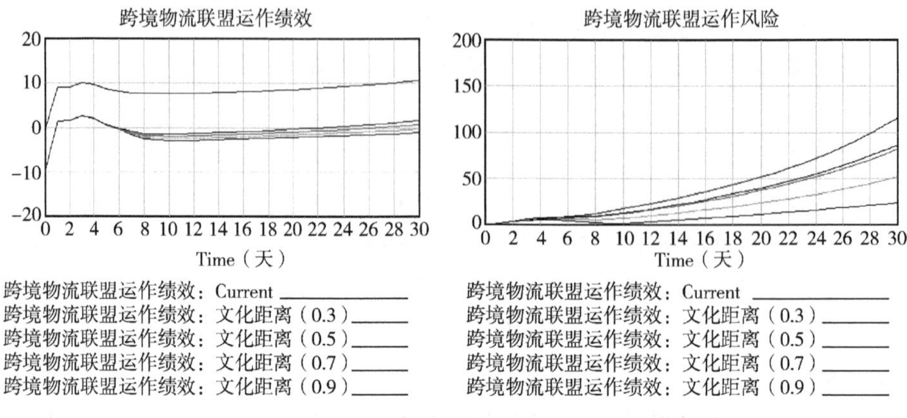

图 3.12　文化距离、跨境物流联盟运作绩效、运作风险

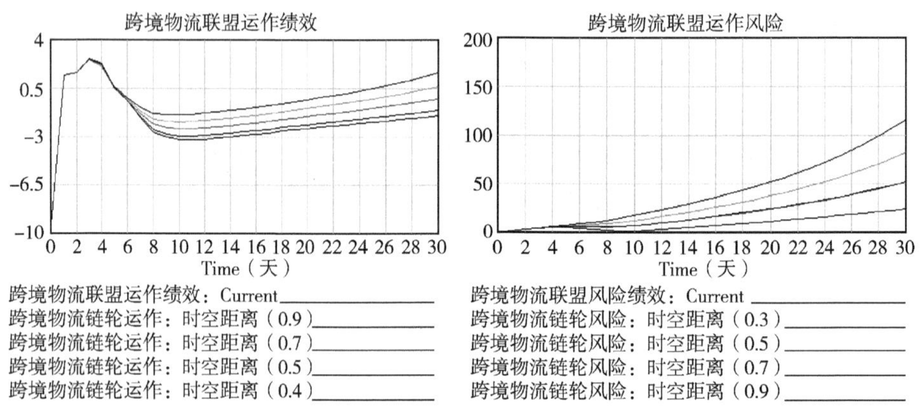

图 3.13　时空距离、跨境物流联盟运作绩效、运作风险

在其他变量不变的情况下，将制度距离、文化距离、时空距离由现行数值调整为原数值的 0.3、0.5、0.7、0.9 等 4 种情况，仿真结果如图 3.11 所示。由仿真结果可知，随着制度距离的增加，联盟运作风险将会增大，且随着货物运输时间的增加而增加，其原因在于制度距离越大，跨境物流运作过程中涉及的主体国家间的制度差异越大，关税政策、通关流程等方面可能存在较大差异，因此可能会增加跨境物流联盟的运作风险。制度距离越小，国家间制度差异越低，合作难度越低。同时，制度距离越小，跨境物流联盟运作绩效越高，运输时间在 10 天内的跨境物流联盟运作绩效水平最高。由图 3.12 可知，跨境物流联盟运作风险随着文化距离的增加而增大，跨境物流联盟运作绩效随着文化距离的增加而降低。其原因在于，不同国家间文化距离越大，消费习惯、价值取向等的差异越大。由图 3.13 可知，时空距离越小，跨境物流联盟运作绩效越高，运作风险越低。时空距离越小，意味着不同国家间的空间距离较为接近，其运输时间会大大减少，相应的运输风险、仓储风险会降低。

制度距离、文化距离、时空距离三者的数值越大，在实际的跨境物流联盟企业合作与业务运作的过程中，其运作难度越大，海关关税、通关政策、物流政策、消费习惯、运输距离等层面的差异，都会给跨境物流联盟的运作带来困难。反之，当数值较小时，涉及的国家主体在制度、文化、时空距离、运输距离、消费习惯等层面的差异较小，相对而言其合作难度降低。同时，由仿真图可知，从制度距离、文化距离与时空距离三者对跨境物流联盟运作绩效的影响视角来看，制度距离的变化趋势要快于文化距离与时空距离，同时，时空距离的变化趋势要快于文化距离，即制度距离对跨境物流联盟的影响最大，时空距离次之，文化距离的影响最小。

4 跨境物流联盟组织机制

4.1 跨境物流联盟契约的概述

4.1.1 契约理论研究现状

2016年10月10日，瑞典皇家科学院宣布，将2016年诺贝尔经济学奖授予哈佛大学教授奥利弗·哈特和麻省理工学院教授本特·霍姆斯特罗姆，以此来表彰他们在契约理论上做出的卓越贡献。

契约是双方或者多方当事人之间的一种书面上的协议或者约定。从通俗意义上理解就是合同，但是契约又不同于合同，契约比合同的意义更广泛，所涉及的领域更广阔。在现实生活中，契约有短期的或长期的、正式的或非正式的、显性的或隐性的。在狭义上，所有的商品或劳动交易都是一种契约关系。例如，一个消费者购买了一张飞机票，那么消费者和航空公司之间就达成了一个隐性契约，消费者支付费用，航空公司在规定时间内将消费者安全送到目的地；一个生产者（供应商）和一个采购商之间签订的纸质版或者电子版的供货合同则是一种显性契约。在广义上，所有的法律、制度都是一种契约关系。

契约理论不仅是经济学的一个分支，也是博弈论的应用，它用一种契约关系来分析现实生活中各类产品和劳务的交易行为，然后设计一种约束人们行为的机制或制度，以便实现社会福利最大化。

现代契约理论是近20年发展起来的主流经济学研究领域。研究发现，该理论区分了完全契约和不完全契约的概念，主要关注的是最优契约的设计问题。现代契约理论强调三点。

第一，契约是不完全的。这一学派认为，这种不完全性一方面是有限理性的，人们对所面临的契约环境不能完全预料，不可能把所有未来事件都写入契约条款，因而设计出对未来事件的处理条款也是不可能的。他们还认为，契约不完全的另一个原因是存在交易成本。按照定义，交易成本包括搜寻交易对象的费用以及监控契约履行的费用、违约后的仲裁或诉讼费用等。双方合作会产生各种交易成本，阻碍了完全契约的产生。由于存在不确定性，以及会带来的偶然事件，合作双方采取所有可能的反应，由此形成的费用非常高，而且双方履约的度量费用也很高。因此这两项主要费用是契约不完全的主要原因。

第二，契约的不完全性给机会主义创造了条件。现代契约理论与新古典契约理论对不确定性风险的关注不同，前者强调的是，契约当事人的机会主义行为对履约行为产生的作用。研究发现，现代契约理论将信息不对称按照外生和内生的不同，划分为隐藏行动和隐藏信息两类，除此之外，还可以按照时间将其划分为事前和事后的信息不对称。在信息不对称情况下，机会主义行为的出现概率很高，目的是追求自身效用的最大化，从而给契约履行带来道德风险。

第三，重新谈判和契约调整的成本。研究发现，一项长期不完全性契约在面临环境不确定性风险或机会主义带来的不确定性风险时，必须随时间推移而修正，以保证稳定性。由于当事人对修正条款可能争论不休，为各自利益争论，甚至无法达成协议，尤其是在面临专用性资产投资时，最容易出现的情况是，资产的最佳效率与实际投入不足之间产生效率损失，契约调整效率难以保证，重新谈判调整契约的成本高昂。

4.1.2 跨境物流联盟契约的分类

跨境物流联盟契约是指在跨境物流活动中的多方物流主体为了共同完成某项物流任务形成的一种书面上的协议或者约定。该契约规定了物流主体的关系、责任和义务，并对利益分配和风险承担做出了明确的规定。根据实际的联盟情况可以将物流联盟契约分为以下几类。

4.1.2.1 根据契约的角度划分

跨境物流联盟契约从不同的角度可以划分为不同的类型。根据契约的主体可分为多边契约和双边契约。多边契约是三个或三个以上的跨境物流企业签订的契约合同，用于约束多个跨境企业的行为；双边契约是两个跨境物流企业之间签订的契约合同，用于约束双方的行为。

4.1.2.2 根据契约的规范性质划分

跨境物流联盟的契约主要包括两种形式，即受法律保护和制约的显性契约和具有道德规范性质的非正式契约。显性契约是联盟成员签订的书面化的合同，是用来确认联盟基础关系的正式的书面契约，在法律约束的基础上对联盟关系和具体的联盟事宜进行约束，是跨境物流联盟最基础的契约形式。

联盟的组建就是通过合作成员共同参与制定并签署合作协议实现的，联盟成员的吸收接纳也要求其签订这种合作协议。显性契约基于交易成本理论和机会主义假设，强调详细规定联盟各方的义务、角色、责任、绩效期望、监管程序以及争议解决方案等。但是，显性契约也有一定的局限性，其在本质上并不完备，面对市场和政策管制的变化会产生适应性缺陷，尤其是跨境物流过程中涉及的制度文化等差异，仅仅依靠显现契约不能完全治理长期联盟关系。

非正式契约是组织内、组织间广泛存在的现象，一般表现为关系契约和心理契约两种形式。“关系契约”概念源自美国法学家麦克尼尔（Macneil）提出的关系契约理论，关系契约是贯穿于联盟之间的，对联盟个体行为产生重大影响的非正式协议或不成文的行为规则，它有助于克服某些正式契约所固有的不足。关系契约的主要特点是“自我执行”，即交易在很大程度上是由参与者自行协调来完成的，没有经过制度、仲裁者等第三方的干预。心理契约是美国管理心理学家施恩提出的，是员工和组织之间的一份内隐的协议，是以许诺、信任和自觉为基础形成的关于双方责任的各种信念。它是当事双方不通过某种显然的形式直接明了地进行意思表达，而通过各种心理暗示的方式，在双方相互感知并认可各自期望的基础上形成的一套隐性权利义务关系的协议，引导物流联盟各成员企业的行为。法律不如自律。关系契约和心理契约从道德层面约束联盟成员的行为，因而有利于形成各联盟的自律机制，与正式契约形成一种互补的关系。然而，良好的关系契约和心理契约不是自发产生的，而是合作各方共同努力形成的。

值得注意的是，显性契约与规范契约并不是一个契约连续流中非此即彼的对立两端，而是联盟契约的两种存在方式，联盟企业可以对显性契约或者规范契约选择不同程度的执行来治理和维护联盟关系。

4.1.3 跨境物流联盟契约的特征

跨境物流联盟各成员的权责划分、利益分配、风险分担必须通过契约加以规范。契约合同机制是约束和规范联盟成员行为的重要机制，是联盟正常有效运行和防范风险的重要保障。它具有以下特征。

4.1.3.1 意愿性

联盟契约的参与企业都具有意愿性。跨境物流联盟契约由联盟成员共同协商、谈判确定，契约条款内容反映各联盟企业一致的合作意愿，各参与企业对契约的内容与形式都完全认可。

4.1.3.2 完整性

联盟契约条款具有内容上的清晰性和形式上的完整性。联盟契约制度要有一个合法的范本，条款内容表述清晰、明确。正式契约应明确规定各成员的责、权、利、险关系，制订合作方案、合作利益分配方案等，针对契约不完备的问题，还应在内容上包含例外情况、特殊情况的处理原则和方式等。

4.1.3.3 奖励性和惩罚性

联盟契约在执行上具有奖励性和惩罚性。联盟的实际绩效由各企业的共同投入决定，而各联盟企业在联盟活动中是否投入了真实的水平、技术或诀窍、资源等，这就需要联盟组织者对合作绩效以及合作成员的贡献与努力程度进行客观评估，对那些能力较强、提供较高努力水平的成员给予相应的奖励，同时对那些能力较差、未提供努力或出现机会主义行为并给联盟带来损失的合作成员制定严厉的惩罚规则。

4.1.3.4 合法性

联盟契约具有合法性。契约是具有法律效力的合同协议，跨境物流联盟契约机制一旦建立，就必须实现，具有法制性的要求。

4.1.3.5 可调整性

跨境物流联盟是一个动态开放的系统，其在运作过程中会不断地吸收接纳新的成员企业，也会有一些成员企业退出联盟，同时其在运作中也会遇到一些新的问题，因此需要对跨境物流联盟进行一些调整，契约也要随之进行相应的修改，说明契约具有可调整性。

尽管跨境物流联盟是合作各方围绕共同战略目标建立的相互补充、相互发展的合作关系，但在实际执行过程中不可避免会产生矛盾，这就需要各方对合作协议进行重新审视和修改。联盟各方达成的协议应该是动态的而不是一成不变的，它应该在保持联盟的核心理念的同时，根据外部环境的变化进行调整，从而解决联盟中出现的新问题。一方面要靠制度规范和成员之间的再谈判对契约进行适应性调整，另一方面要靠彼此的诚信和每次合作给对方带来的满意度。因此，跨境物流联盟的组织者应以开放的心态看待联盟契约内容，对联盟活动中出现的问题按照协议规定进行处理，对于联盟协议未作规定而在运行中出现的新问题，积极组织成员进行谈判、协商解决，通过维持好长期的伙伴关系进而维持联盟的稳定和持续发展。

4.1.4 跨境物流联盟契约的制约因素

两个或者多个跨境物流企业之间的联盟也必然会形成一种契约关系，即联盟契约。联盟契约的形成和执行受多方面因素制约，每一个制约因素对联盟契约都是至关重要的。

4.1.4.1 联盟公平

联盟公平作为一种治理政策，与正式契约一起对联盟关系结果产生了重要的影响。学者们很早就认识到，组织公平理论的原理可应用到战略联盟情境中，并主要研究了分配公平与程序公平。最早对联盟分配公平和程序公平做出的定义是：分配公平为联盟伙伴对其从联盟关系中获得的收益结果公平程度的感知，是联盟伙伴对其回报（或损失）与投入（或贡献）的对比和评估。程序公平来自对联盟关系六个方面的感知，即双向沟通、联盟政策的不偏不倚、对联盟政策的反驳能力、对联盟政策的解释力度、对运作环境的熟知程度和相互谦恭有礼。

在联盟中由于交易双方的不同需求产生的交易成本必然会影响双方对交易公平的感知，各个联盟成员都期待成本最小化以便实现利益最大化，如果任何一方有机会主义行为出现，必然导致另一方受到不公平的待遇，所以联盟公平是影响联盟契约的重要因素。

4.1.4.2 制度变量

制度变量对联盟契约公平感知效应的调节性影响间接地对联盟契约有制约影响。制度理论认为，交易关系中治理政策的效用依赖于制度特征，其中，法律规章及政府对市场的支持是影响治理政策效果的两个典型正式制度特征。制度包括正式约束机制，如规则、法律、法规等，也包括非正式约束机制，如行为准则、习惯、规范等，所有制度安排都是显性契约与隐性契约的混合体。跨境物流过程必然会涉及法律制度、生活规范因素。不同境域内的契约法律执行表现出不同程度的效率差异，同时受政策约束的产业信息发布、银行信贷、税收与补贴等方面的影响，故研究法规实施效率、政府支持对联盟契约公平感知效应产生的调节效果，对跨境物流联盟运行和治理具有现实意义。

在联盟外部情境分析方面，制度基础理论认为制度情境影响联盟的社会规范和行为规则，联盟伙伴的制度合法化角色和联盟绩效之间互相促进。社会网络理论把社会网络视作影响联盟绩效的重要情境因素，亦有将制度情境和社会网络结合在一起进行二元情境分析。自经济学领域的古诺模型开始，博弈论视角的研究就将联盟伙伴所处的竞争结构视作一个重要的情境因素。在联盟伙伴间的内部微观情景分析方面，主要分析联盟伙伴之间相互直接影响的微观因素，如采用集体力量、伙伴间冲突和相互依赖性对联盟内部的结构性情景要素加以描述。

4.1.4.3 信息获取

联盟组织者与各成员企业对信息的掌握程度会在很大程度上影响契约的内容。一般而言，参与契约制定的主体拥有的信息越充分，契约的内容对其就越有利。因此，在签订联盟契约时，各成员企业要清楚地了解联盟的目标、功能以及参加联盟后的利益、责任和义务，就要认真研究协议的各项条款，不能盲目地签署联盟协议。

4.1.4.4　利益最大化

合作成员参与联盟的根本目的是为了追求各自利益的最大化，因此，联盟成员在确定契约制度的具体内容时，都会从自身利益出发进行考虑和选择。但是在联盟中，成员各自追求利益最大化并不能获得整体利益最大化，甚至有时会使整体联盟收益遭受损失，这方面的例子不胜枚举。因此，在追求利益最大化时应以联盟成员整体收益为优化目标进行集中决策，然后根据联盟成员对联盟的贡献、投入程度以及运营成本、运营风险防控能力等因素合理分配利润，使联盟成员的收益满足帕累托最优。

4.1.4.5　能力与地位

一般而言，如果一个企业在联盟中起到组织者与协调者的作用，那么该企业具有优势地位，相应地其处理联盟事务的能力强，在商讨联盟契约内容时就会有利于该成员企业。反之，如果成员企业在联盟中既没有自身不可替代的技术优势或市场优势，也不是联盟的发起者，那么在商讨联盟契约内容时就处于弱势地位。

为了联盟运作的稳定性，处于强势地位和能力的成员企业往往都会做出一定的让步和妥协，并且利用自身的条件支持弱势企业的发展，使弱势企业尽快的成长起来，有助于联盟整体运作能力的改善和市场竞争力的提高。

4.1.4.6　不可预期的因素

各成员企业在签订契约的具体内容时，往往考虑对未来的预期。但由于契约的签订是在联盟的组建阶段，而在今后的运行中联盟还存在很多不确定的因素，合同不可能预见到合作活动中所有可能发生的情况。因此，联盟契约还应根据内外环境的变化而不断地修订，以使其不断完善。

4.2　跨境物流联盟构建与管理

4.2.1　市场机遇识别

对于跨境物流联盟来说，市场机遇就是客户存在的未被满足的物流服务需求，或是需要改进的物流服务需求。如何能及时、正确地抓住这种机遇，进而正确地进行物流作业，满足需求，产生利润，就要依赖于严谨、科学的市场调查研究。只有通过正确的市场调查研究，才能得到真实的市场需求信息。在识别市场机遇的过程中，一般需要遵循以下原则。

适用性原则。对企业来说，适合于自己的环境机遇、符合国家方针政策的市场机遇、自己有核心能力把握住的市场机遇，才是有用的市场机遇。正所谓“看菜吃饭，量体裁衣”，如果企业有能力把握，那么这个市场机遇对于企业来说就是有效用的，否则，市场机遇的识别就毫无意义。

时效性原则。市场机遇稍纵即逝，在识别市场机遇时，应注重时效性，做到收集资料及时、市场调查及时、分析计算及时、判断决策及时。

真实性原则。信息收集与市场调查是否真实、可靠，直接影响市场机遇识别的准确性。因此，要确保信息资料能客观反映环境的变化。

风险评估原则。任何市场机遇都是机会与风险并存的。在识别时，要对风险予以充分的概率估计，以便在把握市场机遇的同时有效地降低风险。

掌握市场机遇识别的原则后，物流企业通过市场调研，与咨询机构、物流服务需求各方保持联系，发现市场机遇。企业对市场机遇进行预测和分析，一般要经过环境预测和行业预测两个关键的步骤。在各个步骤中，预测的对象、重点不同，因而采用的方法也有所不同。下面将具体阐述这些预测方法。

4.2.1.1 用于环境预测的方法

(1) 专家意见法

这种方法首先依据预测目的，选定某些专家组成专家组，然后以函询方式向专家提出问题，同时提供所有与预测有关的资料供其参考，请专家们分别独立做出各自的预测（专家之间不能交换意见，以免相互影响）。在此基础上，将各位专家的意见加以综合、整理和归纳，匿名反馈给每位专家，再次征求意见。专家们参考他人的意见，可修正自己第一次预测时做出的预测结果。如此反复若干次，直到无人再修正为止，最后将较趋于一致的意见作为最终预测结果。这种方法既可用于环境预测，也可用于行业预测。使用这种方法的关键是要选好专家，为此，企业要在确定了预测目标后，依据目标的特点，选择那些确有专门研究的人员。尤其在进行环境预测时，由于环境问题的复杂性和广泛性，更要注意专家的构成与分布。

(2) 趋势延伸法

这种方法利用过去的时间序列资料，导出最佳曲线进行外推，从而说明某些变量的长期运动方向。这种方法的程序包括：分析时间序列历史资料及其目前状态、选择最佳方程配合趋势、估算并验证方程、说明方程的预测能力、展开方程到预测期、求出预测值。该方法较易于掌握、成本较低且效率较高，尤其适用于中期预测。

（3）交叉影响分析法

该方法要求找出重要性和可能性较高的主要趋势，然后分析并判断它们可能对其他方面产生的影响。这种预测方法的原理是：对一组可能在未来发生的物流新任务用两种数据加以描述，前一种数据估计特定时期内将被需要的物流任务的概率，后一种数据估计任何一种可能的新任务，得出会影响到其他每一种物流任务出现的概率。从中可以发现每个未来新任务的发生及其与其他任务相互影响的概率，进而使这些概率准确到可以作为决策的依据。所用数据一般应用主观估计法或德尔斐法求得，也可用模拟法来进一步准确估计概率。

4.2.1.2 用于行业预测的方法

（1）市场调查法

对服务对象意向进行周期性的调查，从中获得信息，通过综合分析，预计出服务对象意向的主要变动趋势。其具体方法主要是用随机抽样中的简单随机抽样、分类随机抽样或非随机抽样中的判断抽样来选择调查对象，将询问法作为调查手段。

（2）回归分析

这是一种因果分析预测方法。该方法通过研究引起未来状态变化的各种因素所起的作用，找出各种因素与未来状态的统计关系，预测未来状态。

此外，物流信息平台给识别市场机遇提供了有利条件，物流企业可以从物流信息平台的数据资料库中挖掘物流需求信息，发现市场机遇后，物流企业需要分析市场机遇的时间、地点、方式、约束条件，明确市场机遇的可能性、经济效益、风险性；对拟承接的物流任务进行调查和甄别，对客户的身份、信誉、资质等进行审核。市场机遇需求分析明确市场机遇（物流任务）的范围、流程、任务量、要求等，分析完成物流任务所需的物流业务过程、物流资源、核心能力等。物流企业需要判断自己是否拥有实现该市场机遇的资源和能力。若能独立实现，则无需组建物流联盟。若不能独立实现，需要了解其他物流企业的物流能力及合作意向，寻找合适的合作伙伴组建跨境物流联盟。

4.2.2 联盟的构建

核心企业确定组建物流联盟的方式后，就要开始组建物流联盟。物流联盟组建阶段的主要任务是：合作伙伴选择、物流任务分配、联盟契约设计等。

跨境物流联盟组建阶段的示意图如图 4.1 所示。

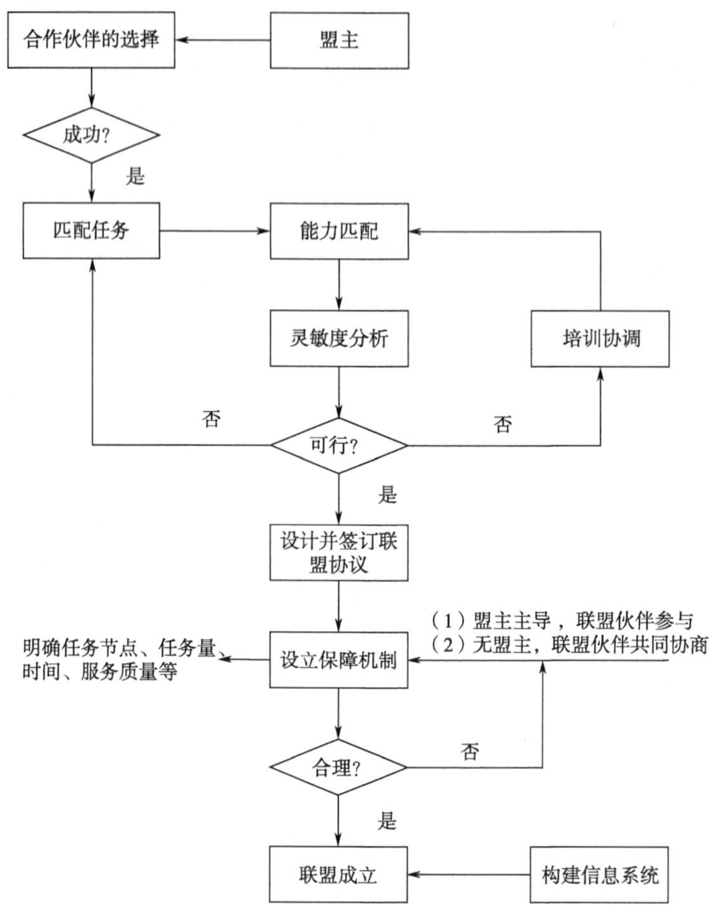

图 4.1　跨境物流联盟组建示意图

4.2.2.1　合作伙伴的选择

合作伙伴的选择是跨境物流联盟组建的关键。合作伙伴选择的目的就是选出具有优势物流资源、物流服务能力较强、物流服务质量较好、物流服务价格较低、信息化水平较高、合作意愿较强的合作伙伴。所制定的伙伴选择标准应该与联盟目标中物流提供方的活动密切相关，有些标准因企业而异，还有一些标准具有共通性：价格与成本标准，包括价格体系，如价格水平、折扣等，以及物流服务价格占物流总成本的比重、成本价格比率等；服务水平标准，包括通达重要市场结点的物流服务水平，如时间效率、服务频率、库存精确度、订单处理精确度、毁损率等；信息系统标准，包括信息管理系统类型、数据信息交换系统（EDI）适用性、报表生成系统科学性、信息网络便捷性等；物流能力标准，包括物流资源丰富程度、灵活性、仓储能力、运输能力、价值增值服务能力、人力资源水平等；一般标准，包括物流提供方主要从事的物流业务领域、主要客户群、年均营业收入、财务状况、与其他物流企业的合作情况、预期增长率、组织结构等。

选择联盟盟友企业的过程中，尽管应该根据不同的任务和目标，制定不同的选择原则和标准，但仍然有一些共同的原则需要遵循，主要有以下几方面。

（1）核心能力原则

组建联盟的目的之一就是为了优势互补，而这种优势就是各成员的核心竞争力。从这一点上讲，具备核心竞争力是能够参与联盟的基本条件。因此，选择合作伙伴的关键步骤就是识别潜在盟友企业的核心能力，看潜在盟友企业的核心能力是否能弥补自身核心能力的部分或全部不足之处，即要求参加联盟盟友企业必须具有并能为联盟贡献自己的核心能力，而这一核心能力又正是联盟确实所需要的，从而避免重复投资，降低联盟的学习成本。

（2）敏捷性原则

联盟建立的目标就是抓住市场机遇，而市场机遇是快速变化和发展的，因此对参与合作的企业都有较高的敏捷性要求。而且，跨境物流联盟提出的本义就是为了实现敏捷性物流服务，对市场需求做出快速反应。

（3）成本最小化原则

建立联盟是为了快速满足迅速变化的市场需求，最终目标是获取更大的经济利益。因此，在选择盟友企业时，不仅要考虑伙伴的核心能力与敏捷性，还要考虑联盟运行的成本。联盟总的实际运作成本（包含联结成本）应不大于个体独立完成的所有内部费用，而且通过成员间的合作，结盟各方最终能够获得“1+1>2”的效果。这就要求伙伴之间具有良好的信任关系、地理距离相对接近、联结成本较小等。

（4）风险最小化原则

对于参加联盟的企业来说，其根本目的是为了获取一定的经济效益，但高收益就意味着高风险，所以对于每一个盟友企业而言，收益和风险是不可分割兼而有之的。构建联盟的动因之一就是分散风险，但这并不意味着市场风险降低或不存在，只不过是在个体伙伴之间得到了分担。除此之外，联盟的成功运行需要所有合作伙伴的密切配合，如果有一家企业的运作出现了问题，就会影响整个联盟合作网络的运作。联盟中盟友企业通常有不同的组织结构、技术标准、企业文化、管理理念、硬件环境等，这些因素增加了联盟的合作风险，如核心能力外泄等。因此在选择盟友企业时必须认真考虑风险问题，选择合适的伙伴，以在最大程度上回避或减少联盟整体运行风险。

在遵循以上标准和原则的基础上，需要根据实际情况选择联盟伙伴。合作伙伴选择的主要方法有以下几个。

第一，数据包络分析法。以数学规划为手段，分析投入与产出的比率，比较多个单位的相对效率。这种方法比较精确，但只考虑定量因素，忽略了定性因素。

第二，动态聚类方法。动态聚类方法将合作伙伴按照相似性分类，提取、压缩有效信息，逐步收敛，最终得到合作伙伴的排序。动态聚类方法工作量比较大，结果的最优性难以保证。

第三，TOPSIS 法。TOPSIS 法根据各个合作伙伴评价指标值与理想值的差距大小进行排序，比较真实、客观，能体现出各个方案间的差别。但是，计算过程比较复杂，正负理想解求解困难。

第四，神经网络法。神经网络法可以容纳较大误差和一定错误，但是稳定性较低，学习过程比较复杂，学习效率比较低下。

第五，灰色关联度法。灰色关联度法对合作伙伴的评价指标进行循环处理，通过判断合作伙伴的序列与参考序列的关联度大小，对合作伙伴进行排序，主要用于处理定性指标。

第六，层次分析法。层次分析法建立层次化的结构，通过权重的两两比较进行合作伙伴的排序。层次分析法的主要特点是灵活、实用，比较符合合作伙伴选择的特点。

第七，模糊层次分析法。模糊层次分析法是在层次分析法的基础上形成的一种方法，既保留了层次分析法灵活、实用的优点，又在一定程度上简化了运算。层次分析法求判断矩阵，要计算判断矩阵的特征值、对应特征向量，经过反复调整、检验才能使判断矩阵具有一致性的特征。利用模糊层次分析法检验模糊互补矩阵的一致性，可很快地使模糊不一致矩阵具有一致性。

4.2.2.2 物流任务的匹配

联盟成员确定之后，要分析现有和将有的物流任务，进行合理的任务匹配。物流联盟的目的是优势互补、降低物流运作成本、保持竞争优势等。但是与竞争对手相比，联盟成员的任何一方所拥有的物流资源和能力要素（如物流设施、人员素质、技术水平、管理制度）不可能都拥有绝对优势。由于联盟的运作是以企业为单元进行分工与合作的，每个成员都有各自独立的利益诉求，相互之间有些资源和能力要素可能互补，有些可能相互冲突，部分优势资源与能力所创造的竞争优势实际上会被这些劣势资源稀释。因此，单纯将联盟成员的能力要素捆绑为一个整体进行物流分工合作，并不能达到跨境物流联盟运行的最优状态，而只能是一种次优组合。为了实现最优组合，应该突破物流企业的组织边界，通过物流基元体的分解与重组，在物流企业内外部寻求最大竞争优势和价值，从而建立高效的物流组织模式。分工固然可以提高物流组织的效率、降低成本，但是分工又会引起或增加交易成本。因此，不断寻求联盟成员之间分工效益和交易成本的均衡显得至关重要。

物流运作环节较多，各节点企业可能广散分布，这导致物流任务也广散分布。而且我国全国性的物流企业较少，多数物流企业仅仅是服务于某个区域，所以跨境物流联盟组织形式与我国现有的供应链物流的特点具有较高的匹配性。跨境物流联盟是一个层次多、规模大、结构复杂、因素众多、信息繁杂、组织有序、功能综合的复杂体系，所以物流任务分配采取协商和规则相结合的方式确定，需要遵循以下原则和流程。

（1）匹配原则

①科学性原则。科学性原则是指物流联盟任务分配要以科学方法和客观事实为决策依据。各合作伙伴被分配到的联盟任务应尽可能与其核心能力保持一致，被分配的任务量要在其能力范围内，各合作伙伴承担的任务之和应等于分解前的联盟任务。这要求跨境物流联盟的组建者拥有丰富的实践经验和科学的物流管理方法，了解各国之间的文化差异和联盟成员的企业实力，做出最优的分配计划。

②整体性原则。跨境物流联盟给合作伙伴分配任务时，需要明确物流任务（客户）的整体目标，如物流总成本、物流服务质量等。由于各个物流子任务的局部优化并不能保证物流任务的整体优化，因此，物流联盟的任务分配应以跨境物流联盟的整体优化为目标。

③明确性原则。跨境物流联盟的物流任务往往比较复杂，需要由多个合作伙伴共同完成。各个伙伴承担的物流任务应保持相对独立，尽量减少物流任务的交叉和重叠，以体现物流联盟分工合作、资源互补的优势。此外，应明确各个合作伙伴承担的具体物流任务、物流任务量，以及物流任务完成的时间、地点、方式等，避免任务不明或交接不清，也有利于进行合作伙伴的物流子任务的绩效评价。

④可行性原则。跨境物流联盟任务分配，应明确物流任务的类型和要求，掌握潜在合作伙伴的资源、能力、执行效率、声誉等具体情况，确保各个合作伙伴承担的物流任务量在其能力范围内，从而保证物流任务顺利地完成。

（2）匹配流程

跨境物流联盟的任务分配流程如图 4.2 所示。

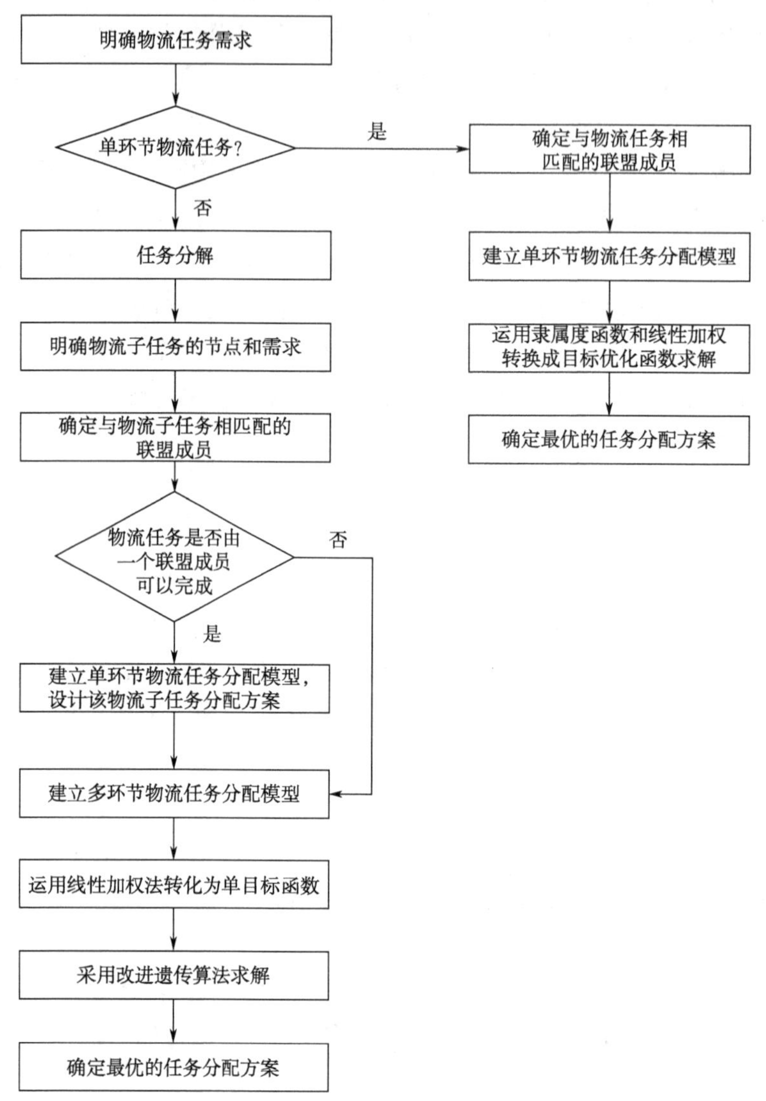

图 4.2　跨境物流联盟任务匹配示意图

①明确物流任务的范围、流程、任务量、任务要求等。

②根据经验判断是否需要进行任务分解，即确定物流任务是单环节物流任务还是多环节物流任务。

③建立多目标优化模型，确定最优的任务分配方案。

对于单环节物流任务：

第一，根据合作伙伴选择方法确定物流任务的候选合作伙伴。

第二，建立单环节物流任务分配模型。以物流总成本最低、物流服务质量最高、综合惩罚强度最小为目标，建立多目标优化模型。

第三，运用隶属度函数和线性加权方法，将多目标优化方案转化为单目标优化问题求解，确定最优的任务分配方案，即确定各个合作伙伴承担的物流任务量。

对于多环节物流任务：

第一，进行物流任务分解，明确各个物流子任务的节点和要求等。

第二，根据合作伙伴选择方法，确定各个物流子任务的候选合作伙伴。

第三，明确各个物流子任务是否能由一个合作伙伴完成。

第四，对于需要由多个合作伙伴共同完成的物流子任务，根据单环节物流任务分配模型确定几个“局部优化方案”，视作多环节物流任务分配模型中的“特殊合作伙伴”。

第五，建立多环节物流任务分配模型。以物流总成本最低、物流任务执行时间最短、物流服务质量最高、综合惩罚强度最小为目标，建立多目标优化模型。

第六，将多目标函数转化为单目标函数，采用改进的遗传算法进行求解，确定最优的任务分配方案，即各个物流子任务由哪个（些）合作伙伴承担，以及合作伙伴承担的任务量。

4.2.2.3 联盟契约的设计

通过上一节中对现代契约理论的阐述和分析，我们得到一定启发：一是物流服务供需双方试图签订一个完备的交易契约是不可能的，因为经济人的有限理性以及保证契约实现的关键变量都存在可证实性问题；二是必须设计出合理的机制，目的是抑制机会主义行为，保证契约实施。跨境物流联盟契约作为战略联盟契约的一种，为了抑制不完全契约导致的机会主义行为的出现，如何优化契约设计是一个非常值得思考的问题。

契约的设计问题是现代契约理论重要的前沿研究领域。它以自由选择、自愿交换、信息不完全及决策分散化条件下，双方如何设计契约，用机制或规章制度来达到既定目标作为研究对象。根据契约理论，当委托人在设计契约时，其面临两个约束。一个是参与约束，对于参与约束，要求代理人愿意参与，而不采取拒绝对方的行为。因此，设计契约时，必须使参与成员有参与的意愿，使得他们通过参与联盟获得额外的收益，即“加入”至少不会比“不加入”的结果差。另一个约束为激励相容约束。在给定参与成员不知道其他成员类型的情况下，只有当成员选择联盟同时其所希望的行动得到的预期效用不小于他选择其他行动所得时，联盟成员才有积极性承担联盟任务。一个优化的契约设计必须同时满足参与约束与激励相容约束。如果一个契约同时满足参与约束与激励相容约束，那么这个契约就是可实施契约。对于跨境物流联盟契约来说，由于之前有伙伴选择过程，因此可以设定此时的物流战略联盟契约满足参与约束条件，即双方有意愿达成合作。契约设计需要关注的是可实施条件——激励相容。

激励相容需要解决的问题是，联盟成员均能够从维持契约的稳定性中获得收益，并且获得的收益水平要高于其他可行动下的收益水平。对此，现代契约理论往往考虑的是如何降低激励成本的问题。理性决策主体的效用函数和偏好、现实条件的相对优劣势、风险态度等往往不一致，他们对于未来收益或成本的预期往往也有较大差别，为了满足自利目的所采取的行动可能大相径庭。激励契约需要把差异性的个体的自利行为和互利行为有机地结合起来，寻找到契约的均衡点，使其能够为共同联盟目标而协同合作。

物流战略联盟本身就是激励相容的结果，因为双方在合作中能够获取专业化分工协作的经济性，并促进联盟绩效提升。另外，物流战略联盟是长期合作关系，双方签订的契约是建立在谈判议价的基础上最终共同认可的结果，并非物流服务需求方按照自身意愿单方设计契约以诱使物流服务提供方参与。物流战略联盟激励契约设计的前提是：物流战略联盟契约由于盟员的有限理性和机会主义、未来不确定性等问题，属于不完全契约；为了调整契约条款而重新谈判的成本高昂，过于依靠关系性契约难以抑制机会主义行为；利用外部规制解决争端同样存在很高的成本；法律的不完备性导致其在解决争端过程中可能引起更大的不公平问题。所以，物流战略联盟契约应建立在如下条件上。

第一，物流战略联盟契约是盟员协商一致的结果，契约内容反映了所有盟员认可的合作意愿。虽然在物流战略联盟中，企业依然拥有独立决策权，但是某一盟员的决策行为可能给联盟运行带来或多或少的影响。尽管盟员在一些具体目标上存在差异，但是联盟运行的基本问题，如物流战略联盟契约形式也就是组织模式的选择问题，需要盟员达成共识。

第二，物流战略联盟的范围由物流服务需求方的外包决策来界定，联盟中各成员均以物质或非物质的资源或资产等作为投入物，在双方合作之前，联盟成员是否拥有这样的投入物，是信息对称的。联盟成员间的匹配是一项高成本的谨慎工作过程，这一过程在战略联盟伙伴选择章节已经讨论过。但是，联盟运行后供需双方对承诺事项的真实投入程度，如资产、技术、管理等资源的投入，以及对策性行为选择是盟员的私有信息，对方不易获知。因此，对于物流战略联盟来讲，在联盟生命周期中需要重点关注的是事后道德风险问题，而不是事前逆向选择问题。

第三，物流战略联盟成员根据资源投入比例以及事前契约规定，共享联盟成果、共担联盟风险。一般来讲，在物流战略联盟中，物流服务提供方以较低单价向需求方提供服务，需求方因此提高了产品竞争力，理应从最后的总收入中拿出一部分来激励物流服务提供商。物流服务价格是构成联盟契约的核心条款之一，它是能否实现激励相容的最基本因素。

此外，由于物流战略联盟不具有法人资格，盟员间主要靠契约相互约束，因此必须建立一定的合作保障机制，如利益分配机制、信任机制、协调机制、风险控制机制等，相关内容会在下一节中做详细介绍。

4.2.3 联盟的管理

跨境物流联盟的管理被视为联盟伙伴间潜在机会主义行为的竞技场。机会主义对联盟伙伴间的信任水平是一种挑战，机会主义行为能破坏信任水平，较高的信任水平又能降低机会主义行为。为了提高信任水平、降低机会主义行为的威胁，科学合理的联盟治理就显得尤为必要。联盟治理结构是联盟绩效的决定性因素，影响着联盟几乎所有方面，本部分主要介绍联盟的利益分配和监管机制。

4.2.3.1 利益分配

（1）跨境物流联盟利益分配原则

①个体理性与利益共享原则。个体理性原则是指盟员企业加入联盟是基于经济理性的考虑，也就是说，加入联盟所获得的利益要高于它单干时的利润，也就是说要高于它的机会成本；利益共享原则是指在联盟合作过程中，联盟的收益由联盟成员共同分享，也就是说，每个成员都有权从联盟的收益中获得报酬。因为联盟是成员企业为了追求利益而建立的，故联盟的整体利益应该尽数分配给成员。没有这两个原则，成员积极性会大大降低，进而可能导致联盟的失败。

②贡献与利益成正比原则。联盟企业独特的核心竞争力和相对重要性以及企业在联盟中努力程度都可能决定着联盟的成功与否。这些也就是联盟成员对联盟的贡献值，它最直接地影响着联盟的整体收益。所以在联盟中，成员对联盟所做的贡献越大，它所分得的利润也应该越多。

③资源投入与利益成正比原则。成员对联盟资源的投入是联盟整体运营的前提和保证，起着很重要的作用。成员在联盟中投入的资源越多，所分得的利润也越多。

④承担的风险与利益成正比原则。联盟在运营过程中伴随着许多不确定

性因素和潜在风险，而联盟成员在其中承担着不同的风险，这些风险可能导致其利润损失或意味着它需要投入更多。因而在利益分配时，需要考虑成员承担的风险，在利润方面给予他们补贴。

⑤知识吸收与利益成反比原则。在联盟中，企业间合作时，其知识投入存在一定的溢出效益。核心企业的技术、管理等知识可能被其他企业吸收掌握。另外，对于现代物流企业来说，客户资源是他们的最重要资源之一，而企业在联盟中对知识的吸收能力是与其自身的知识存量有关的（即组建动态联盟前期的知识投入）。所以不同的企业对于知识的吸收能力是不一样的，最后产生的知识增量也不同。而知识增量也是企业参加联盟的隐形收入，也应该纳入企业的整体收入中考虑。所以在合理分配联盟成员的利润时，我们应该给知识吸收少的成员分配相对较多的利润，以此来达到增强他们知识投入积极性的目的。

（2）常用的利益分配数学模型

①Shapely 值利益分配模型。Shapely 值法的原理是，根据各局中人对合作后收益增加的贡献大小，对总利益进行合理分配。目前，该方法已被人们普遍接受，常用来解决各种合作对策的利益分配问题。跨境物流联盟实质上是多方形成的较为稳定的合作关系，其利益分配可以看作多人合作对策的利益分配过程，故同样适用于该方法。

Shapely 值利益分配模型介绍如下：设 I 是合作对策的参与人集合，共有参与人 n 个，I 的全部子集所组成的集合（即幕集）为 $P(I)$，局中人集合 S 是 I 中的一个联合（$S \in I$），$v(S)$ 是定义在联合集上的函数，用来表示每一种局中人集合 S 的最大收益，即 $v(S)$ 是到实数集的一个映射，即每一个局中人集合 S 最大收益，即 $v(S)$ 是 $P(I)$ 到实数集 S 的一个映射，即 $v(S)$：$P(I) \rightarrow R$，其中空集记作$\varnothing$。$v(S)$ 满足 $v(\varnothing)=0$，$v(S_1 \cup S_2) \geqslant v(S_1)+v(S_2)$，$S_1 \cup S_2 \neq \varnothing$ 和 $v(S) > \sum_{i \in S} v(i)$，这是系统 S 存在的必要条件。x_i 表示参与人集合 I 中的全部 n 个成员收益用 $x=(x_1, x_2, \cdots, x_n)$ 表示。合作对策中，如果 $x=(x_1, x_2, \cdots, x_n)$ 可以满足总体理性和个体理性，即 $\sum_{i=1}^{n} x_i = v(i)$ 且 $x_i \geqslant v(i)$，$i=1, 2, \cdots, n$，则称之为分配，非劣质分配的集合称为核，用 $C(v)$ 来表示。合作对策问题的核满足团体理性，由满足个性理性、总体理性和 $\sum_{i \in I} v(S)$ 且 $\forall S \in I$ 的结果 $x=(x_1, x_2, \cdots, x_n)$ 构成。

将局中人 i 的收入 x_i 称作 Shapely 值：

$$\sum_{S \in I} \frac{(s-1)!\ (n-s)!}{n!}[v(S)-v(S-i)],\ i=(1, 2, \cdots, n) \tag{4.1}$$

当局中人将局中人 i 加入某个系统 S 时，系统 S 的收益就会增加 $v(S\cup i)-v(S)$，局中人 i 的 Shapely 值就是该增加量的加权和。

使用 Shapely 值进行利益分配时，应满足 Shapely 值的 4 个条件，即有效性、对称性、挂名代表以及可加性。

第一，有效性。局中人的个体价值总和等于系统价值，即 $\sum_{i\in I}v(S)=v(I)$。

第二，对称性。v 是 n 人对策，π 是集合 I 的任意置换，如果对策 u 对任意 $S=\{i_1, i_2, \cdots, i_I\}$，都有 $u\{\pi(i_1), \pi(i_2), \cdots, \pi(i_S)\}=v(S)$，则将对策 u 记作 π_v，对任意置换 π 和任意 $i\in I$，有 $x_{\pi(i_1)}[u]=x_i[v]$。

第三，挂名代表。如果 i 是一个挂名代表，即 $v(S\cup i)-v(S)=0$ 对所有的 $S\in I$ 成立，则 $x_i(u)=0$。也就是说，不能为系统带来收益，对系统没有做出任何贡献的局中人不应该得到利益分配，这种局中人即为挂名代表。

第四，可加性。对任意的两个对策 u 和 v，满足 $x_i(u+v)=x_i(u)+x_i(v)$。也就是说，特征函数可以被分解为简单特征函数的线性组合，并且可以根据简单特征函数求得特征函数。

根据上述理论，将跨境物流联盟中成员企业 i 分配的 Shapely 值记作 $\varphi_i(v)$：

$$\varphi_i(E)=\sum_{S\in I}\frac{(s-1)!\ (n-s)!}{n!}[v(S)-v(S-i)] \tag{4.2}$$

式中，$\frac{(s-1)!\ (n-s)!}{n!}$ 是加权因子，$v(S-i)$ 是子集 S 中除去合作方 i 的参与所获得的收益，$v(S)-v(S-i)$ 是合作方 i 对整个合作集体的贡献。

②基于 MCRS 法的利益分配模型。MCRS 法全称为 Minimum Cost-Remaining Savings，通常用于解决费用分担问题，也能解决利益分享问题。

MCRS 法模型介绍如下：MCRS 法先确定利益分配的最大值 X_{max} 和最小值 X_{min}，即 $X_{max}\leqslant X\leqslant X_{min}$，其中，$X_{max}=\max(u_1, u_2, \cdots, u_n)$，$X_{min}=\max(l_1, l_2, \cdots, l_n)$，一般情况下，$X_{min}$ 为成员单独解决问题而不参与合作的效益，X_{max} 为各成员参与合作的最大效益。

X_{min} 与 X_{max} 是通过求解线性规划问题求得的，但是为了方便起见，直接定义 $X_{max}=U$，$X_{min}=C(N)-C(N-i)$。

综上得：

$$X^*=X_{min}+\frac{X_{max}-X_{min}}{\sum_{j=1}^{n}(X_{1_j max}-X_{1_j min})}\times\left(\sum_{i=1}^{n}X_i-\sum_{i=1}^{n}X_{1_j min}\right) \tag{4.3}$$

③基于纳什均衡的利益分配模型。纳什均衡是纳什于 1951 年提出的博弈

理论，又称为非合作博弈均衡。该理论假设在纳什博弈中，在给定其他参与人策略的条件下，每个人都会选择自己最优的策略，所有的参与者形成的最优策略组成了一个策略组合。纳什均衡就是达到这种策略组合，并且这个策略组合保证了所有参与人达到了自己的最优策略。也就是说，当别人的策略确定情况下，纳什博弈中的参与人不会积极地去选择其他的策略，也就是没有人会愿意去打破这样一种均衡。

假设 S_i 为参与人 $i(i=1, 2, \cdots, n)$ 的策略，$(s_1, s_2, \cdots, s_n)$ 为成员博弈的策略集合，且 $(s_1, s_2, \cdots, s_n) \in (S_1, S_2, \cdots, S_n)$，$S_i$ 为参与人 i 的策略集合，$(S_1 \times S_2 \cdots \times S_n)$ 为策略集合 S_i 的笛卡尔乘积。假设参与人 $i(i=1, 2, \cdots, n)$ 要达到的目标分别为 $j_i(s_1, s_2, \cdots, s_n)=j_i(s; u_s)$，式中，$u_s$ 为依赖于博弈子策略 s_i 的一个中间函数。当存在 s^* 满足如下条件，就称 s^* 为 n 人博弈的纳什均衡解：$j_i(s^*)=\min_{s_i \in s_j}(s_1{}^*, s_2{}^*, \cdots, s_n{}^*)$，$i=1, 2, \cdots, n$。纳什均衡的存在性定理证明，每一个有限博弈至少存在一个纳什均衡解。

纳什均衡利益分配模型的唯一理性解 $V=(v_1, v_2)$ 需要满足 $(v_1, v_2) \in P$（在可行集内），$v_1 \geqslant u_1$，$v_2 \geqslant u_2$，并且 $(v_1-u_1)\times(v_2-u_2)$ 最大，其中 v_i 表示第 i 个企业参与合作的收益，u_i 表示第 i 个企业不参与合作的收益，记利益分配向量 $V=(v_1, v_2, \cdots, v_n)$，该向量最优解满足下面等式：

$$\max Z = \sum_{i=1}^{n}(v_i - u_i) \tag{4.4}$$

$$\text{s.t.} \sum_{i=1}^{n} v_i = v(n) \tag{4.5}$$

4.2.3.2 监管机制

(1) 机会主义行为

管理中的机会主义其实来自经济学，文献研究中标志性的主要代表人物是威廉姆逊（Williamson），他对机会主义定义的界定得到了学术界的广泛认可，认为机会主义就是人们在经济活动中总是尽最大能力保护和增加自己利益，自私且不惜损人，只要有机会，就会有意识地采取非常微妙和隐蔽的手段或要弄狡猾的伎俩来达到损人利己的目的（Hawkins et al，2009；Das & Rahman，2010）。借助威廉姆逊的定义，我们将管理学中的机会主义内涵叙述为：机会主义是指合作中信息不完整或被歪曲地透露，包括掩盖、误导、混淆、歪曲、搅乱等行为（含主观故意行为和客观过失行为）。由此可以推论，不管是进行交易或者是合作的协约双方，有的虽然只是口头协议甚至是签署了书面协议，未来的风险依然是不可预知的。机会主义行为倾向是人的本性之一，这一观点建立在有限理性假设的基础上。机会主义行为是一种复杂的行为，为达到自身利益最大化或风险最小化而采取各种手段，利用易控因素的漏洞，如联盟成员风险共担、虚假情报、骗取对方的信任、出卖联盟利益、不公平的分配等。

在跨境物流联盟中，联盟成员会利用联盟中其他成员在某些方面显示出来的弱点，或者信息不对称导致的虚假信息，以欺骗、隐瞒等方式追求自身利益最大化，违背联盟契约。所以本书认为机会主义行为是指合作成员以一种有别于正式或非正式契约的行为标准追求自身利益的行为。表现在签约双方的交易过程中，企业基于合约的不完备性和信息的不对称性，通过偷懒、欺诈等手段获取个体利益。

机会主义行为是一种追求自我利益最大化的自私行为，出现该行为会损害其他联盟成员的利益。机会主义行为只顾眼前利益，没有在自身成员利益上作出慎重的考虑，同样也会影响联盟成员的长期利益。机会主义行为的出现违背了联盟成员最初协商制定的联盟契约，需要接受契约中所规定的处罚。本书根据国内外学者对联盟机会主义行为的研究，对跨境物流联盟成员机会主义行为的表现进行以下界定。

①联盟中的成员企业投入相应资源，承担不同的任务，确保物流任务的顺利完成。当参与企业出现机会主义行为，在联盟运作中为了减少成本而减少物流资源或投入不合格的物流资源时，联盟运作存在脱节的风险，联盟稳定运行必然会受到干扰。

②其他潜在新成员抛出高价等形式的诱惑，导致联盟成员出现消极的合作态度，延长物流周期，导致其他成员的投入成本增加，获利减少。

③联盟成员投机企业通过剽窃其他企业投入的物流资源获得私利，极大地打击了其他企业继续投入物流资源的合作积极性，从而降低联盟收益，对联盟的稳定运行造成消极影响。

（2）监督机制

监督对机会主义行为的防范作用体现在两个方面：从行为的角度分析，监督本身就能向参与方施加社会压力，从而促使其服从联盟的协议和整体利益；从经济的角度分析，监督增加觉察机会主义行为的能力，进而增强以合适的方式将参与者的报酬与其行为进行匹配的能力，在收益分配中体现出对机会主义行为的惩罚。有效的监督需要两个前提：一是能够识别相关的标准。有效的监督首先必须建立监督的标准来规范联盟各方的权利和责任。监督指标必须与特殊形式的机会主义相关，且应建立长期而全面持久的评价指标体系。二是要有清晰的契约来使监督机制正规化，建立监管机构，对可能出现的机会主义行为事先规定好惩罚措施。否则，仅仅发现机会主义行为而不采取惩罚措施就无法达到监督的效果。

在对联盟成员采取监督后，通过对各成员的工作进展情况、合同的执行情况进行定期或不定期的检查考核，实时了解成员的实际工作情况，并结合监督机制的结果，决定是否签订后续合同以及补充条款。联盟管理委员会通过制定检查和考核机制，建立检查和考核指标体系，可以真实地披露成员工作任务的进展，在必要时可以进行实地考察，进行再评估，以决定是否继续合作，从而对成员起到警示的作用，降低成员发生机会主义行为的可能性。同时，对考核结果应进行客观、具体的分析，对于绩效水平较高、为联盟做出贡献的成员要给予一定的奖励和表扬；对于并非因为投机心理，而是因为环境的改变等外界因素引起的绩效较低、对联盟产生不良影响的成员，可以酌情处理；对于因为投机行为而对联盟效益造成危害的成员，必须对其进行一定的惩罚，包括责令其交纳一定的处罚金，或者进行通报批评等。检查考核机制是风险监控预警和执行联盟合同的重要工具，通过监督和检查考核的结果对成员进行相应的奖罚，可以起到规范和限制各成员行为的作用，防范联盟中的机会主义行为和道德风险。

4.3 争议解决机制

跨境联盟争议涉及跨境的联盟主体，具有多方面的特殊性和复杂性。争议所涉及的主体是不同境内的物流企业，因此争议的敏感性较强；争议所涉及的利益关系复杂，需要各个联盟成员在联盟的公共利益和私人利益之间进行取舍；争议所涉及的法律属性复杂，涉及境内外的法律问题。争议的出现不仅会影响争议双方的正常运作，也会影响整个联盟的整体平衡，一旦联盟出现失衡就需要停止运行，否则会对联盟的利益造成更大的影响。

在跨境物流联盟的运作中，联盟各方是独立的经济体，联盟的目的是为了风险共担，利益共享，在降低企业成本的同时提高利益，增强企业的市场认可度，为企业未来谋发展，所以大部分联盟争议的出现都是因为增加了企业的成本投入，减少了企业的经济收入，对企业的外在形象造成了消极的影响，降低了企业所占的市场份额，阻碍了公司的进一步发展等。

4.3.1 争议的原因和种类

在跨境物流联盟中主要的争议是联盟中的投资方和物流运作方之间的争议。投资方会根据物流的运行情况来衡量投资的可行性，如果物流运作方的运作能力下降或运作中出现可控的风险，投资方有权质疑物流运作方的能力，

甚至提出将某个运作方逐出联盟，从而引发争议。跨境联盟由于联盟各方所属地区的差异性和特殊性，争议出现的原因可能有多种，例如联盟建立之前未发现的隐性风险的爆发；由于联盟契约在设定的时候没有全面考虑国与国之间的文化制度、法制体系、税务等，导致后期运行中出现争议；联盟运行过程中任意一个联盟主体出现机会主义行为；历史遗留问题导致的政治争议；联盟契约内容的静态性导致联盟主体对契约内容产生争议等。

联盟中的各个主体在联盟机制中是各方的利益相关方，联盟主体在物流的运输过程中扮演不同的角色，承担联盟契约所规定的责任，但是在联盟运作过程中，联盟主体可能会由于技术、制度、文化等因素的制约发生争议。联盟中可能出现的争议分为不同种类，如表 4.1 所示。

表 4.1　争议种类

争议种类		主要原因
政治争议	政治环境	由于政治原因导致的物流运输中断的威胁引发的争议
经济争议	汇率	不同国家汇率的上下浮动、货币的增值和贬值等
	市场价格	某种产品市场价格短时间出现较大的波动、某种产品由于环境因素导致的极度短缺等
	经济形式	国家经济形式的调整、竞争、自由进入过境运输基础设施等所引起的争议
	税务制度	税种、税率、抵免政策、税收管辖权等
文化争议	语言	跨境交流中语言不通
	风俗习惯	生活习惯导致物流运输出现争议
	宗教信仰	不同的宗教信仰对物流服务的影响
环境争议	基础设施	由管道运输基础设施进行改造和建设新设施所需的投资问题等引起的争议
	生态环境	由于跨境物流的运输问题产生的环境和生态问题引发的争议
内容争议	契约内容	联盟内容静态性和联盟运作动态性的失调

4.3.2　协调机制

4.3.2.1　协调机制类别

跨境物流联盟协调的价值基础是共赢观念下的风险分担与利益共享。尽管成员企业的目标可能各不相同，但事实上，只要合作成功，联盟给成员企业带来的利益就可能大于其不结盟所获得的利益，而企业若能意识到这一点，那么也就有了协调的基础。联盟将原来各个企业的信息孤岛连接起来，打破了组织间的界线，挖掘组织边际的生产力之源和利润之源，为双方创造惊人的利益。企业的利益最大化目标应该是可预期的，如果成员企业仅从各自主观愿望出发或只考虑自身的利益，而不考虑其盟员企业、竞争对手、供应商、分销商、顾客的反应，那么利益最大化目标是不能实现的，各种市场力量会采取针锋相对的策略，最终结果必然是走向双输。对联盟企业而言，一个可以接受的结果是双方满意，而不应片面追求可能招致报复的利益最大化目标。这种满意原则符合博弈理论对多重合作博弈的解释，它区别于一次性随机博弈的关键是引入了理性预期。

在管理学中，管理机制是指系统内各子系统、各要素之间相互作用、相互联系、相互制约的形式及其运动原则和内在的、本质的工作方式。企业跨境物流联盟的协调机制是指在企业跨境物流联盟中，为确保其目标的全面达成而建立的所有手段、方法和方式。协调是组织实现既定目标的必要条件。在这里，协调目标是通过建立科学的协调机制，以确保联盟的迅速形成、无间协作、有效运行、共担风险并易于解散和重组，使企业跨境物流联盟这种新型的企业组织形式能够达到 T（时间）、Q（品质）、C（成本）、S（服务）等方面的要求，提高企业跨境物流联盟的成功率。完善的协调管理机制，不仅可以确保联盟的协调活动更加规范化、制度化，还提高了联盟的工作效率和敏捷度，降低了由于协调困难而导致的诸多风险。企业跨境物流联盟的协调管理机制主要包括目标机制、信任机制和群体协商机制等。

（1）目标机制

目标不仅是一个组织的基本特征，还表明一个组织存在的意义。目标是目的或宗旨的具体化，是一个组织全力争取达到的所希望的未来状况。具体来讲，目标是根据企业宗旨而提出的企业在一定时期要达到的预期效果。企业联盟的目标体系包括社会经济目标、企业联盟的经营目标、各个成员企业的经营目标、成员企业内部门目标和个人目标等五个层次，与传统企业目标相比多出了一个联盟的经营目标，这也是联盟特有的目标。在联盟的目标体系中，企业联盟的经营目标与社会经济目标和各个成员企业的经营目标既有一致性，又存在着冲突。冲突是因为对加盟企业来讲，其自身目标不完全是为联盟目标而设立的，还有其他目标。建立一套完整的目标体系对企业联盟的协调管理十分关键，如果在联盟组建阶段，就和成员企业在合同中明确各自的目标任务，那么对联盟的运作是十分有利的。有了这种目标分解和任务规定，联盟的协调工作就变成了为满足目标任务的实现而采取的组织间的管理措施，即实现目标管理。在这里，目标管理就是联盟管理委员会根据联盟所面临的顾客需求，制定出一定时期内组织经营活动所要达到的总目标，然后层层落实，要求下属也就是各加盟企业直至各部门和个人有各自的目标并采取保证措施，形成目标体系，并将目标完成情况作为各成员企业分享利润的依据。目标管理是一种参与式管理，要求所有的加盟企业参与联盟目标的建立及其分解工作，要求成员企业在各自的工作中实行自我控制并努力完成工作目标。采用目标管理机制进行协调的主要内容有：在符合社会经济目标的前提下建立联盟目标，然后按照成员企业的意愿和能力的要求进行目标分解，形成各成员企业的经营目标。经营目标可以在动态合同中设立有关奖惩措施，对不能或延期完成目标的企业要根据对其他方和联盟整体利益的损害程度给予经济上的处罚，情节较轻的可以在联盟网站上给予公告谴责，严重的直至可以将其从联盟中除名。目标细分可以让各成员企业更了解自身的任务，避免任务分配上出现冲突，但因为在目标管理过程中，容易出现目标难以确定、目标短期性、目标不灵活等问题，因而必须多借助协调委员会的活动。

（2）信任机制

对于一个成功的企业联盟来讲，其各个成员企业的相互协调、相互合作离不开彼此之间的信任。所谓相互信任就是一方有能力监控或控制另一方，但它却愿意放弃这种能力而相信另一方会自觉地做出对己方有利的事情。相互信任是互惠互利的需要，更是联盟协调发展不可缺少的基础。成员之间相互信任的建立有过程型、特征型和规范型三种机制形式。

①过程型机制。行为的连续性决定了过去的行为往往会进一步强化为相互间的信任和依赖。相互之间的不了解是不能形成信任的。信任的形成需注意两方面：一是在联盟成立之初就选择那些信誉良好的企业进行合作，各企业本着积极的合作态度表现出对他方信任的同时也让他方了解自己的可信度；二是在联盟的运作过程中，需要提高行为的透明度，加强沟通，对损害信任关系的行为要坚决制止，给予惩罚，避免其行为再次发生，对积极的、有利于信任关系的行为给予激励，正面强化其行为的重复发生。企业组织之间的信任关系可能会落在一两个高层管理人员身上，因而，各联盟成员的管理人员之间的良好人际关系有助于信任的形成。

②特征型机制。当联盟各方的社会背景和企业文化越接近，他们的思维和行为模式的一致性也就越高，因而形成具有明显特征的、能够涵盖各方共享利益和策略并被各方接受的联盟文化的可能性也就越大。这种共同的文化

能够减少成员企业间的矛盾和冲突，强化成员企业行为的连续性和一贯性，保证相互之间的信任受到最小的干扰和破坏。建立这种特征的联盟文化，方法一是选择具有相同的社会和文化背景的企业作为盟友，从而在联盟成立之初就避免可能出现的文化冲突；其二是即使成员各方存在文化差异，那么对各成员企业来讲，应该采用一种较开明的、宽容的态度对待不同的企业文化，加强双方的沟通，相互学习，取长补短，形成一种能够为所有企业接受的行为准则。跨文化管理培训和非正式渠道的沟通有利于文化的交融。

③规范型机制。规范型机制是指采取一些能够防止相互欺骗而又能鼓励合作的措施：一是提高欺骗成本，使其欺骗行为无利可图；二是增加合作的收益，吸引成员企业留在联盟当中。提高欺骗成本可通过退出壁垒、不可撤回投资、保护性合同等形式来完成。一旦成员企业在明显损害联盟整体利益的情况下放弃联盟关系，那么有关的合同条款就会发生作用，同时该成员也不得不考虑巨额的不可收回的投资，因而能有效防止机会主义行为的发生。但这只是从防范约束的角度来看问题，最具积极意义的应该是增加联盟的吸引力，让成员企业主动留在联盟之中，这就需要增加联盟收益和正向激励措施，让成员企业感受到留在联盟内才是最好的选择，这样对外部的企业也具有吸引作用，有利于联盟的发展壮大。当联盟能够比竞争对手更快速推出新产品，或是形成巨大的商誉，或是形成行业的技术标准，这些行为都会为联盟成员带来额外的收益，因而更具有吸引力。

（3）群体协商机制

群体协商机制是指群体中的各个成员通过协商的方法来解决群体中的冲突，达到决策的目的。企业联盟的多功能协调小组就是一种任务型群体，它是指为完成一项工作任务而在一起工作的人。由于企业联盟是由多个成员企业组合而成的，难免在相互协同工作中产生冲突。群体协商机制的优点是可综合更多的信息、了解更多的观点，并且因决策是由所有企业共同决定的，因而在执行当中更易让所有的参与者接受，给加盟企业处于平等地位的感觉，使其更积极参与各种事务，提供更多的帮助，有利于合作。群体协商机制的缺点是决策过程缓慢，不利于把握市场机会，因而只有一些较为重大的事件才应提交联盟会议进行群体协商。

4.3.2.2 协调方法

跨境物流联盟争议协调管理的具体方法有以下几种。

第一，由多功能协调小组进行协调。多功能协调小组的成员来自各个成员企业，其掌握的技能也各异，通过其活动来实现各企业间计划、研发、生产、销售、财务等活动的协调。这种协调小组可以处理一些较为具体的事务，帮助指导各联盟企业的运营活动。

第二，巡视与申诉制度相结合的协调方法。在条件许可的情况下，联盟管理委员会应该定期在各成员之间巡视，视察是否存在不利于联盟运作效率和成果的活动，并采取相应的措施进行劝告、惩罚和挽救。各成员企业也可以自行向联盟管理委员会申诉，要求其他企业停止侵害行为或要求更多的帮助。

第三，定期的联盟管理委员会会议，这是群体协商制度的表现形式。针对一些重要的目标，需要所有或大部分联盟成员企业坐在一起详细讨论，并制定出完成目标的措施。当需要多方合作时可以由联盟管理委员会裁定各方应提供的支持。例如，为加速产品的开发，可召开由各成员企业管理者和高级技术人员参加的生产技术准备会议，在会上协调有关设计、工艺、工具、制造、营销、财务等部门的工作，协调解决产品开发过程中的矛盾冲突和技术问题，统一目标和行为。

第四，主导企业（盟主）直接监控的方法。对于主导型联盟来讲，可以由主导企业（盟主）直接监控其他企业的活动，这相当于股份公司的持股大户负责制，尽管不能完全体现所有参与者的利益，但也不失为一种经济性较强的方法。

第五，借助联盟信息网络平台的协调管理方法。这种协调管理方法是在联盟信息网络上利用动态检查表和动态合同体系，定期检查和掌握各成员企业对工期进度、质量、成本、服务、投资等计划的执行情况，以及时发现问题，进行协调和监控，并视问题严重程度来决定是继续执行合同，或责令其限期整改，或解除合同，终止合作。

当然，任何一种方法都不足以完成所有的协调工作，因协调对象、事务类型、协调目的不同，需要采用的协调方法也不同，因而应组合上述协调方法，有针对性地进行协调管理。

4.3.3 仲裁机制

4.3.3.1 仲裁的基本概念

（1）仲裁的定义

仲裁也叫“公断”，是指争议所涉及的联盟主体将争议提交到各方同意的仲裁机构审理和裁决。双方可以在联盟之前的联盟契约中明确：如果出现争议，可以将有关争议提交给双方同意的仲裁机构进行仲裁，仲裁是终局性的，当事人双方必须服从仲裁决定，由于仲裁是根据联盟契约内容和法律所允许的仲裁程序裁定争议的，所以具有法律约束力，当事主体必须遵照执行。

用仲裁的方式来解决争议，相对于和解的方式，具有简便、灵活、迅速等多方面的优点，因此具有较普遍的适用性。

(2) 仲裁的特点是自主性较大

受理争议的仲裁机构是社会民间团体所设立的组织，不是国家政治机关，不具有政治上的强制管辖能力，是对联盟争议的处理，以当事主体自愿为前提，当事主体对仲裁机构、仲裁方式、仲裁人员、仲裁程序、仲裁所依据的法律都可以自由做出决定。仲裁的程序灵活，迅速及时，收费较低。仲裁机构仲裁的结果一般都是终局性的，具有一定的强制性，对当事主体都有约束力，这种约束力不是政治和法律所赋予的，而是体现在仲裁协议和仲裁裁决的强制性上。

仲裁机构可以为涉及的联盟主体保密，不影响其他联盟主体的联盟意愿，或者是将这种影响降低。由于跨境联盟主体在政治、文化、制度等方面的特殊性，通过仲裁机构解决跨境争议具有权威性，跨境执行更加方便。所以在跨境物流联盟运行中出现争议时，通过仲裁机构对争议进行处理，可避免争议主体产生正面冲突，有利于保持争议主体的关系，同时也可以公平公正地协调联盟契约不合理的地方，有利于增加联盟继续维持的可能性。

4.3.3.2 仲裁的形式

根据是否通过常设的仲裁机构进行仲裁，可以将仲裁分为机构仲裁和临时仲裁。机构仲裁，也称制度仲裁，是目前常用的仲裁方式，是指仲裁所涉及的联盟主体向联盟契约中涉及的或者受争议主体共同认可的仲裁机构提出仲裁申请，并按照该机构的仲裁规则、仲裁方式和仲裁程序进行仲裁。争议主体通过正式的仲裁机构处理争议，速度快，程序较为严格。临时仲裁，是指争议主体通过推荐的仲裁员按照各个主体协商的仲裁规则和仲裁程序在临时组织的仲裁庭进行仲裁，并在仲裁之前对仲裁的人员和具体事项进行明确的规定，仲裁一旦执行就要按照约定的仲裁机制进行处理。该临时仲裁组织是为专门的争议临时组建的，一旦争议处理完毕，仲裁庭和仲裁组织就会自动解散。

根据仲裁应用的实体范围不同，可以分为依法仲裁和友好仲裁。依法仲裁，是指严格按照法律规则进行仲裁；友好仲裁，是指争议主体按照各方共同商议并共同认可的标准进行仲裁，该仲裁方式不是严格按照法律要求执行的，在相关的法律中没有明确的规定和约束。

4.3.3.3 仲裁庭和仲裁人员

首先，当事各方应事先约定好仲裁庭的组成形式。当事各方在收到仲裁机构的仲裁规则和仲裁员名册后，需要在仲裁机构规定的时间内确定好仲裁的形式，既可以由若干名仲裁员组成合议仲裁庭，也可以由一名仲裁员组成独任仲裁庭，如果当事各方没有在规定的时间内确定仲裁形式，则由机构确定。

确定好仲裁庭的组成形式之后，就要确定仲裁人员。根据我国的《仲裁法》，仲裁庭可以由 3 名仲裁员或者 1 名仲裁员组成。由 3 名仲裁员组成的，设首席仲裁员。当事人约定由 3 名仲裁员组成仲裁庭的，应当各自选定或者各自委托仲裁委员会主任指定一名仲裁员，第 3 名仲裁员由当事人共同选定或者共同委托仲裁委员会主任指定，并且第 3 名仲裁员是首席仲裁员。当事人没有在仲裁规则规定的期限内约定仲裁庭的组成方式或者选定仲裁员的，由仲裁委员会主任指定。仲裁庭组成后，仲裁委员会应当将仲裁庭的组成情况书面通知当事人。当事人约定由一名仲裁员成立仲裁庭的，应当由当事人共同选定或者共同委托仲裁委员会主任指定仲裁员。

4.3.3.4 仲裁机构、规则和协议

仲裁机构是指根据相关法律或规定设立的，有固定的名称、地址、仲裁员设置和具备相应规则的仲裁裁决机构，它们不是国家的司法部门，是依据法律成立的民间机构。在我国，仲裁机构是指仲裁委员会。常设的仲裁机构能为仲裁工作提供基础服务和便利，有利于仲裁工作的顺利进行和开展。

仲裁规则是指仲裁程序所遵循和使用的规范，它为仲裁机构、仲裁员和争议方提供了进行仲裁协议的一套准则。仲裁规则不同于《仲裁法》，仲裁规则可以由仲裁机构制定，有的时候还允许仲裁各方自行协商约定。因此仲裁规则是任意性较强的行为规范，但是不能违反《仲裁法》中的强制性规定。仲裁规则和仲裁机构有密切的联系，但是没有必然的联系，当事方约定由常设仲裁机构仲裁，可以按照该机构的规则仲裁，也可以按照各方协商之后的规则仲裁。

仲裁协议是指当事人在合同中说明的合同条款或是以其他方式达成的提交仲裁的书面协议。仲裁协议作为仲裁的依据，必须具备法定的形式。《仲裁法》规定，仲裁协议包括合同中订立的仲裁条款和以其他书面方式在纠纷发生前或者纠纷发生后达成的请求仲裁的协议。

4.4 退出机制

4.4.1 成员退出原因

跨境物流联盟组建的目的是减少物流成本，增加企业效益，实现企业转型的同时提升社会价值，如果联盟运行出现不良效果，或者是成员企业的个

人主观行为驱使，就会有成员企业退出联盟的情况出现，这样的情况是不可避免的，值得我们重点关注。成员企业退出联盟的情况有很多种，主要介绍以下几种。

4.4.1.1 无法满足创造价值，实现预期目标

如果联盟难以满足企业创造价值、实现预期目标的要求，那么合作企业就会提前做出终止联盟的决定。当合作成本大于预期的合作利益时，联盟企业不会选择加入或者组建跨境物流联盟；在合作过程中如果合作成本大于取得的合作利益，企业会决定终止联盟的合作。那么，如果在运行过程中联盟实际创造的价值低于企业预期的价值，或者低于企业预期其他交易形式所创造的价值，就会导致联盟企业的不满以及联盟的失败解体。创造联盟价值、实现预期合作目标是企业进行合作的根本目标，而在企业投入大量的时间、精力与费用，经过反复努力后仍难以实现联盟目标，它们就可能会认为当初的决策是错误的，从而设法以最低的代价退出当前的合作。

4.4.1.2 难以实现公平分配

如果在合作中难以实现公平分配合作成果的基本要求，联盟也可能会面临提前失败解体的命运。大量研究表明不仅不理想的绩效会引起联盟的失败，当合作企业一方或者双方认为受到不公平的对待或者对投入—收入比不满时，也同样会引起联盟的失败解体。在合作中，不公平的绩效分配通常首先引起合作企业的不满，并使其提出重新谈判利益分配问题的要求。如果重新谈判的结果仍然难以使双方满意，那么认为受到不公平待遇的企业也许会退出合作，或者会采取机会主义的、不合作的单边行动以恢复自身的公平感。企业的这种不合作行为必然会给合作关系和感性信任带来负面影响，从而加快联盟失败解体的速度。

4.4.1.3 成员企业目标变化

合作企业联盟目标的改变也可能会引起联盟的失败解体。在总结了跨国战略联盟终止的原因后，多数学者认为合作企业联盟目标存在差异或联盟本身不再符合企业战略发展的需要都会造成联盟的终止。联盟初期，合作企业的联盟目标可能是相容的，但是随着合作的进一步开展，实际的合作情况很可能会与企业的预期发生较大的偏差。有两种可能发生的情况：一种情况是，在合作中随着合作企业自身的演变，它的整体战略可能会随之发生变化，这样就会使它们初始确定的联盟目标不再有效；另一个可能是联盟本身也是在发生演变的，它也很可能朝着不符合任何一方合作企业联盟目标的方向发展。当联盟的实际发展与企业的目标存在差异时，它们就会启动重新谈判采取调整措施，而如果双方意见很难达成统一，联盟就会因无法达到双方预期的联

盟目标而以失败解体告终。

4.4.2 成员退出方式

联盟成员会根据联盟的实际运行情况在联盟运行中途做出是否退出联盟的判断，联盟成员的退出方式主要有以下几种。

4.4.2.1 申请退出

当联盟成员考虑自身情况和联盟的运行状况后，确定无法继续承担成员角色，可向联盟成员提出申请，召开联盟会议要求退出，对成本、收益以及后续联盟的运行进行商议。

4.4.2.2 仲裁退出

当有些成员因为出现主观主义行为，要求退出而其他企业不同意其退出联盟时，可按联盟协议所规定的冲突解决方法进行冲突消解，一般是仲裁方式。

4.4.2.3 自行退出

自行退出有两种形式：一是机遇丧失后的解散；二是因某些关键企业强行退出而致使联盟自行解散。

4.4.3 联盟解散

除了联盟成员的退出，联盟解散也需要重点关注。虽然在联盟的组建初期，联盟成员企业应意识和预见到联盟的最终终止并不是潜在的灾难而是一种必然，但是联盟成员仍然需要就未来联盟解散的有关事宜进行协商，并在合作协议中形成相关条款。解散条款也是联盟协议中必须具有的内容。联盟的解散条款包括以下几个方面的内容：关于联盟时机和条件的规定；联盟共有财产（包括有形资产和无形资产）清算和分割；解散后，有哪些需要做的善后工作及其工作的分担；发生纠纷的解决办法和仲裁方式；其他有关事宜。

联盟解散之后对于曾经的合作伙伴仍然担负一定的责任，所以联盟在短时间内解散是不现实的，所以需要对联盟解散之后进行相关管理。

4.4.3.1 联盟解散后的持续支持

当一方退出联盟时，其责任并没有完结，还要考虑现有联盟内企业的需求，比如，一个企业是带着某项特殊的技术参与联盟的，一旦其退出联盟，就要考虑是否会因其退出而带来技术缺失问题。这时候，联盟应该有权在一定时限内继续使用该项技术，以避免整个联盟的崩溃，或是采用由退出联盟的企业提供技术支援的形式来完成联盟的使命。

4.4.3.2 可预见的信誉收益

联盟的解散并不意味着所有成员之间关系的结束，联盟成员应该对其他成员抱有信任的态度，相信他们能够在之后的商业活动中继续合作并使自己获利，使大家成为一个商业圈的人，使在联盟过程中形成的信誉能够带来真正的利益。这也就是为什么有些企业会愿意参加一个看起来并不能获利的商业活动的原因。

4.4.3.3 一份清晰的联盟协议

有法律效力的联盟协议能够避免很多的风险。联盟协议应该有关于如何判定市场机遇丧失的标准，还应该包括联盟共有财产的分割问题。为保证联盟的顺利进行，最大限度地规避风险，各级合同中明确了有关清算条款，并规定相应的清算时间点。如果联盟的伙伴不能在各个清算时间点之前完成既定任务，则联盟管理委员会可根据有关清算条款终止合同，另寻其他合作伙伴。为了避免“骑虎难下”的境地，清算时间点应尽量安排在项目进行过程的早期。同时，清算机制必须与动态支付计划紧密结合，保证联盟的成功运行。

4.5 联盟稳定性分析

4.5.1 跨境物流联盟稳定性影响因素

跨境物流联盟本质上属于一种战略联盟，其稳定性容易受到各种因素的干扰。结合文献综述部分，我们发现学者们在研究战略联盟稳定性问题时，对联盟的稳定性进行了深度分析，并对与联盟稳定性相关的因素进行了详细研究，并取得具有较高学术价值的成果。基于学者们的研究成果，针对跨境物流联盟特定组织，结合联盟的运作过程，我们分别分析制度距离、物流资源投入、联盟物流资源管理能力、机会主义行为、惩罚机制、利益分配与联盟稳定性的关系。

4.5.1.1 制度距离与联盟稳定

制度距离是指两个国家之间的制度环境差异。制度距离可分为正式与非正式两个维度。正式制度距离指的是两个国家之间政策、法规方面的差异，具有强制性、显性特征；非正式制度距离指的是两个国家之间关于价值观、社会规范以及信仰方面的差异，具有非强制性、隐性特征。查阅大量文献，我们发现大部分学者认为制度距离主要是通过影响联盟内企业合作产生的收益，从而影响联盟的稳定性。跨境物流联盟的运行环境较为复杂，联盟参与企业遵守的法律法规、社会规范、道德规范、文化习俗各有不同，当企业进行物流业务合作时容易产生冲突与矛盾。随着物流合作的展开，联盟参与企业各方面的冲突层出不穷，降低了联盟整体的合作效率。由此可见，制度距离容易导致跨境物流联盟参与企业产生冲突与矛盾，降低联盟的合作效率，并直接对联盟的合作收益产生消极影响，不利于联盟维持稳定状态。

4.5.1.2 物流资源投入与联盟稳定

跨境物流联盟的基础是物流资源的投入。跨境物流活动较为复杂，单独从事该项活动的企业需要投入大量的运输、仓储、仓配等方面的资源，因而很少有如此实力雄厚的企业单独从事跨境物流活动。大部分企业正是由于势单力薄、物流资源不足，才会主动寻求具有互补性资源的合作伙伴。在跨境物流联盟运作中，参与企业需要投入大量的运输、仓储、仓配等方面的资源，才能保证各物流环节运作顺利进行，以及确保提供高质量的跨境物流服务，从而获取联盟收益，维持联盟稳定运行。如果联盟内参与企业出现不投入或者少投入物流资源，可能会造成参与企业的合作效益降低，甚至造成联盟某个运作环节脱节，从而影响联盟整体收益，不利于联盟稳定运行。

4.5.1.3 联盟物流资源管理能力与联盟稳定

跨境物流联盟的物流资源管理能力，具体是指能够促进联盟内运输、仓储、仓配等方面的资源实现跨国界或者跨区域共享、合理配置以及有机融合的能力。相关学者认为，联盟管理能力对联盟的稳定性具有重要影响。在具体的跨境物流合作中，参与企业要实现物流资源的跨国界或者跨区域共享，合理配置不同类型的物流资源，促进各方面优势资源有机融合，从而达到联盟内物流资源整合的效果，获取高额联盟收益，维持联盟稳定运行。而在上述资源整合的过程中，联盟物流资源管理能力发挥着重大作用。在联盟物流资源管理能力较弱的情况下，参与企业间物流资源共享程度较低，且联盟内资源仅是简单堆砌，无法发挥物流资源的优势，造成大量的资源浪费，从而影响联盟整体收益，不利于联盟稳定运行。相反，较强的联盟物流资源管理能力对维持跨境物流联盟稳定运行起着积极作用。

4.5.1.4 机会主义行为与联盟稳定

机会主义行为是参与企业为了追求自身利益最大化，损害联盟利益与伙伴利益的行为。结合跨境物流联盟的运行过程，可以发现企业的机会主义行为主要表现形式如下：参与企业不仅不投入物流资源，而且通过学习、剽窃其他企业的物流资源以获取投机收益。从跨境物流联盟运作过程来看，各个运作环节紧密相连、环环相扣，而参与企业投入相应物流资源承担不同环节的物流任务，确保联盟能够正常运行。当参与企业出现机会主义行为，在联盟运作中不投入物流资源时，联盟运作存在脱节的风险，联盟稳定运行必然会受到干扰。投机企业通过剽窃其他企业投入的物流资源获得私利，极大地打击了其他企业继续投入物流资源的合作积极性，从而降低联盟收益，对联盟的稳定运行造成消极影响。因此，机会主义行为不利于跨境物流联盟维持稳定的运行。

4.5.1.5 惩罚与联盟稳定

在跨境物流联盟中，参与企业间关系较为复杂，容易出现机会主义行为。机会主义行为的危害在于影响联盟整体收益，从而不利于联盟稳定运行。通过查阅文献发现，学者们纷纷提出，合理的惩罚机制能有效减少参与企业的机会主义行为，有助于维护联盟稳定运行。在跨境物流联盟内，当参与企业出现机会主义行为时，联盟对该企业通过收取一定金额的罚金进行惩罚，并将罚金弥补给积极参与合作的企业。跨境物流联盟通过设置有效惩罚制度，可以对参与企业的机会主义行为起到抑制作用，为积极参与合作的物流企业提供一定保障，从而对维护跨境物流联盟内部稳定产生积极作用。

4.5.1.6 利益分配与联盟稳定

企业参与跨境物流联盟的目标是通过最大化合作效应以获取联盟收益，当加入联盟收获联盟初始合作收益到达企业的预期时，有助于激发企业继续合作的意图，从而有利于联盟的稳定运作。跨境物流联盟稳定运行有利于参与企业持续性获取联盟利益。在联盟运行中参与企业不仅期望联盟整体利益达到最大化，而且期望自身分配的利益最多。利益分配不合理容易导致参与企业产生不公平的情绪，从而降低继续参与跨境物流联盟的意愿。因此，利益分配不合理会在很大程度上打击参与企业的合作积极性，进而在联盟运行中产生机会主义行为，使联盟运作环节出现问题，影响联盟稳定运行。

4.5.2 基于演化博弈的跨境物流联盟稳定性分析

相对于一般博弈论而言，演化博弈论认为博弈参与者是有限理性的，且具有一定的模仿、学习能力。在博弈过程中，参与者怀着追求高利润的心理，会模仿获利较高成员的策略。通过不断模仿与学习，参与者放弃较劣策略选择较优策略，最终博弈双方到达均衡。即使存在某种干扰因子致使参与者暂时偏离均衡，但参与者继续通过不断博弈又能恢复均衡，这种均衡状态视为演化博弈的稳定均衡。目前国内已经有许多学者在对联盟稳定性进行分析的基础上，运用演化博弈论研究联盟的稳定性，演化博弈模型在考虑到博弈参与者有限理性的前提下，能够充分展现出它们之间的合作竞争关系，刻画系统主体的复杂行为。

在跨境物流联盟中，参与企业间存在着合作与竞争并存的复杂关系。企业间的合作是指企业共同投入物流资源，承担不同物流环节的任务，从而保证跨境物流活动顺利完成；企业间的竞争是指各企业追求自身利益最大化，在联盟运作中有谋取私利的倾向。在如此复杂的关系下，企业在联盟运作中的行为选择（继续合作/退出合作）是多变的，联盟稳定性也随之发生变动。本部分通过研究跨境物流联盟参与企业的行为变化以及各因素影响下企业间关于收益的博弈，从而揭示联盟的稳定性。为了更清晰地了解联盟稳定性，本部分构建跨境物流联盟的演化博弈模型并做出相关分析。

4.5.2.1 基本假设

第一，结合跨境物流联盟的稳定性分析以及联盟内主要的合作竞争关系，构建相应的跨境物流联盟演化博弈模型。借鉴前人构建联盟演化博弈模型的经验，将该模型中的博弈主体分为两类，即国内物流企业、国外物流企业。

第二，该模型描述的是国内、国外物流企业在联盟运作过程中关于利益的博弈。

第三，联盟内物流企业的博弈策略为：继续合作、退出合作。继续合作表示物流企业在联盟运作中继续投入物流资源且无机会主义行为倾向；退出合作表示物流企业在联盟运作中不继续投入物流资源，具有较高的机会主义行为倾向，即容易发生剽窃对方投入的物流资源以谋取投机收益的行为。

第四，联盟内存在一定的惩罚机制，对退出合作的参与企业进行一定的惩罚。

第五，企业在加入联盟时，可以凭借联盟优势以及其他参与企业的基础物流设施获得一些便利，从而收获初始收益；在跨境物流联盟运作中，无论企业是继续合作还是退出合作，企业加入联盟时的初始收益均不受影响。

4.5.2.2 参数设定

第一，联盟中的国内物流企业、国外物流企业为博弈模型的两大主体，分别设为企业 A、企业 B。

第二，双方企业继续合作，为了联盟稳定运作以及持续性获取联盟收益，共同投入物流资源，设企业 A 的资源投入为 M_1，企业 B 的资源投入为 M_2。

第三，国内物流企业与国外物流企业在共同合作下进行跨境物流活动，在活动中各方承担的物流任务、负责的物流环节不同，双方之间不能完全替代，缺少任何一方都会直接影响联盟的稳定运行。因此，在跨境物流联盟内，国内、国外物流企业在联盟运作中具有一定程度的互补性，在双方物流企业的共同投入下才能展开跨境电商物流业务，从而创造合作收益。这与柯布—道格拉斯生产函数表述的经济含义相吻合。因此，本部分借鉴该生产函数形

式来反映跨境物流联盟中国内、国外物流企业之间的合作互补关系，即

$$\Delta R = A\mu M_1^{\alpha_1} M_2^{\alpha_2} \tag{4.6}$$

在式（4.6）中，ΔR 表示联盟内国内、国外物流企业继续共同投入物流资源的情形下的联盟合作收益；A 表示跨境物流联盟的物流资源管理能力；μ 在生产函数中是干扰因子，表示制度距离对国内外物流企业之间合作的影响；α_1 和 α_2 表示国内、国外物流企业在各自负责的联盟运作环节中投入物流资源的转化率。

第四，跨境物流联盟内，企业 A 利益分配系数为 λ，企业 B 利益分配系数为（$1-\lambda$）。

第五，在联盟运作中，当任何一方企业选择退出合作、不继续投入物流资源时，联盟将无法产生合作收益，即 ΔR 为 0；而且退出方具有可能会剽窃或利用对方投入的物流资源从而获取投机收益。设企业 A、企业 B 的投机系数为 ε_1、ε_2，投机收益为 $\varepsilon_1 M_2$、$\varepsilon_2 M_1$。

第六，在跨境物流联盟内，对退出合作企业的罚金为 Z，罚金补偿给继续合作的企业，若双方企业都退出合作，实施惩罚措施就没有任何意义。

第七，企业 A、企业 B 加入联盟凭借联盟优势以及其他参与企业基础物流设施获得一些便利，设各自初始收益为 R_1、R_2。

第八，设企业 A、企业 B 继续合作的意愿分别为 x、y，那么退出合作意愿分别为 $1-x$、$1-y$。

跨境物流联盟博弈主体国内物流企业、国外物流企业的演化博弈支付矩阵如表 4.2 所示。

表 4.2　跨境物流联盟企业 A、企业 B 的演化博弈支付矩阵

企业 B	企业 A	
	继续合作（x）	退出合作（$1-x$）
继续合作（y）	$R_1 + \lambda A\mu M_1^{\alpha_1} M_2^{\alpha_2} - M_1$ $R_2 + (1-\lambda) A\mu M_1^{\alpha_1} M_2^{\alpha_2} - M_2$	$R_1 - Z + \varepsilon_1 M_2$ $R_2 - M_2 + Z$
退出合作（$1-y$）	$R_1 - M_1 + Z$ $R_2 - Z + \varepsilon_2 M_1$	R_1 R_2

4.5.2.3　稳定均衡点分析

基于跨境物流联盟演化博弈支付矩阵，分别求出联盟中国内外物流企业的期望收益。接着通过引入动态复制方程，分别求得跨境物流联盟中国内、

国外物流企业继续合作意愿随时间的变化率——dx/dt、dy/dt；该变化率表明随着跨境物流合作的持续展开，联盟中博弈主体根据具体实际情况，衡量自身的收益情况，改变继续参与合作的意愿。因此，通过求得联盟中两大博弈主体继续合作意愿的变化率，不仅可以清晰地了解到参与企业在联盟运作中合作策略的选择，而且有助于厘清联盟参与企业间复杂的合作—竞争关系。通过分析联盟内参与企业的合作意愿的变化，有利于探究联盟运作的稳定性。最后联立两个动态复制方程，构建跨境物流联盟演化博弈动态复制方程组，令 $dx/dt=0$、$dy/dt=0$，求得跨境物流联盟演化博弈的均衡点，为后续联盟演化的路径分析以及探究联盟的稳定域进行铺垫。

设企业 A 继续合作的收益为 $U_{1继续}$，退出合作的收益为 $U_{1退出}$，期望合作收益为 E_1，各表达式如下：

$$U_{1继续} = y(R_1 + \lambda A\mu M_1^{\alpha_1} M_2^{\alpha_2} - M_1) + (1 - y)(R_1 - M_1 + Z) \tag{4.7}$$

$$U_{1退出} = y(R_1 - Z + \varepsilon_1 M_2) + (1 - y) R_1 \tag{4.8}$$

$$E_1 = xU_{1继续} + (1 - x) U_{1退出} \tag{4.9}$$

设企业 B 继续合作的收益为 $U_{2继续}$，退出合作的收益为 $U_{2退出}$，期望合作收益为 E_2，各表达式如下：

$$U_{2继续} = x[R_2 + (1 - \lambda) A\mu M_1^{\alpha_1} M_2^{\alpha_2} - M_2] + (1 - x)(R_2 - M_2 + Z) \tag{4.10}$$

$$U_{2退出} = x(R_2 - Z + \varepsilon_2 M_1) + (1 - x) R_2 \tag{4.11}$$

$$E_2 = yU_{2继续} + (1 - y) U_{2退出} \tag{4.12}$$

企业 A、企业 B 在跨境物流联盟中继续合作意愿 x、y 的动态复制方程分别为：

$$\frac{dx}{dt} = x(U_{1继续} - E_1) = x(1 - x)\ [y(\lambda A\mu M_1^{\alpha_1} M_2^{\alpha_2} - \varepsilon_1 M_2) - M_1 + Z] \tag{4.13}$$

$$\frac{dy}{dt} = y(U_{2继续} - E_2) = y(1 - y)\ \{x[(1 - \lambda) A\mu M_1^{\alpha_1} M_2^{\alpha_2} - \varepsilon_2 M_1] - M_2 + Z\} \tag{4.14}$$

式中：x、dx/dt 为跨境物流联盟内国内物流企业继续合作意愿及其随时间的变化率；y、dy/dt 为跨境物流联盟内国外物流企业继续合作意愿及其随时间的变化率。通过联立两个复制动态方程，构建跨境物流联盟演化博弈复制动态系统为：

$$\begin{cases} F(x) = \dfrac{\mathrm{d}x}{\mathrm{d}t} = x(1-x)\ [y(\lambda A\mu M_1^{\alpha_1}M_2^{\alpha_2} - \varepsilon_1 M_2) - M_1 + Z] \\ F(y) = \dfrac{\mathrm{d}y}{\mathrm{d}t} = y(1-y)\ \{x[(1-\lambda)A\mu M_1^{\alpha_1}M_2^{\alpha_2} - \varepsilon_2 M_1] - M_2 + Z\} \end{cases} \tag{4.15}$$

为求联盟演化博弈的均衡解，令 $\mathrm{d}x/\mathrm{d}t=0$、$\mathrm{d}y/\mathrm{d}t=0$，求解联盟演化博弈复制动态方程组，从而求得联盟的 5 个局部均衡点，分别为：

$A=(0,\ 0)$、$B=(0,\ 1)$、$C=(1,\ 1)$、$D=(1,\ 0)$、

$$E=(x^*,\ y^*)=\left(\frac{M_2-Z}{(1-\lambda)A\mu M_1^{\alpha_1}M_2^{\alpha_2}-\varepsilon_2 M_1},\ \frac{M_1-Z}{\lambda A\mu M_1^{\alpha_1}M_2^{\alpha_2}-\varepsilon_1 M_2}\right)$$

（1）联盟稳定域分析思路

基于演化博弈思想以及相关文献综述，本书认为联盟稳定域是指联盟演化趋向于理想稳定均衡点的区域。通过分析不同约束条件下跨境联盟演化均衡点的稳定性，得出联盟演化稳定均衡点，并根据相应约束条件下的演化趋势判断联盟的稳定性，从而确定联盟存在稳定域的条件；接着刻画出该条件下的联盟演化路径，从联盟演化路径图中得出联盟演化趋向于理想稳定均衡点的区域——即联盟稳定域。

（2）联盟存在稳定域的条件

弗里德曼（Friedman）提出运用雅克比矩阵判定法可以判断局部均衡点的稳定性。国内外诸多学者在运用演化博弈理论解决问题的过程中，也采用雅克比矩阵判定法判断局部均衡点的稳定性。雅克比矩阵的表达式为：

$$J=\begin{bmatrix} \dfrac{\partial F(x,\ y)}{\partial x} & \dfrac{\partial F(x,\ y)}{\partial y} \\ \dfrac{\partial G(x,\ y)}{\partial x} & \dfrac{\partial G(x,\ y)}{\partial y} \end{bmatrix} \tag{4.16}$$

雅克比矩阵判定法：在局部均衡点处，若雅克比矩阵行列式的值 $Det(J)$ 为正，迹 $Tr(J)$ 为负，则该点是稳定的，为系统演化稳定策略。跨境物流联盟演化博弈的雅克比矩阵为：

$$J=\begin{bmatrix} A_1 & B_1 \\ C_1 & D_1 \end{bmatrix} \tag{4.17}$$

式中，$A_1=(1-2x)\ [y(\lambda A\mu M_1^{\alpha_1}M_2^{\alpha_2}-\varepsilon_1 M_2)-M_1+Z]$，$B_1=x(1-x)(\lambda A\mu M_1^{\alpha_1}M_2^{\alpha_2}-\varepsilon_1 M_2)$，$C_1=y(1-y)\ [(1-\lambda)A\mu M_1^{\alpha_1}M_2^{\alpha_2}-\varepsilon_2 M_1](1-2y)$，$D_1=x[(1-\lambda)A\mu M_1^{\alpha_1}M_2^{\alpha_2}-\varepsilon_2 M_1]-M_2+Z$。

雅克比矩阵行列式的值 $Det(J)$ 为：

$$Det(J)=(1-2x)\left[y(\lambda A\mu M_1^{\alpha_1}M_2^{\alpha_2}-\varepsilon_1 M_2)-M_1+Z\right]\times (1-2y)\{x[(1-\lambda)A\mu M_1^{\alpha_1}M_2^{\alpha_2}-\varepsilon_2 M_1]-M_2+Z\}- x(1-x)(\lambda A\mu M_1^{\alpha_1}M_2^{\alpha_2}-\varepsilon_1 M_2)\times y(1-y)[(1-\lambda)A\mu M_1^{\alpha_1}M_2^{\alpha_2}-\varepsilon_2 M_1] \tag{4.18}$$

雅克比矩阵的迹 Tr（J）为：

$$Tr(J)=(1-2x)\left[y(\lambda A\mu M_1^{\alpha_1}M_2^{\alpha_2}-\varepsilon_1 M_2)-M_1+Z\right]+ (1-2y)\{x[(1-\lambda)A\mu M_1^{\alpha_1}M_2^{\alpha_2}-\varepsilon_2 M_1]-M_2+Z\} \tag{4.19}$$

跨境物流联盟演化博弈5个局部均衡点的雅克比矩阵行列式的值、雅克比矩阵的迹如表4.3所示。

表4.3　跨境物流联盟演化博弈局部均衡点的 *Det*（*J*）和 *Tr*（*J*）

	Det（J）	Tr（J）
A（0，1）	$(Z-M_1)\times(Z-M_2)$	$(Z-M_1)+(Z-M_2)$
B（0，1）	$(\lambda A\mu M_1^{\alpha_1}M_2^{\alpha_2}-\varepsilon_1M_2-M_1+Z)\times(M_2-Z)$	$(\lambda A\mu M_1^{\alpha_1}M_2^{\alpha_2}-\varepsilon_1M_2-M_1+Z)\times(M_2-Z)$
C（1，1）	$(\lambda A\mu M_1^{\alpha_1}M_2^{\alpha_2}-\varepsilon_1M_2-M_1+Z)\times[(1-\lambda)A\mu M_1^{\alpha_1}M_2^{\alpha_2}-\varepsilon_2M_1-M_2+Z]$	$-(\lambda A\mu M_1^{\alpha_1}M_2^{\alpha_2}-\varepsilon_1M_2-M_1+Z)-[(1-\lambda)A\mu M_1^{\alpha_1}M_2^{\alpha_2}-\varepsilon_2M_1-M_2+Z]$
D（1，0）	$(M_1-Z)[(1-\lambda)A\mu M_1^{\alpha_1}M_2^{\alpha_2}-\varepsilon_2M_1-M_2+Z]$	$(M_1-Z)+[(1-\lambda)A\mu M_1^{\alpha_1}M_2^{\alpha_2}-\varepsilon_2M_1-M_2+Z]$
E（x^*，y^*）	—	0

在约束条件1下：

$$\begin{cases}\lambda A\mu M_1^{\alpha_1}M_2^{\alpha_2}-M_1<\varepsilon_1M_2-Z\\(1-\lambda)A\mu M_1^{\alpha_1}M_2^{\alpha_2}-M_2<\varepsilon_2M_1-Z\end{cases} \tag{4.20}$$

约束条件1表示企业A、B继续合作的最佳收益都小于退出合作的最佳收益。根据雅克比矩阵判定方法，跨境物流联盟演化博弈局部均衡点的稳定性情况具体见表4.4。跨境物流联盟演化博弈存在1个演化稳定均衡解（ESS），即 A（0，0）；1个鞍点 E；3个不稳定的局部均衡解，即 B（0，1）、C（1，1）、D（1，0）。当企业A、企业B继续合作的收益都小于退出合作的收益时，无论参与企业初始合作的意愿如何，随着跨境物流合作的深入展开，参与企业的继续合作意愿会逐渐降低，最终都趋向于 0。因此，在约束条件 1 下，无论参与企业的初始意愿如何，联盟都不稳定。

表 4.4　约束条件 1 下跨境物流联盟演化博弈的局部均衡点及稳定性

局部均衡点	行列式的符号	迹的符号	稳定性
A（0，0）	正	负	ESS
B（0，1）	负	不确定	不稳定
C（1，1）	正	正	不稳定
D（1，0）	负	不确定	不稳定
E（x^*，y^*）	正	0	鞍点

在约束条件 2 下：

$$\begin{cases}\lambda A\mu M_1^{\alpha_1}M_2^{\alpha_2}-M_1>\varepsilon_1 M_2-Z\\(1-\lambda)A\mu M_1^{\alpha_1}M_2^{\alpha_2}-M_2<\varepsilon_2 M_1-Z\end{cases}\tag{4.21}$$

约束条件 2 表示企业 A 继续合作的最佳收益大于退出合作的最佳收益，企业 B 继续合作的最佳收益小于退出合作的最佳收益。根据雅克比矩阵判定方法，跨境物流联盟演化博弈局部均衡点的稳定性情况具体见表 4.5。

表 4.5　约束条件 2 下跨境物流联盟演化博弈的局部均衡点及稳定性

局部均衡点	行列式的符号	迹的符号	稳定性
A（0，0）	正	负	ESS
B（0，1）	正	正	不稳定
C（1，1）	负	不确定	不稳定
D（1，0）	负	不确定	不稳定
E（x^*，y^*）	负	0	鞍点

在约束条件 3 下：

$$\begin{cases}\lambda A\mu M_1^{\alpha_1}M_2^{\alpha_2}-M_1<\varepsilon_1 M_2-Z\\(1-\lambda)A\mu M_1^{\alpha_1}M_2^{\alpha_2}-M_2>\varepsilon_2 M_1-Z\end{cases}\tag{4.22}$$

约束条件 3 表示企业 A 继续合作的最佳收益小于退出合作的最佳收益，企业 B 继续合作的最佳收益大于退出合作的最佳收益。根据雅克比矩阵判定方法，跨境物流联盟演化博弈局部均衡点的稳定性情况具体见表 4.6。

表 4.6　约束条件 3 下跨境物流联盟演化博弈的局部均衡点及稳定性

局部均衡点	行列式的符号	迹的符号	稳定性
A（0，0）	正	负	ESS
B（0，1）	负	不确定	不稳定
C（1，1）	负	不确定	不稳定
D（1，0）	正	正	不稳定
E（x^*，y^*）	负	0	鞍点

由表 4.5 与表 4.6 可知，在约束条件 2 和 3 下，跨境物流联盟演化博弈存在 1 个演化稳定均衡解（ESS），即 A（0，0）；1 个鞍点 E；3 个不稳定的局部均衡解，即 B（0，1）、C（1，1）、D（1，0）。约束条件 2 和 3 表示企业 A、企业 B 中存在一方继续合作的最佳收益小于退出合作的最佳收益。在跨境物流联盟中，存在一方企业有动力继续参与合作，另一方无动力继续参与合作。无论联盟参与企业的初始合作意愿如何，继续合作最佳收益小于退出合作最佳收益的一方其合作意愿会持续下降直至为 0，继续合作最佳收益大于退出合作最佳收益的一方在合作初期其合作意愿会有小幅度增加，之后受另一方合作意愿的影响，其合作意愿也会逐渐降低，最终也趋向于 0。因此，在约束条件 2 和 3 下，跨境物流联盟演化最终趋向于 A（0，0），联盟不稳定。

在约束条件 4 下：

$$\begin{cases}\lambda A\mu M_1^{\alpha_1}M_2^{\alpha_2} - M_1 > \varepsilon_1 M_2 - Z \\ (1-\lambda)A\mu M_1^{\alpha_1}M_2^{\alpha_2} - M_2 > \varepsilon_2 M_1 - Z\end{cases} \tag{4.23}$$

约束条件 4 表示企业 A、企业 B 继续合作的最佳收益都大于退出合作的最佳收益。根据雅克比矩阵判定方法，跨境物流联盟演化博弈局部均衡点的稳定性情况具体见表 4.7。

表 4.7　约束条件 4 下跨境物流联盟演化博弈的局部均衡点及稳定性

局部均衡点	行列式的符号	迹的符号	稳定性
A（0，0）	正	负	ESS
B（0，1）	正	正	不稳定
C（1，1）	正	负	ESS
D（1，0）	正	正	不稳定
E（x^*，y^*）	正	0	鞍点

跨境物流联盟演化博弈存在理想的 2 个演化稳定均衡解（ESS），即 A（0，0）、C（1，1）；1 个鞍点 E；2 个不稳定的局部均衡解，即 B（0，1）、D（1，0）；联盟演化最终会趋向于 A 点和 C 点。这意味着当国内、国外物流企业在联盟运作中继续合作的最佳收益都大于退出合作的最佳收益时，双方企业都有足够的动力继续参与合作，联盟存在维持稳定运行的可能性。由跨境物流联盟演化博弈的两个 ESS 点可推断：跨境物流联盟在某种情形下，国内物流企业、国外物流企业继续合作意愿会逐渐增加，最终都趋向于 1，即都选择继续合作，跨境物流联盟演化趋向于（1，1），联盟维持稳定运行；跨境物流联盟在另一种情形下，国内物流企业、国外物流企业继续合作意愿会逐渐降低，最终都趋向于 0，即都选择消极合作，跨境物流联盟演化趋向于（0，0），联盟难以维持稳定运行。

因此，跨境物流联盟存在稳定域的条件是：参与企业在联盟运作中继续合作的最佳收益都大于退出合作的最佳收益。

（3）联盟的稳定域

当跨境物流联盟参与企业在联盟运作中继续合作的最佳收益都大于退出合作的最佳收益时，联盟才存在稳定域。在该条件下，跨境物流联盟仅有两个稳定均衡解，即 A（0，0）、C（1，1），1 个鞍点 E 点，2 个不稳定的局部均衡解，即 B（0，1）、D（1，0），从而构建出跨境联盟的演化路径图（见图 4.3），并进行具体分析。

从图 4.3 可知，跨境物流联盟的稳定性与物流企业初始合作意愿存在一定的关系。联盟参与企业的初始合作意愿落在不同的区域，经过演化最终趋向于不同的稳定均衡点。在区域 $ABED$ 范围内，无论联盟参与企业的初始合作意愿如何，企业继续合作意愿都会逐渐降低，最终趋向于 A（0，0），即（退出合作，退出合作）。因此根据跨境物流联盟稳定性内涵，联盟参与企业初始合作意愿落在 $ABED$ 区域内的跨境物流联盟是不稳定的。在区域 $BCDE$ 范围内，无论联盟内参与企业的初始合作意愿如何，企业继续合作意愿都会逐渐增强，最终趋向于 C（1，1），即（继续合作，继续合作）。因此，依据跨境物流联盟稳定性内涵，我们认为联盟的稳定域是：联盟参与企业合作意愿逐渐增强并且联盟最终演化趋向于（继续合作，继续合作）的区域，即图 4.3 的 $BCDE$ 区域。

4.5.2.4 因素分析

通过跨境物流联盟演化路径图（图 4.3）可知，跨境物流联盟稳定域与鞍点 E 的位置有关。若鞍点 E 坐标越靠近 A（0，0），联盟的稳定域越大，若鞍点坐标越靠近 C（1，1），联盟的稳定域越小。因此，跨境物流联盟的稳定

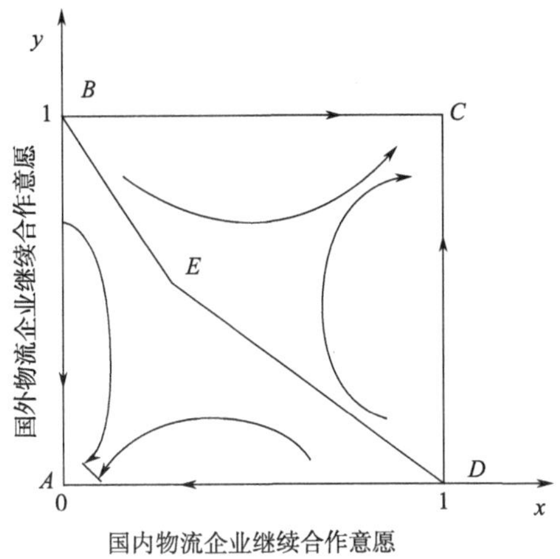

图 4.3 跨境电商物流联盟的演化路径

域与鞍点坐标涉及的参数有关，即与 μ、M_1、M_2、α_1、α_2、A、ε_1、ε_2、Z、λ 相关。通过上述分析，可以得出结论：跨境物流联盟的稳定域受制度距离、物流资源投入、联盟物流资源管理能力、机会主义行为、惩罚、利益分配的影响。

通过查阅相关文献，我们发现学者们基于演化博弈理论研究因素对联盟稳定性的影响时，将联盟的稳定性量化，即近似地表述成演化路径图中联盟演化趋于理想稳定状态的那部分区域的面积，因此本部分将跨境物流联盟的稳定域进行量化，近似地表述为演化路径图中区域 $BCDE$ 的面积。

$$
\begin{aligned}
S_{\text{稳定域}} &= S_{BCDE} = 1 - \frac{1}{2}(x^* + y^*) \\
&= 1 - \frac{1}{2}\left(\frac{M_2 - Z}{(1-\lambda)A\mu M_1^{\alpha_1}M_2^{\alpha_2} - \varepsilon_2 M_1} + \frac{M_1 - Z}{\lambda A\mu M_1^{\alpha_1}M_2^{\alpha_2} - \varepsilon_1 M_2}\right)
\end{aligned}
\tag{4.24}
$$

为分析 $S_{\text{稳定域}}$ 与各参数的相关性，分别对 μ、A、M_1、M_2、α_1、α_2、ε_1、ε_2、Z、λ 求导，↑表示正相关，↓表示负相关，—表示无法确定相关性，具体结果见表 4.8。

表 4.8 各参数求导结果分析

参数	求导结果	与 $S_{\text{稳定域}}$ 的相关性
μ	>0	↑
M_1，M_2	—	—

续表

参数	求导结果	与 $S_{稳定域}$ 的相关性
α_1，α_2	>0	↑
A	>0	↑
ε_1，ε_2	<0	↓
Z	>0	↑
λ	—	—

结论 1：干扰因子 μ 取值范围一般在 0~1，干扰因子的取值大小与其对参与企业合作的影响程度负相关，意味着干扰因子影响越大，其取值越小。μ 表示制度距离对国内外物流企业之间合作的影响。当跨境物流联盟内参与企业间的制度差异较大时，容易对企业之间合作的收益产生消极影响，联盟稳定域随之减小。因此，制度距离与跨境物流联盟稳定域呈负相关关系。

结论 2：M_1、M_2 表示国内外物流企业物流资源的投入，一般观点认为增加物流资源的投入对维持联盟稳定运行具有绝对的积极意义。然而在实际情况中，考虑到跨境物流联盟内容易出现机会主义行为，且在跨区域合作中的机会主义行为监管难度较大，因此联盟参与企业投入的物流资源存在较高的投机风险。在跨境物流联盟中，参与企业增加物流资源的投入有利于促进联盟稳定运行。但联盟内伴随的投机风险越高，联盟内其他参与企业容易出现投机行为——剽窃企业投入的物流资源谋取个人私利，将严重影响联盟企业的合作，对联盟稳定运行具有消极作用。因此，在跨境物流联盟中，参与企业投入的核心物流资源与联盟稳定域不是简单的正相关关系。

结论 3：α_1、α_2 表示联盟内参与企业投入物流资源的转化率。提高双方物流资源的转化系数，联盟稳定域会增大。在跨境物流联盟运作中，参与双方投入物流资源的转化率越高，双方收获的合作收益越多，那么参与企业更倾向于继续合作，有利于联盟稳定运行。因此双方物流企业投入物流资源的转化率与联盟稳定域呈正相关关系。

结论 4：A 表示联盟物流资源管理能力，当 A 提高时，联盟稳定域随之增大。在跨境物流联盟运作中，提高联盟物流资源管理能力能够促进联盟内资源的合理配置以及高度整合，从而加强参与企业间的相互合作，大幅度提高企业合作效率，增加参与企业在联盟中获得的收益。联盟收益的增加促进联盟参与企业继续合作的意愿增强，有利于维持联盟运作稳定状态。因此，联盟管理能力与跨境物流联盟稳定域呈正相关关系。

结论 5：ε_1、ε_2 表示联盟内参与企业的投机系数。在跨境物流联盟运作中，参与企业的投机系数高，具有较高的机会主义行为倾向。跨境物流联盟内参与企业的机会主义行为一般是指剽窃其他企业投入的物流资源且不投入物流资源的“搭便车”行为等。联盟内机会主义行为严重影响到参与企业的相互合作，给联盟整体收益造成巨大损失，从而降低其他企业继续合作的意愿，最终打破联盟稳定运行的状态。因此，参与企业的机会主义行为与跨境物流联盟的稳定域呈负相关关系。

结论 6：Z 表示联盟内的惩罚金额。在跨境物流联盟运作中，针对参与企业的不良表现设置有效的惩罚机制，有利于抑制参与企业的机会主义行为，从而促进企业继续参与合作。联盟设置的罚金越大，参与企业的机会主义行为的倾向减少，企业更倾向于积极参与合作。企业继续合作的意愿增加，有利于跨境物流联盟运作趋于稳定。因此，惩罚与跨境物流联盟稳定域呈正相关关系。

结论 7：λ 表示利益分配系数。通过对其求一阶导，发现利益分配系数与联盟稳定域的相关性不确定，但是在一定范围增加联盟的利益分配系数，能够扩大联盟的稳定域，而在另一范围内增加联盟的利益分配系数，会缩小联盟的稳定域。因为在跨境物流联盟内参与企业的利益分配系数总和为 1，增加某一参与企业的利益分配系数有利于促进其继续参与合作，但意味着其他参与企业在联盟内获得的收益减少，会降低该企业继续合作的积极性，而跨境物流联盟的稳定性取决于整体参与企业的合作意愿。通过对其二次求导，发现二阶求导结果小于 0，说明可能存在某一利益分配系数，使得联盟稳定域有极大值。因此，在跨境物流联盟内，利益分配系数与联盟稳定域不是单调关系，而是存在合理的利益分配系数使得联盟稳定域最大。

综上所述，在跨境物流联盟运作中，物流资源转化率、联盟物流资源管理能力、惩罚对扩大联盟稳定域具有正向作用；物流资源投入对扩大联盟稳定域不是绝对的正向作用；制度距离、机会主义行为对扩大联盟稳定域具有负向作用；存在合理的利益分配系数使得联盟稳定域最大。

5 跨境物流联盟信息系统

跨境物流联盟信息系统是跨境物流联盟能够正常运行并实现运行目标的基础和保障，通过设计基于云服务的跨境物流联盟信息系统，可将跨境物流联盟打造成为一个能够不断自我创新、协同发展的自组织系统。

5.1 信息系统与跨境物流联盟信息系统

5.1.1 信息系统

5.1.1.1 信息系统的定义

信息经济时代，人们在每天的日常生活、学习、工作中产生了大量数据，这些数据也成为企业决策的重要依据。信息系统就是将数据进行采集、输入、加工处理，产生有价值的信息，由计算机硬件、网络和通信设备、计算机软件、信息资源、信息用户和规章制度组成的以处理信息流为目的的人机一体化系统。换句话说，信息系统是以计算机为基础，结合管理理论和方法，应用信息技术解决管理问题，为管理决策提供技术支持的系统。

信息系统包括四个基本层次：数据处理信息系统、辅助管理信息系统、战术决策信息系统、战略决策信息系统，如图 5.1 所示。数据处理信息系统位于最底层，是初级信息系统，它主要进行一般的事务数据处理，提高人工数据处理效率。辅助管理信息系统位于数据处理信息系统的上一层，是为企业基层管理服务的，执行运行控制层任务，是在计算机网络和数据库支持下，用于作业计划、决策制定和控制的信息系统。战术决策信息系统位于从底至上的第三层，是为企业中层管理服务的，执行管理控制层任务，是用于辅助战术计划和决策活动的信息系统。最顶层是战略决策信息系统，是为企业高层管理服务的，执行战略计划层任务，是支持最高决策者进行战略决策的信息系统，它不仅运用了数据库、方法库和模型库，还需要运用人工智能技术和专家系统技术等，因此最顶层也称为智能化信息系统。

5.1.1.2 信息系统的功能

信息系统通过信息流把不同阶段和不同层次紧密地联系在一起，因而在

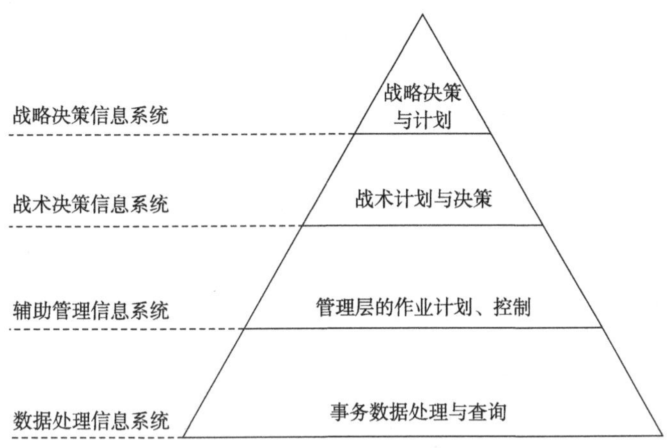

图 5.1 信息系统的层次结构

信息系统中，通常存在对信息进行采集、传输、存储、处理、显示和分析等环节，它的基本功能如图 5.2 所示。

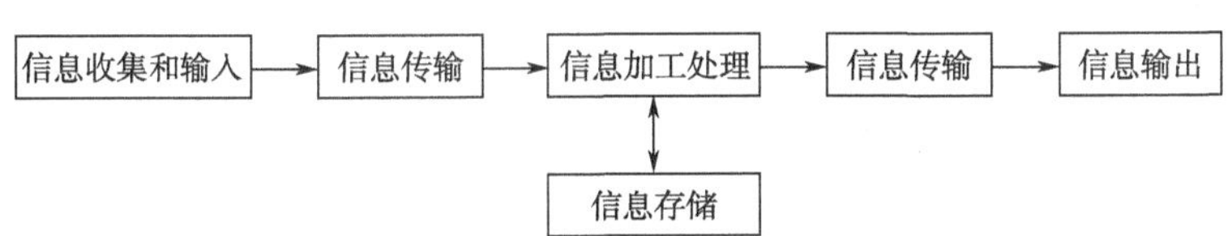

图 5.2 信息系统的基本功能

（1）信息的收集和输入

在信息系统处理流程中，首先需要对信息进行收集和输入。当信息记录在一定介质上并经校验后，即可输入系统进行处理。在实际处理中，可以通过输入设备将系统所需信息随时进行输入。例如，在物流信息系统中，销售时点信息（POS）系统可以完成部分信息的收集和输入，通过电子数据交换（EDI）系统完成信息传输，为零售商提供决策支持。

（2）信息的传输功能

信息传输包括计算机系统内和系统外的传输，实质是数据通信。一般较大的信息系统都具有较大的规模，在地理上有较大范围的分布，此时信息传输就成为信息系统必备的一项基本功能。在传输过程中要考虑信息的种类、数量、频率和可靠性等因素。实际上，传输与存储常常联系在一起。

（3）信息的存储功能

在日常经营管理过程中，往往会产生大量的各种类型的数据，其中又有相当一部分数据需要重复使用，大量的经过加工处理而得到的有关信息和数据也要随时存储起来，以备将来使用和更新。信息系统的信息存储功能方便了管理者的日常业务处理，大大提高了工作效率。

（4）信息的加工处理

数据具有一定的抽象性、原始性，要使之成为有用的信息，必须进行加工处理。信息系统具有加工处理数据的作用，数据加工的方法有很多，包括代数运算、统计量的计算及各种检验、各种最优算法、模拟预测、排序分类与合并等。信息加工处理功能的强弱直接关系到信息系统的优劣。

（5）信息的输出功能

信息系统服务的对象是管理者，因此，它必须具备为管理者提供信息的手段和机制。信息系统对经加工处理后所得到的信息，可以根据不同的需要，以不同方式输出。有的直接供管理者使用，如以报表、图形等形式输出；有的则是供计算机进一步处理、分析，如将中间结果输出到有关介质上。

5.1.1.3 信息系统的结构

信息系统的结构指信息系统各部分之间的相互关系的总和。信息系统虽然是组织信息流的综合体，但其结构与组织的结构不一定相同。组织结构一般是树状的，是为完成组织各项目标而形成的管理体系，而信息系统的结构可以不受组织结构的束缚，多是网状的，是为满足信息采集、处理、存储、分析、传递等需要建立起来的体系。随着信息技术的发展，信息系统的结构也经历了由低级向高级、由简单到复杂、由单项到综合的发展过程。

（1）按照物理结构划分

信息系统的物理结构是指避开信息系统各部分的实际工作和软件结构，只考察其硬件系统的拓扑结构。信息系统的物理结构一般可划分为集中式、分散—集中式和分布式。

集中式结构由一台主机带若干终端，运行多用户操作系统，供多个用户使用。主机承担系统所有的数据处理、数据存储和应用管理，因此必须有大存储容量、超高速 I/O 传输速率，一般由小型机甚至中、大型机担任；终端设备一般是非智能的，没有信息处理能力，只是将键盘输入的信息送达主机以及将主机输出的信息送达显示器的哑终端；多用户操作系统有很多，不同的机型都有专用的多用户操作系统，唯一能在不同机型上运行的操作系统是 Unix，但不同机型上的版本也是不兼容的。

分散—集中式是指用微机或工作站执行应用软件和数据库管理软件，通过局域网与由一台或几台作为整个系统的主机和信息处理交换中枢的小型机乃至大型机相连。

分布式结构由微机、工作站充当客户机，负责执行前台工作，由一台或分散在不同地点的多台微机、工作站、小型机或大型机充当服务器，负责执行后台工作，再以总线结构的网络把客户机和服务器连接起来。

（2）按照逻辑结构划分

信息系统的逻辑结构是从其功能角度来描述的，是指各功能子系统的联合体。信息系统的基本功能是管理与组织活动有关的信息，为组织管理提供信息支持。根据组织的业务活动和管理层次，信息系统的逻辑结构可以从两个方面进行分析。

基于组织业务功能的信息系统结构。组织的业务功能是多样的，每种业务活动都有一定的信息需求，并会产生伴随着业务活动的信息流，从而产生了按照职能结构原则设计的信息系统。信息系统支持着组织机构的各种功能子系统，与组织的业务功能平行地开发出各信息子系统，形成了基于组织业务功能的信息系统结构。

基于组织管理功能的信息系统结构。信息系统是为组织管理提供信息支持服务的，这意味着信息系统的结构也可以按组织管理活动的层次来划分。

5.1.2 物流信息系统

5.1.2.1 物流信息系统的定义

物流系统包括运输系统、储存保管系统、装卸搬运系统、流通加工系统、物流信息系统等方面，其中，物流信息系统是最高层次的活动，是物流系统中最重要的方面，涉及运作体制、标准化、电子化及自动化等方面的问题。

物流信息系统是由人员、计算机硬件、软件、网络通信设备及其他办公设备组成的人机交互系统，其主要功能是进行物流信息的收集、存储、传输、加工整理、维护和输出，为物流管理者及其他组织管理人员提供战略、战术及运作决策的支持，以增强组织的战略竞争优势，提高物流运作的效率与效益。

现代计算机及计算机网络的广泛应用使物流信息系统的发展有了坚实的基础，计算机技术、网络技术及相关的关系型数据库、条码技术、EDI 等技术的应用使物流活动中的人工、重复劳动及错误发生率减少、效率增加、信息流转加速，使物流管理发生了巨大变化。

5.1.2.2 物流管理与物流信息系统

我国国家标准《物流术语》指出：物流是物品从供应地到接收地的实体流动过程，根据实际需要，将运输、储存、装卸、搬运、包装、流通加工、配送、信息处理等基本功能实施有机结合。物流管理就是指在社会再生产过程中，根据物质资料实体流动的规律，应用管理的基本原理和科学方法，对物流活动进行计划、组织、指挥、协调、控制和监督，使各项物流活动实现最佳的协调与配合，以降低物流成本，提高物流效率和经济效益的过程。

物流管理过程从表面看是运输、储存、装卸、搬运、包装、流通加工、配送、信息处理等一系列基本功能实施的过程，但从本质上来说，物流管理过程是一个信息采集、整理、存储、控制、决策应用的过程，各阶段任务目标的实现都是信息管理的外在体现。物流管理的效率取决于物流业务人员信息管理的能力和水平，但在当前高业务量、高复杂度、交付时间缩短、低风险管理等背景下，单靠业务人员的自身管理能力已经很难保障物流业务的正常开展。

5.1.3 跨境物流联盟信息系统

跨境物流联盟信息管理，指在跨境物流联盟运作过程中广泛采用现代信息技术和互联网技术，通过集成、分析、控制信息流，更高效地管理联盟成员间的货物流。高效的信息管理是实现跨境物流联盟经营目标的重要途径，通过改进信息管理，在运作上提高联盟的整体物流效率与服务水平，在管理上提升联盟的整体决策水平，更合理地配置物流联盟资源、降低整体物流成本与经营风险。跨境物流企业也需增强自身物流网络信息化水平，让物流过程透明化，提高跨境物流服务质量，降低货损、丢包、调包以及交期延长等问题的概率及风险，减轻退换货难的压力，提升跨境物流服务品质。

5.1.3.1 跨境物流联盟信息系统的概念

跨境物流联盟信息系统是指运用条码识别（BC）、射频识别（RFID）、全球定位系统（GPS）、地理信息系统（GIS）等信息技术，采集、处理物流信息并生成相关数据，以全方位满足联盟成员对信息的柔性需求。一方面，为满足成员内部各职能部门的信息采集需求，构建营销子系统、操作子系统、客服子系统、财务子系统、信息管理子系统等；另一方面，为满足成员之间的信息需求，构建综合运输管理子系统、仓储配送管理子系统、进出境通关管理子系统、保险金融税汇咨询子系统、“互联网+”综合查询系统等。成员内部的子系统及模块因成员自身的需求而异，但联盟信息系统可供查询与挖掘处理的基础数据则完全一致，全平台数据同步实时更新。

5.1.3.2 跨境物流联盟信息系统的社会属性

跨境物流联盟信息系统是为跨境物流联盟服务的，是依托跨境物流联盟的组织框架建立的，其开发建设的方案完全取决于联盟的结构和管理模式，因此其特征主要来自跨境物流联盟的社会属性特征。跨境物流联盟信息系统的社会属性决定了其在开发设计的过程中，需要充分考虑和处理由社会属性所带来的社会关系的复杂性。跨境物流联盟的组织特征、成员的关系等比传统的行业联盟更复杂，从而决定了跨境物流联盟信息系统的开发难度。

（1）非正式组织

跨境物流联盟是基于合同关系建立的非正式组织，联盟成员之间既呈现相互协作协同的合作关系，又呈现竞争关系。在现有的物流生态环境中，成员之间的关系多数呈现竞争关系，但是在基于跨境物流联盟建立的信息平台上，联盟成员之间可以构建更多的协同合作关系。在信息系统运行初期，成员之间的竞争会占据主导地位，但在充分竞争以后，差异化和专业化的分工会驱使这种关系逐步趋于协同合作关系。

（2）不对称、不平衡的成员关系

由于各个国家和地区的经济发展水平的差异，管理方式和水平存在很大的差异，成员之间呈现不对称、不平衡的状态。这种状态既会影响信息系统的系统架构，又会在后续系统运行过程中，对成员的竞争力和竞争格局产生直接影响。尤其是在基于信息系统建立的跨境物流联盟中，这种不对称、不平衡会被市场进一步放大，从而加剧由此造成的市场动荡，这种动荡对市场的长远发展是有利的，能加速市场资源的优化配置，但在短期内会加剧信息系统建设的难度。在物流信息系统构建的过程中，各方对平台的功能需求会存在很大的差异，因此需要构建差异化的信息管理服务，以满足更多成员的个性化需求。差异化的服务会产生额外的交易成本，为了消除这种成本，则需要在系统开发阶段投入更多的物力和人力。

（3）自我优化机制

在跨境物流联盟信息系统运行阶段，各成员的差异化管理模式会随着市场竞争的加剧而出现优胜劣汰现象，具有竞争力的联盟成员会成为市场的主导力量，从而在根本上逐步消除因成员差异化造成的规模不经济。市场的不对称和不平衡会在成员之间的协同合作过程中逐步减弱、消除，随着跨境物流联盟信息系统的差异化服务需求逐步减少，最终通过标准化的服务供给，可实现联盟成员之间的无差异对接，降低服务成本，实现规模经济，也就从根本上降低了联盟成员之间存在的交易成本。

5.1.4 跨境物流联盟信息系统的作用

跨境物流联盟信息系统对联盟成员企业而言，是一个全新的服务模式，在这一服务模式上，各个成员企业可以进行自我创新和协同，从而改变现有运营模式存在的问题和缺陷，帮助企业全面提升竞争力。

5.1.4.1 转变经营模式，降低综合物流成本

跨境物流联盟的组建，将为成员企业之间创造更多的协同合作机会，从而促使企业进行经营模式的转变创新，提升企业的市场竞争能力。成员企业通过跨境物流联盟信息系统平台的信息交互机制，能够非常便捷、低成本地获取市场信息，这一方面降低了自身参与市场活动的交易成本，增强了企业的市场竞争力；另一方面，竞争对手的实力也因此获得了提升，这就迫使各个成员企业不能固守原有的经营模式，而要根据市场变化，转变经营模式，积极参与市场的竞争，成员企业相互之间的协同合作将成为常态。基于跨境物流联盟信息系统的市场竞争环境，企业的分工协作将进一步推升企业内部的生产效率，再借助于信息平台的低交易成本，将极大地降低社会综合物流成本。

5.1.4.2 优化管理流程，提升联盟物流效率

跨境物流主要包括包装、发货、运输、边检、配送等环节，每个环节都涉及各成员企业之间的协作，每个环节管理模式的不同都会对最终的物流效率产生直接的影响。跨境物流联盟信息系统可以将线下分散管理的物流过程，运用在线平台信息交互和流程再造功能，对整个业务管理流程进行重新设计优化，建立全新的业务响应机制，实现各个环节的高效对接，提升成员企业的协同效率，从而达到提升联盟物流效率的目的。

5.1.4.3 创新物流管理模式，提高物流服务质量

跨境物流服务的跨时空特征，决定了物流服务过程信息的不对称性。现在，以第三方物流服务为主导的物流行业，用户很难对物流服务过程进行有效监督来避免物流服务供给方的机会主义行为。但通过跨境物流联盟信息系统，借助于现代信息技术构建的信息监督和共享机制，可实现物流服务全程的信息透明化和实时反馈。用户可以根据物流服务过程各方之间的协同机制，对物流服务全程进行监控，从而在根本上消除物流服务的机会主义行为。这一管理过程从根本上改变了以前由第三方物流企业主导的自我管理模式。跨境物流联盟通过多方相互协同制约的物流管理模式，督促物流企业主动提高物流服务质量。

5.1.4.4 整合市场资源，提高市场资源配置效率

跨境物流联盟信息系统的突出优势就是可以集成市场公共信息，整合物流市场供需资源，通过充分的市场竞争，实现不同成员企业之间的资源配置优化。联盟成员会因为竞争的加剧而不得不采取更经济有效的专业化分工策略，物流服务各个环节的最后生存者肯定是市场上最有效率的供给方，拥有不同资源的用户会采用相互协同的方式来提供物流服务。专业化水平的提升

和联盟信息系统低成本的高效协同，实现了整个市场资源配置效率的不断提高。

5.1.4.5 减少决策失误，降低经营风险

物流企业的主要经营风险一方面来自市场需求波动和政策法规等造成的外部环境不确定性风险，另一方面来自内部管理的不确定性风险。对外部风险的回避需要获取尽可能多的市场信息，对内部管理的加强需要对物流服务过程全程可监控，这二者都需要一个全新信息系统来支撑。跨境物流联盟信息系统能够实现对市场信息的汇集共享，并能够对信息进行数据分析，辅助联盟成员企业进行决策，提高决策效率，降低决策风险。跨境物流联盟成员可以依据信息构建物流协同评价评估体系，构建基于数据的风险防范保障机制，从而能够对自身发展情况进行实时评测，对市场风险进行有效防范。

5.1.5 跨境物流联盟信息系统的分类

跨境物流联盟信息系统在不同的应用场景和管理模式下，其模式和结构存在很大的差异。总体来看，跨境物流联盟信息系统主要可以分为三类：基于运营管理模式的物流联盟信息系统、基于产业链节点整合的物流联盟信息系统、基于股权参与的物流联盟信息系统。

5.1.5.1 基于运营管理模式的物流联盟信息系统

基于运营管理模式的物流联盟信息系统主要包括三类：一是盟主—成员式物流联盟信息系统，即由一家实力较强的跨境电商物流企业担任联盟盟主，拥有绝对的经营决策权和利益分配权；二是联合式物流联盟信息系统，即各成员企业权力相等，联盟运营的战略规划、经营目标、任务分配、资源调度等核心问题由大家共同决定；三是联邦式物流联盟信息系统，即在联盟内部成立一个联邦式管理机构，对联盟的各种资源和日常经营等进行管理，并承担各成员的市场布局以及物流服务职能协作等协调性工作。

5.1.5.2 基于产业链节点整合的物流联盟信息系统

基于产业链节点整合的物流联盟信息系统主要包括四类：一是横向物流联盟信息系统，即为降低物流成本，减少重复性劳动，提高物流服务效率，若干家处于产业链上水平位置的跨境电商物流企业开展物流协同；二是纵向物流联盟信息系统，即跨境电商物流企业与产业链上下游节点企业开展垂直一体化经营合作，以提高市场反应能力，构建持续竞争优势；三是混合物流联盟信息系统，即诸多跨境电商物流相关企业综合开展横向联盟和纵向联盟，以推动资源最优整合，实现效率的最大化与规模化扩张；四是 Web 式物流联盟信息系统，即为适应全球化的物流市场环境，若干家跨境电商物流企业共

建物流供应链联盟信息系统，凭借动态网络结构实现便捷的信息交换与资源共享。

5.1.5.3 基于股权参与的物流联盟信息系统

基于股权参与的物流联盟信息系统主要包括两类：一是契约式物流联盟信息系统，即跨境电商物流企业通过在若干物流业务领域签订相关协议的方式来构建联盟，以此推动成员之间的资源共享和物流服务职能的协同作业；二是股权式物流联盟信息系统，即各跨境电商物流企业通过参股或相互持有对方股份的方式来构建联盟，以此形成稳定性更高的利益共同体，并根据各成员所拥有股权比例的高低来确定较为明确的主次关系。

5.1.6 跨境物流联盟信息系统的影响因素

跨境物流联盟信息系统的影响因素来自跨境物流联盟成员的多样性和复杂性。跨区域、跨语言、跨文化等特征从多个方面影响着跨境物流联盟信息系统的建设和运行。

5.1.6.1 广域性

跨境物流联盟是一个跨区域的物流企业联盟，联盟成员跨区域异地分散，降低联盟内部的运行管理成本和市场活动的交易成本成为联盟生存的关键问题。跨境物流联盟信息系统的构建主要是基于这一问题产生的，因此，需求分析需要考虑广域性带来的跨境成员交互问题、跨境贸易交付问题、跨境资源整合问题、跨境监管协调问题、跨境成员管理问题等。

5.1.6.2 多语言性

跨境物流联盟的多语言性决定了系统在性能上需要满足多语言特征，针对不同语言的用户能够提供相应版本的平台交互页面。多语言的版本有助于联盟成员快速掌握系统功能结构和业务流程，降低成员学习的难度和门槛。

5.1.6.3 汇率差

汇率差的存在会增加跨境物流联盟成员之间交易的不确定性。成员之间对结算时点和区域的选择会对最终的收益产生直接的影响。因此在系统平台功能设计时应充分考虑可能的汇率差造成的交易不确定性。

5.1.6.4 时差

时差因素会导致订单信息不一致。在不同区域的联盟成员时区存在差异，因此各个成员的内部管理系统的时间是不一致的，这就给跨境物流联盟信息系统的构建提出了一个问题，就是如何协同各方由于时差造成的时间一致性问题。各类订单信息、交互信息的时间维度必须由统一的协调机制来保障不会出现因时差而产生信息混乱。

5.1.6.5 表单格式差异性

跨境物流联盟的各个成员都有自己的业务管理体系，各个成员之间在同一业务环节的表单格式上存在很大的差异，并且在经过海关入境时，还要根据当地规定进行面单更换，这就会遇到格式的转变，进而影响表单信息与货物的一致性。联盟成员之间要在跨境物流联盟信息系统上实现相互之间的业务协作协同，面临的难题之一就是表单格式不一致造成的业务交互障碍。

5.1.6.6 政策差异性

跨境物流联盟成员所在区域的政策差异会导致各地区物流服务标准不统一、物流监管要求不一致。这给跨境物流联盟信息系统的搭建增大了难度，也是联盟信息系统建设需要解决的关键问题。跨境物流联盟信息系统需要兼顾各方的监管机制，提供融合多方需求的信息管理服务。这种政策的差异性在系统性能需求上的体现就是个性化的信息服务和多政策下的物流服务标准的统一化。

5.1.6.7 文化差异性

跨境物流联盟成员的文化差异性造成了成员在信息系统的应用上会存在很大的差异。信息系统的开发过程需要兼顾不同成员的文化需求，针对不同的成员需求提供差异化的性能方案，避免造成各成员协同的不确定性风险。文化差异负面影响的消除措施可以是对成员文化求同存异，也可以是针对大类成员提供个性化服务。

5.2 跨境物流联盟信息系统需求分析

跨境物流联盟信息系统是在第三方物流的基础上，融合云计算、物联网、三网融合等最新技术，提供物流信息、技术、设备等资源的共享服务，通过网络统一管理和调度计算资源，整合供应链各环节物流信息、物流监管、物流技术和设备等资源，面向社会用户提供信息服务、管理服务、技术服务和交易服务。跨境物流联盟信息系统的开发和设计在多种因素的作用下，比一般的物流信息平台要复杂得多，因此，需要对其进行系统研究，确定最终需求。

跨境物流联盟信息系统的系统需求可以分为两部分内容：性能需求和功能需求。性能需求注重平台运行的基本技术要求和服务的柔性要求，基本技术要求的参数涵盖范围很广，包含了平台本身在满足基本业务方面的技术需要，也包含平台自身在技术运用上的灵活性需求。功能需求主要是平台围绕跨境物流联盟的运行所需要的基本管理功能和业务功能需要，包含了跨境物流业务的管理功能需求、跨境物流联盟成员之间的协同管理功能需求、跨境联盟的多方协同功能需求等。

5.2.1 跨境物流联盟信息系统的性能需求

通过对跨境物流联盟信息系统的影响因素分析，我们可以得出部分性能需求，这些性能需求是为解决影响联盟信息系统运转的问题而产生的。下面我们结合一般信息系统使用的需要，完善性能需求分析。

5.2.1.1 易用性

易用性指用户使用平台的便捷性和舒适性，是信息系统建设的基本性能需求。信息系统从无到有的过程，是一个用户对管理流程和管理方式由熟悉的环境向全新环境转变的过程，新平台的易用性高低决定了用户在新环境中管理效率的高低，以及由此造成的管理成本的大小。跨境物流联盟信息系统是一个跨区域、跨部门的信息系统，平台服务面向的是一个多语言、多民族、多职业、多文化层次的用户群体，这个复杂的群体在计算机应用水平和学习能力上存在很大的差异。因此，在信息系统开发的过程中，要兼顾各个层次人群的使用习惯和使用难度，一方面，降低平台操作的学习门槛，在使用过程中尽可能让绝大多数用户简单快速地掌握平台操作规程；另一方面，提高平台推广应用的效率，能够让跨境物流联盟新用户以低成本参与平台业务的开展。

5.2.1.2 可扩展性

可扩展性指平台在应对新变化时的适应性，是信息系统建设的发展需求。信息系统建设一般是以满足现有管理需求为基础的，为应对近期业务变化，必须要采取一些前瞻性的防范措施，平台的可扩展性强可提高平台的适应能力，减少平台频繁升级或功能局限性等造成的管理障碍。时间推移、政策变化、业务拓展等因素都会促使跨境物流联盟的各参与方在协作形式和合作内容上不断进行调整，而依托历史需求建立的信息系统在面临新的管理需求时，就会存在很大的局限性，这就要求信息系统必须具备一定的扩展性，能够对未来可能发生的跨境物流业务状况做出预判，并在初始的系统架构设计时对性能留有扩展余地，以满足可预期变化的业务管理需求。

5.2.1.3 健壮性

健壮性即信息系统运行的稳定性，是信息系统运行的关键性能需求。一方面，信息系统用户数量、业务流程、平台功能、各模块之间的关联和模块功能的完备性等方面的要求会导致开发难度的增加，从而也制约了信息系统使用过程中的稳定性；另一方面，用户在使用信息系统进行业务操作的过程中，会因为各种原因而产生误操作，如输入数据错误等，这些可能会产生不可预估的错误，导致系统崩溃。健壮性要求信息系统在运行过程中尽可能不出现或少出现问题，减少由系统运行不稳定造成的用户困扰，保证信息系统能够以一个平稳的状态运行。

跨境物流联盟信息系统无论在用户群体还是管理复杂度等方面都会导致非常大的不稳定性，健壮性是平台开发和运行过程中不可缺少的关键需求。首先，从用户群体的基础能力分析，跨境物流联盟信息系统面向的用户是一个跨区域的群体，不同国家国民素质的差别很大，如果平台不对用户使用平台时的非常规操作进行充分的预判，那么大量不规范的操作行为会给信息系统的正常运行造成不可估量的冲击。其次，跨境物流联盟信息系统的业务跨境、监管跨境、用户跨境给业务规范性操作监控、信息跨区协同等方面都带来了很大的挑战，各地区在物流业务执行环节的政策差异和执行力度差异等都会严重影响基于信息系统的物流业务的正常开展。跨境物流联盟信息系统的健壮性要求充分分析各种非常规操作导致的不确定性情况，在方案设计时充分考虑到各种不规范情况产生的影响和预防措施，从而保证信息系统的流程完备性和数据完备性。

5.2.1.4 安全性

信息安全需求指信息系统能够对用户信息、用户数据等提供完善的私密性保障措施，是信息系统建设的关键需求。任何一个信息系统都要求对用户参与平台操作的流程进行规范设计，对每个用户的权限都有严格的约束，以保障每个用户在完成既定业务时，能够不侵害其他用户的权益。跨境物流联盟信息系统的信息安全既有内部成员之间协同的信息安全需要，也有来自外部的非法数据侵害的安全需要。跨境物流联盟信息系统是一个开放式的多用户参与平台，平台在开发和运行过程中，在平台内部成员之间，要保证平台用户私密信息的安全性，让用户在业务协同过程中既能够合法获取其他用户信息，又不至于出现越权操作；而对平台之外的访问者，平台需要具备抗击计算机病毒及黑客攻击的能力，通过采取必要的安全防范措施，提高系统的安全性，保障平台的正常运行。

5.2.1.5 共享性

共享性指信息系统用户相互之间的信息，要在适当情况下，按照一定的规则条件与其他用户共享，以发挥信息系统在信息集成方面的优势。信息共享是信息系统的核心价值所在，这对消除市场信息的不对称、消除用户之间业务交互的信息壁垒非常重要，能够将用户之间由信息孤岛状态提升到完全信息的自由市场状态。信息共享能够通过用户之间共享共用，互通有无，减少参与市场活动的风险，降低市场交易成本，从而更好地实现市场资源的配置。跨境物流联盟信息系统构建的目的就是要打通区域分散的物流企业、消费者、监管部门、服务机构等用户之间的信息通道，通过建立一定的信息共享机制来实现用户之间的信息交换和业务协同，从而为跨境物流业务的开展提供足够的市场信息，降低用户参与跨境物流业务的门槛，提升用户参与跨境物流业务的积极性。

从跨境物流业务的流程来看，跨境物流联盟信息共享可以分为物流供应链各环节的信息共享、各监管环节的信息共享、用户评价评级的信息共享等。物流供应链信息包含物流服务需求的供需信息、货物跟踪信息、仓储供需及管理信息、运力供需信息、第四方物流服务供需信息等。监管信息包含海关、商检、银行等部门对以商品流通为核心的物流过程的监管信息。跨境物流联盟信息共享的范畴很大，不同用户信息共享的内容和方式存在很大的差异：有些信息是基于业务需求必须要公开共享的，比如物流服务需求和供给信息等；而有些信息则是对特定用户在特定时间定向共享的，比如用户的货物跟踪信息等。不同的信息共享方式，需要建立系统、完善的信息共享机制，按照不同的用户需求和市场管理需求，针对相应信息采取相应的信息共享措施。

共享性需求建立在用户主观意愿的基础上，因此，信息共享的方式可分为自愿信息共享和强制信息共享两种。自愿信息共享主要取决于用户的主观意愿，对于能够给用户带来收益的信息共享，用户一般会主动采取行动，当信息共享对用户没有造成额外损失，但是对其他用户有益时，用户也可能会采用自愿的方式。强制信息共享主要是在涉及用户之间相互协同的业务环节，为了维护用户的合法权益而要求用户必须共享的信息，比如监管部门对物流信息的监督、物流服务需求方对物流服务供给方的物流服务能力和水平以及物流流转过程的信息获取就需要采用强制信息共享的方式。信息共享方式的选择需要平衡市场对公开信息的需要和用户私人信息的价值需求。

5.2.1.6 透明化

透明化是指在信息技术支持下，尽可能地实现信息系统管理业务信息的透明、开放。信息系统的作用之一，就是通过信息技术的应用实现对管理过程信息的采集、整理、呈现，让用户对业务流程管控实现从业务环节的节点管控向业务全过程管控的转变，这就必然要求业务活动全过程信息的透明可视化。跨境物流联盟信息系统的核心业务是物流服务，而第三方物流服务的跨时空特性决定了其服务过程监管的难度是极大的，用户要实现对物流服务全过程监管的成本是巨大的。在现代信息技术广泛应用的背景下，全过程物流信息监管成为现实，因此在搭建信息系统时，需要构建全过程透明的物流服务体系，通过全程可视化，实现用户对货物安全、服务效率的可控。

跨境物流联盟信息系统的透明化包括物流服务过程的信息透明、用户内部管理流程的信息透明、物流网络节点的信息透明、用户评估评价体系透明等。信息透明化的程度反映了信息系统的信息采集和处理能力，以及由此延伸出的信息系统对业务过程正常运行的保障能力和控制能力。信息系统透明化能够降低用户参与平台活动的不确定性，减少机会主义风险，提高用户参与市场活动的公平性，为用户参与信息系统活动提供基本权益保障。

5.2.1.7 个性化

个性化是指信息系统对不同类型的用户提供定制化信息管理服务。跨境物流联盟信息系统的用户种类多样化，必然会产生多样化的用户需求。信息系统在性能上需要满足用户的个性化服务需求，即使在同一个功能需求中，用户也可能会因为地域、民族、文化、语言等差异而产生不同的需求，因此在平台设计和开发过程中，必须要对用户分类进行充分的分析，为平台特定的用户群体提供定制化的信息管理服务。例如，在信息系统交互界面设计上，应为了满足不同文化、民族用户的审美需求而建立具有民族特色的应用界面。个性化的性能需求在满足用户特定需求的同时，让跨境物流联盟信息系统能够更好地促进各方协同关系，同时也在一定程度上增强了信息系统的易用性。

个性化性能需求涉及业务管理过程的个性化支持、信息交互的个性化支持、数据存储方式的个性化支持、信息实效性的个性化支持等方面。而每一个方面又都在信息系统的顶层设计语言的个性化支持、操作规程的个性化支持、监管过程的个性化支持、业务交互的个性化支持等。个性化需求多数体现在信息系统的性能需求方面，但也有部分内容会涉及特定的功能需求。

5.2.1.8 柔性化

柔性化是指信息系统提供云服务的灵活性需求。基于云计算技术打造的跨境物流联盟信息系统要具有云平台的服务能力和特征，能够根据用户的信息服务需求，为用户提供按需定制的柔性化服务，实现信息资源的实时调度和配置。跨境物流联盟信息系统的资源主要体现在计算资源、数据存储资源、业务处理模块资源上。计算资源和数据存储资源属于基础架构层的云服务范畴，资源使用数量取决于用户业务数量，信息系统应该依据用户业务需求以云服务的方式为用户提供相关基础信息资源，满足这一性能需求的技术应用相对比较成熟，不存在开发难点。业务处理模块资源则是云服务平台基于平台即服务层面供给的内容。跨境物流联盟的各个用户在平台上进行内部管理时，对平台的功能需求会因为自身的管理差异而存在很大差别，个性化的需求能够满足特定种类客户的需求，但是在同类客户的内部管理流程的差别化上，还需要为用户提供能够自由配置用户管理模式的可能性，让不同管理偏好的用户在平台上能够构建适合自身管理的业务流程，避免因流程固化造成的管理掣肘。因此，柔性化管理既体现在给用户资源供给的适应性服务上，又体现在用户内部管理过程的适应性调整上。

5.2.2 跨境物流联盟信息系统的功能需求

跨境物流联盟信息系统的功能需求主要体现在满足物流服务交易、全过程物流业务管理、联盟管理及相关支撑服务供应方的信息交互等业务方面。

5.2.2.1 基础服务功能

（1）订单管理

跨境物流联盟业务的开展是从物流服务订单开始的，订单管理功能是跨境物流管理系统开展物流活动的首要功能。跨境物流联盟订单获取渠道有用户发布的直接物流服务需求，有跨境电商平台商品交易的衍生物流服务需求。跨境物流联盟在实现基本需求发布的基础上，能够根据联盟成员企业的供给能力和水平，给出最优的交易方案，帮助用户达成最优的交易契约。同时，联盟也能够对平台的订单进行综合管理，通过对订单进行数据分析，可以对未来的需求状况及联盟的供应能力做出科学预测分析，指导联盟成员的决策行为。跨境物流联盟信息系统的订单管理包括需求发布、促成交易、合同签订、订单结算等基本功能。

（2）仓储管理

目前物流企业的仓储管理大都采用现代信息技术手段以提高管理的效率。跨境物流联盟信息系统要具备整合成员企业仓储资源的能力，并能够为成员企业的仓储管理业务提供系统支持。这就要求联盟必须具备与现有企业仓储管理系统相匹配的能力和水平，并能够自建仓储管理系统，集成成员企业的仓储管理业务。另外，联盟企业通过联盟信息系统的信息集成和共享，能够实现仓储资源的共享，在线实时调度和查询仓储资源。仓储管理功能主要有货物的出入库管理、库存盘点、仓储资源管理、货物监管等。

（3）库存管理

库存管理是对库存货物的数量管理，主要内容是保持一定的库存数量。跨境物流联盟信息系统给用户提供的库存管理不单是数量的管理，还应该在需求方式个性化、多样化、特色化的背景下，满足用户多品种、小批量的柔性生产方式的需求，因此物流服务需求也由少品种大批量物流进入多品种、小批量或多批次、小批量时代。库存管理功能从重视报关效率逐渐变为重视发货和配送作业的效率。

（4）结算管理

跨境物流联盟结算管理的主要功能包括计费管理和支付管理。结算管理是当前跨境贸易过程中的一个关键难题，跨境物流业务的支付结算涉及跨区域的多币种结算问题，需要理清费用类型（应收，如运费、包装费等；应付，如送货费、转运费等）、计算模式、计算规则（通用规则，非规则处理机制）、汇率换算（不同币种计费关系模块）等相关问题。跨境物流联盟信息系统也要基于现有支付方式，对跨境物流支付流程进行梳理，基于不同支付流程，进行不同支付方式的匹配，实现多种跨境物流支付方式的融合。同时，融合我国境内和境外的支付机构，共同打造完善的跨境物流支付系统。

（5）运输管理

跨境物流联盟的物流业务都是长时间跨区域的物流过程。长链条、多节点的管理流程，决定了物流运行过程存在的众多不确定性，增加了物流风险。跨境物流联盟的运输管理包含运输资源管理、货物跟踪管理和运输车辆运行管理，由此对应运输资源库、货物跟踪系统和运输车辆运行管理系统。运输资源库包含联盟成员企业的车辆、船只、飞机等运力资源，以及公路、铁路、港口、机场、物流园区等设施资源。货物跟踪系统是指物流运输企业利用物流条码和 EDI 技术及时获取有关货物运输状态的信息（如货物品种、数量、货物在途情况、交货期限、发货地、到达地、货主、送货车辆、送货负责人等），提高物流运输服务质量的系统。通过货物跟踪系统，可以实时跟踪货车在途和车辆运输情况。运输车辆运行管理系统主要是通过定位系统了解物流运输作业中的运输车辆的运输状态，确定车辆在路网中的位置，实现对车辆的跟踪和实时调配，在满足用户基本物流服务需求的情况下，提高物流服务质量。

（6）配送管理

配送是从物流节点至用户的一种特殊送货形式。配送几乎包括了所有的物流功能要素，是物流的一个缩影或在某小范围中物流全部活动的体现。一般的配送集装卸、包装、保管、运输于一身，通过这一系列活动将货物送达目的地。特殊的配送还要以加工活动为支撑，所以包括的方面更广。终端配送直接面对众多终端用户，因此工作的复杂性和难度较一般的运输活动更大。跨境物流联盟则可以通过对联盟业务的整合管理，实现对终端配送的协调优化，提高终端管理效率。跨境物流联盟的配送主要是指终端运输及分拣配货。因此，跨境物流联盟信息系统的配送管理功能应该包括终端运输和分拣配货功能，并能够实现对终端配送方案的制定和优化，主要功能需求有订单确认、配送计划、配送优化、配送反馈等。

(7) 报关/过境管理

报关管理是指进出口货物收发货人、运输负责人、物品所有人或其代理人按照海关的规定，办理货物、运输工具的进出境及相关海关事务的手续和步骤。跨境物流联盟的报关涉及多个国家和地区，各个国家和地区对报关业务的规定和理解存在很大差异，因此，跨境物流联盟信息系统需要提供能够融合多国报关模式的管理支持，能够满足用户在多个国家和地区的过境和通关需求。

(8) 物流资源管理

物流资源管理是对跨境物流联盟成员的物流服务网络资源进行登记、查询等管理的功能需求。物流资源主要包括运输资源、仓储资源、基础设施资源等。跨境物流联盟要实现成员间的业务协同，首先要保障成员企业之间在资源上的共享，因此跨境物流联盟信息系统需要相应的管理功能去实现物流资源的在线管理。

(9) 物流任务计划调度

跨境物流联盟的物流任务计划调度功能通过对联盟成员物流实体资源的有效整合，根据物流订单任务，能够保障联盟成员实现协同运作，对联盟物流资源进行一体化的计划调度安排。跨境物流联盟信息系统应该能够实现对物流任务的快速合理分配、联盟运力可视化及综合分析、进行计划与排程、配送转运和线路规划等业务功能。运力分析功能要求系统能够依据联盟集成的各成员企业的物流资源情况，通过信息平台实现对联盟的运力（物流能力）构成、地理位置分布、可利用时间、状态等情况进行可视化展示，并以此作为任务安排的基础，作为任务计划和调度的依据。计划与排程主要指跨境物流联盟信息系统能够根据联盟协议规则，在运力分析结果的基础上，自动对可利用运力按照物流任务要求进行运输及配送流程的排程，并以可视化的方式对整个流程进行显示，系统操作人员可以对排程结果进行浏览和手动修改，货主企业和相关物流企业能够看到涉及其流程的安排情况，并进行确认。配送转运主要是指配送货物时在到达客户终端或者转运中心前进行中转。当货物需要中转时，信息系统将对转运中心的操作任务进行计划安排，进行越库作业等。中转包括计划中转任务和应急中转，信息系统应能够根据地点、货物数量等信息安排相应的应急服务。

(10) 政府相关职能部门监管

跨境物流需要接受外贸、工商、海关、检验检疫、税收等政府部门的管理，跨境物流联盟信息系统应该具备与相关政府监管部门对接信息系统的能力，并能够为相关部门提供在线开展监管监查的平台。通过全方位的互联互通，实现跨境物流的全程信息化管理。

5.2.2.2 联盟管理功能

（1）联盟成员管理

跨境物流联盟成员的吸纳和管理可遵循联盟的章程和制度在线上进行，联盟信息系统需要满足基本的成员管理功能需求，这些功能需求包括联盟成员的注册申请、联盟成员的基本信息维护、联盟成员权限分配、联盟成员信用评估、联盟成员奖罚管理、联盟成员绩效评价等，实现对联盟成员的全方位管理。

跨境物流联盟的主要成员结构包括：政府职能部门（外贸、工商、海关、检验检疫、税收等），物流基础设施供应行业（飞机、港口、铁路、道路运输、货场等），物流信息金融综合服务企业（银行、保险、咨询、法律等），物流需求环节企业（物流园区、商户、制造企业、流通企业、配送、仓储等）以及其他相关服务机构。跨境物流联盟信息系统应该满足以上各种类型用户的成员管理需求。

（2）联盟协同管理

跨境物流联盟能够正常发挥作用，主要的手段就是对联盟协同机制的设计。通过设计一系列的联盟服务标准、制度规则等构建联盟协同机制，实现对联盟成员的有效管理。跨境物流联盟信息系统要求实现联盟成员交互，并将联盟制度体系贯彻到物流业务开展的全过程，形成能够推动联盟有序发展的联盟协同机制。联盟成员交互功能可实现联盟成员的即时通信和客户服务，满足跨境物流多语种服务，多维度（短信、微信、邮件等方式）服务，理赔、索赔、异常的处理反馈等功能需求。

（3）联盟信息管理

联盟信息管理包括联盟整体运营情况的可视化展示、深度分析，以及联盟成员进入和退出申请的审核审批等，包括成员进入管理、成员退出管理、联盟成员信息的审核、联盟制度（联盟章程、服务标准、绩效评价标准和奖惩标准）、联盟运行监测等功能模块。

5.3 跨境物流联盟信息系统的构建原则

跨境物流联盟信息系统是为跨境物流联盟的业务开展服务的，如何更好地服务于联盟的运行，是联盟信息系统构建的主要任务。跨境物流联盟信息系统是一个复杂的经济系统，参与主体多，涉及因素多而复杂，从全局实现统筹管理难度很大，需要在项目开发初期，以跨境物流联盟能够更好更快地发展为宗旨，明确信息系统构建的原则。

5.3.1 用户需求导向原则

用户需求导向是现代服务业管理的首要原则。在信息社会，社会生产和消费的各个领域都开始关注用户需求，进而以用户需求为导向去组织生产经营活动。跨境物流联盟信息系统是跨境物流联盟为其成员企业和物流服务终端用户提供物流业务的信息平台，平台的核心产品是信息服务。关注用户需求，并按照用户需求构建系统，能够更好地贴合用户需求，从而为跨境物流联盟带来更多的成员企业和终端用户，联盟的聚集协同效应能够发挥作用，从而创造价值。联盟用户的多样性也决定了联盟不可能提供一个标准化的信息系统服务众多的联盟成员和客户，只有以用户需求为导向才能够为跨境物流联盟创造生存的机遇和空间。

5.3.2 共建共享原则

跨境物流联盟信息系统具有典型的双边市场特征：双边提供服务、双边用户需求互补、存在交叉网络外部性、需要线下实体支持、监管责任更大等。基于双边市场理论和网络效应理论，物流信息平台的价值创造是平台方与需求者、提供者、其他相关利益方一起进行的价值创造。因此，在平台的建设过程中应该充分发挥联盟成员的主观能动性，积极参与平台建设，分担平台经营压力和风险，同时，让联盟成员通过联盟的信息平台按照贡献大小共享收益。

5.3.3 统一协调原则

跨境物流是一个多部门、多企业协作的过程，各个主体在相互协作的过程中，需要有一个明确统一的标准体系去协调业务过程。统一协调原则必须贯穿到跨境物流联盟信息系统的构建过程中，既能在物流业务全过程体现统一性的共性标准体系，又能在局部环节体现差异化个体行为对接中的协调性，满足跨境物流业务开展的现实需求。

5.3.4 整体效能原则

跨境物流联盟信息系统作为一个系统化、一体化的物流支持体系，其运行的优劣应以整体效能为评价标准，应在保证整体效能最大化的前提下，追求各子系统的最大利益。在系统构建过程中，遵循用户需求导向原则的前提是在整体效能实现的基础上，不能以个体用户的需求目标作为整个联盟发展的目标。

上述四个原则充分考虑了跨境物流联盟信息系统的服务主体、管理模式、实现途径、最终目标和社会环境约束。满足用户需求原则是服务主体项目建设的主要任务，共建共享充分体现了建设和运营管理模式，统一协调方式是构建系统的主要实现途径，而整体效能则是跨境物流联盟追求的最终目标。

5.4 跨境物流联盟云服务平台

跨境物流联盟云服务平台是以云计算、大数据、人工智能等技术为基础，融合互联网、物联网和现代物流管理理念，为客户提供物流信息、技术、设备等资源的综合性物流服务现代化网络信息技术平台。平台通过网络统一管理和调度计算资源，整合供应链各环节物流信息、物流监管、物流技术和设备等，面向社会用户提供信息服务、管理服务、技术服务和交易服务。跨境物流联盟云服务平台是一个开放的物流生态系统，该系统的演进过程必然是一个自组织的过程。

5.4.1 云服务平台参与者分析

跨境物流联盟云服务平台是指以物流服务交易为核心建立起来的综合性服务平台，平台连接各物流服务提供方、各物流需求方和其他相关组织机构，实现物流资源、信息资源以及辅助服务等整合利用，造就了一个双边或多边的市场服务体系。云服务平台的参与方主要包括四个：①平台的运营方；②通过物流服务供需建立的物流服务需求方和物流服务供给方；③通过整合云计算资源建立的信息资源供应方和信息资源需求方；④物流服务相关的其他参与方和与云服务平台对接的其他平台。

5.4.1.1 云服务平台运营方

跨境物流联盟是云服务平台筹建者和主要运营方，是一个由众多成员组成的联合体，在平台运营过程中，既要保证平台对各方利益的兼顾，又要保持平台运营的公平性和独立性，所以运营方一般由联盟指定的第三方企业或组织负责运营管理，联盟成员共享平台收益。云服务平台运营方负责贯彻执行跨境物流联盟的发展战略和服务策略，整合各联盟成员的物流信息平台，通过构建完善的信息网络和服务机制，服务联盟成员，协调联盟成员业务关系，提高物流服务效率，打造能够良性发展的跨境物流生态体系。云服务平台运营方与平台方作为独立的第三方物流信息平台，因运营方不同，其运营决策过程受制于跨境物流联盟整体章程的约束，不能完全独立运作。

5.4.1.2 物流服务需求方

物流服务需求方即具有物流服务需求的相关组织或个人，主要包括跨境电商平台、国际贸易商、制造商和个人。物流服务需求主要源自商品和生产资料的跨境贸易，个人的跨境物流需求相对占比较少。

跨境电商平台包含各类跨境购物平台和贸易平台，其物流服务需求的汇集性和复杂性，决定了其与跨境物流联盟的共生关系。一方面，平台通过国际贸易订单的汇集，能够提供稳定的物流服务；另一方面，跨境电商平台客户的跨区域分散特性，也决定了单一物流公司难以满足其需求，而跨境物流联盟则可以提供完善的服务体系，满足其高效率的需求。

国际贸易商和制造商依托跨境电商平台形成的交易，可以通过平台对接的物流供给方实现，线下达成的贸易则需要寻找第三方物流。在信息不对称的情况下，国际贸易商和制造商寻找合适的物流供给方会存在很大的不确定性，但通过跨境物流联盟的云服务平台则可以获得稳定可靠的物流服务。

5.4.1.3 物流服务供给方

物流服务供给方指具有物流服务能力和资源的相关企业，为物流过程提供运输工具、仓储、基础设施、物流方案、人力资源等资源，主要包括第三方物流企业、港口集团、机场、铁路货运站、物流园区、第四方物流企业等。各物流服务供给方通过参与跨境物流联盟，为平台提供物流服务资源，共同打造完善的物流服务网络，为物流服务需求方提供全过程物流服务，同时，各方也可以通过细化分工、相互协作来提高物流管理效率和水平。

5.4.1.4 云应用服务商

跨境物流联盟云服务平台是一个跨国、跨区域平台，平台服务对象包括多种语言和文化背景的客户，客户在业务逻辑、管理模式上存在很大差异，因此很难有一家企业能提供满足所有用户需求的应用服务。平台通过开放的云应用开发环境，使相关云应用服务商可以针对用户需求，提供个性化应用服务。

5.4.1.5 相关参与者

相关参与者指不直接参与联盟物流业务过程，只为联盟提供物流过程相关支持的部门或组织。相关参与者主要包括金融机构、支付平台、管理咨询机构、政府相关职能部门等。金融机构主要指银行、保险等机构，为联盟成员提供物流金融、保险理赔等业务支持；支付平台提供在线支付、结算等功能支持；管理咨询机构主要为联盟成员提供管理咨询服务；政府相关职能部门包括外贸、工商、海关、检验检疫、税务等部门，提供各类电子政务服务，如电子报关、在线审批、在线监管、商检等功能支持。

5.4.2 跨境物流联盟云服务平台架构

跨境物流联盟云服务平台的主要功能是实现对联盟成员物流信息的共享管理，通过云服务平台将分散、独立的物流服务市场，融合成一个跨时空、跨行业的物流综合服务平台。云服务平台主要包括云物流交易系统、云资源管理系统、基于云计算的物流业务管理系统、联盟管理系统、跨境物流交易结算系统、对接平台的其他管理系统，如图 5.3 所示。云服务平台的六大系统通过对接第三方信息系统，实现了物流服务在线交易、物流资源共享、物流方案动态设计和优化、物流服务全过程跟踪监查、报关/通关一体化、在线监管、联盟成员协同管理、物流金融服务等功能，从而确保联盟成员间能够实现信息共享，提高物流服务协同效率，实现创新协同发展。

5.4.2.1 云物流交易系统

物流交易是物流服务活动的起点，云物流交易系统为联盟成员提供了物流服务供需交易的平台。通过在线实时需求发布，平台能够针对订单需求促成交易；交易达成后，通过电子合同为双方提供交易凭证，并通过订单的全过程跟踪监查和客户对物流服务过程的评价，保障物流服务过程按需执行；订单全过程信息作为交易结算的依据，能够通过结算系统实现自动结算功能，简化交易双方的结算流程。

5.4.2.2 云资源管理系统

云资源管理系统综合管理联盟成员所能调动的各类资源，主要有云应用系统（SAAS）、仓储云、运输云、设施云。云应用系统主要是平台为联盟成员提供的各类应用系统，包括订单管理、仓储管理、运输管理、配送管理、流通加工管理、任务调度管理等基本业务管理系统和其他辅助性应用系统，这些应用系统由平台运营方或第三方应用提供商提供，由联盟成员按需使用。仓储云主要是联盟成员的仓储资源池，平台将联盟成员的仓储资源集合到系统中，形成一个共有仓储体系，联盟按照一定的标准体系，本着公平、高效的原则，动态分配使用联盟仓储。运输云主要是联盟成员运输资源的集合，包括车辆、船只、货机等资源。设施云主要是联盟成员所能达到的物流运输网络的基础设施资源集合，包括公路、铁路、港口、机场、物流园区等。

5.4.2.3 基于云计算的物流业务管理系统

物流业务管理系统是物流服务交易达成以后执行订单的管理系统。基于云计算的物流业务管理系统通过对接云物流交易系统、云资源管理系统、对接平台的其他管理系统、跨境物流交易结算系统，实现对订单的执行管理。平台能够在订单受理后，依据平台提供的云应用系统，对订单进行分析，制

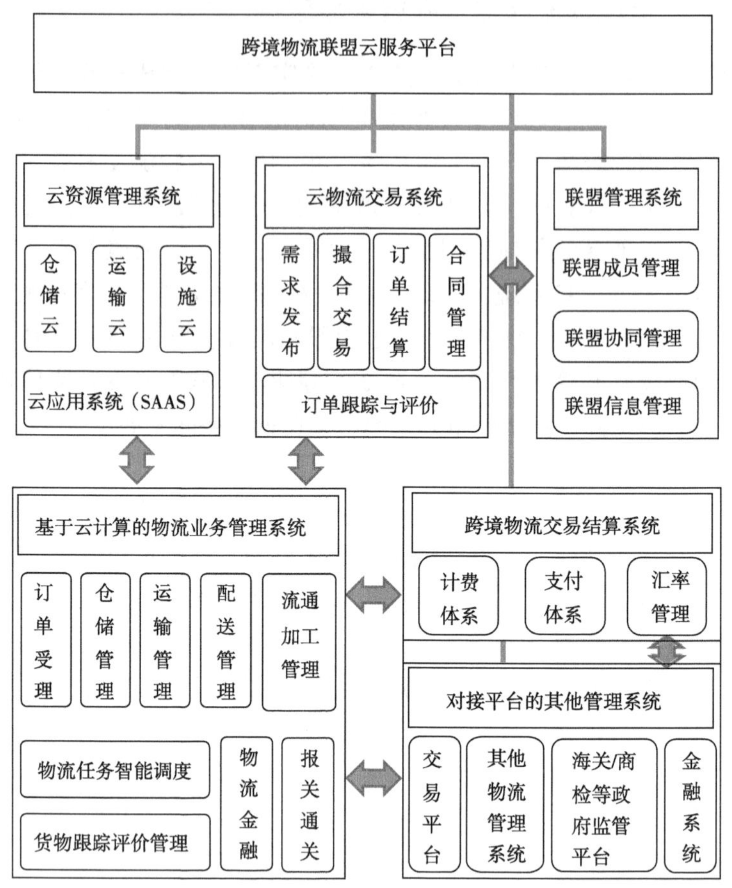

图 5.3 跨境物流联盟云服务平台架构

订最优订单计划，并实时跟踪订单执行过程，对订单执行实施动态优化。物流业务管理包含订单计划、订单执行、订单跟踪、订单完成等阶段，在订单执行过程中，会涉及仓储管理、运输管理、配送管理、流通加工管理、资源智能调度管理、物流金融、报关通关等业务环节。

5.4.2.4 联盟管理系统

联盟管理系统是跨境物流联盟的管理平台，主要处理跨境物流联盟成员的日常管理、联盟成员间的交互管理、联盟组织的基本信息管理，包含联盟成员管理、联盟协同管理、联盟信息管理等功能模块。联盟成员管理主要是针对联盟成员用户的管理业务，包括联盟成员基本信息管理、联盟成员权限管理、联盟成员信用管理、联盟成员奖罚管理、联盟成员绩效评价等。联盟协同管理主要是保障联盟成员能够在业务上协同的机制和标准，包括联盟协同机制、联盟服务标准管理、联盟成员交互平台等。联盟信息管理主要是对联盟整体信息进行管理，包括联盟成员进入与退出管理、联盟成员信息的审核、联盟制度设计、联盟运行监测等。

5.4.2.5 跨境物流交易结算系统

跨境物流交易结算系统主要用来处理跨境物流交易业务的订单定价、交易支付等业务，包括计费体系、支付体系和汇率管理等。计费体系主要涉及费用类型、计算模式、计算规则、汇率换算等。支付体系主要由支付渠道组成，与金融系统的支付平台进行对接，如支付宝、财付通、PayPal 等。同时，需要建立统一的计费管理模式。汇率管理是为了实现以下两个目标：①降低汇率波动对财务报表的影响，通过套期保值管理收付汇成本；②通过各项工具及相互搭配运用，管理外币收付汇敞口和外币融资敞口。汇率管理主要利用一些管理工具来实现，包括单边抬升结汇汇率、加大优惠即期结汇汇率但同时放弃［即期汇率，远期锁汇汇率］区间的锁汇汇率收益等。

5.4.2.6 对接平台的其他管理系统

对接平台的其他管理系统指能够与平台进行信息交互的信息系统，包括交易平台、其他物流信息系统、海关/商检等政府监管平台、金融系统等。交易平台指能够产生物流服务交易需求的信息平台，包括物流交易平台、跨境电子商务交易平台等。其他物流管理系统指联盟成员自有的物流管理信息系统，包括第三方物流管理系统、港口集团/铁路运输公司/物流园区/转运中心等管理系统。海关/商检等政府监管平台指对接政府监管部门的管理平台。海关/商检等政府监管平台能够提供电子报关、在线审批、在线监察等服务，是政府部门行使监管职能的有效渠道。金融系统指金融从业机构的金融服务平台，能够为云服务平台提供物流交易结算、物流金融和保险等业务支持。

5.5 跨境物流联盟信息系统发展规划及发展趋势

5.5.1 发展规划

跨境物流联盟信息系统发展可以分成三个阶段：近期规划、中期规划、远期规划。

5.5.1.1 近期规划

近期规划的主要目标是实现跨境物流联盟成员之间业务的协同一体化。这阶段的主要工作是基本物流服务功能的实现，能够满足物流服务业务的管理需求，支持物流订单管理、运输管理、仓储管理、配送管理、报关、支付结算等业务活动的信息化管理，打通跨境物流服务的信息通道，实现物流服务的全过程信息化、透明化，以更优的服务体系获得用户认可，增强联盟在跨境市场的竞争优势。

5.5.1.2 中期规划

中期规划的主要目标是实现跨境物流联盟成员企业全面融入跨境物流联盟管理体系，联盟成员的内部管理与联盟管理体系逐步实现一体化。在联盟发展初期，联盟成员的内部管理独立于联盟，联盟成员与联盟之间是业务协同关系，企业的差异化决定了其与联盟协同的效率的高低。经过市场无序竞争以后，联盟成员与联盟的管理体系会出现相互渗透、相互影响、逐步趋同或共生的状态，二者之间的信息壁垒消除。联盟成员基于联盟平台管理能力和水平的高低决定了各自在联盟中的竞争优势，联盟在整个市场竞争的优势决定了内部优胜劣汰的良性演进，联盟的内部竞争会逐步成为市场竞争主体。因此，联盟成员内部管理水平决定了联盟的管理水平，这就要求联盟成员的内部管理与联盟管理实现一体化。这一阶段的主要工作就是通过逐步完善云应用系统，建立云应用商店，为联盟成员提供系统完善的企业信息化管理方案，实现联盟成员之间的高效协同。

5.5.1.3 远期规划

远期规划的主要目标是打造跨境物流服务与跨境交易的一体化体系，在跨境物流联盟内部实现跨境物流与跨境交易的共生，降低联盟市场竞争的不确定性。跨境物流联盟的发展初期是一个以物流企业为主体组建的组织，在物流领域实现协同一体化之后，所面临的风险更多来自跨境贸易不确定性，要想保障跨境物流联盟成员的长远利益，就需要不断向跨境贸易领域渗透，逐步消除两个不同行业的信息不对称。在明确现实需求后，远期规划的主要工作就是建立跨境市场一体化体系，在物流服务市场一体化、跨境贸易市场一体化的基础上实现跨境物流—贸易一体化。跨境物流联盟信息系统集成物流企业、跨境电商（B2C）、跨境贸易（B2B）等业务体系，融合跨境交易与跨境物流体系，实现跨境资源的一体化管理，实现跨境物流和跨境交易共生演进。

5.5.2 发展趋势

跨境物流联盟信息系统的实施运行，会对经济环境、社会管理、生产方式、服务模式等方面产生巨大的推动作用，进而推动整个社会的物流系统乃至经济社会产生巨大的变革。通过跨境物流联盟组建的体制结构和运营模式，结合整个社会的发展现状，按照预期的发展模式，可以梳理出未来跨境物流行业相关的发展趋势。

5.5.2.1 一体化经济

经济全球化推动各经济体之间经济一体化是一个长期发展的趋势。目前，我国提出的“一带一路”合作倡议，旨在促进经济要素有序自由流动、资源高效配置和市场深度融合，推动沿线各国实现经济政策协调，开展更大范围、更高水平、更深层次的区域合作，共同打造开放、包容、均衡、普惠的区域经济合作框架。在这一合作倡议的基础上，“一带一路”沿线国家和地区的市场必将向一体化市场发展。这对降低国家之间因贸易壁垒造成的经济效率损失，提高区域经济交易的活力，降低贸易成本，具有非常积极的推动意义。因此，一体化经济发展趋势是未来市场发展的必然趋势之一。

5.5.2.2 产品和服务监管属地化

在跨境贸易情形下，产品的生产和消费区域不再是一个监管主体。很多商品质量的有效监管阶段是不一样的，有些商品的质量监管需要在生产阶段完成，而有些则可以在消费端实现。因此监管属地化的概念可以分为两类：一类是产地监管，一类是消费地监管。

产地监管的专业化能力相对于消费地监管而言，能够提升监管的效率。消费地监管较分散，市场商品种类繁多，会增加监管部门的监管工作量。目前商品质量出现的一系列问题，很大原因在于商品的监管责任不清楚。属地监管部门既要监察生产企业，又要监察终端零售企业，在工作上存在重复性，在能力和人员配备上存在很大不足。

监管属地化管理的主要作用是避免在物流过程中集中过海关等环节的重复检查监管问题，通过责任权利一体化的属地化管理，可以有效减轻政府市场监管的压力，减少商品流通环节，降低政府监管的成本。监管属地化可以降低消费国的监管成本支出，将监管责任落实到源头的生产国。

5.5.2.3 无障碍物流

物流服务标准统一，物流基础设施设备统一，这样在物流过程中就能够实现跨境物流不间断，避免当前跨境过程中因为基础设施标准的不一致导致的跨境物流需要中转的问题，大大减少物流的中间环节，能够有效提升物流服务效率，降低物流服务成本。

5.5.2.4 物流基础服务网络化

企业对物流服务的需求，不再是按量交易，未来或会出现基于云端的物流服务。物流需求方会采用包月套餐的方式获取物流服务，或者参照电话流量收费的方式以确定的价格获取物流服务。这样一来，对于需求方而言，无需过多关注物流服务质量的问题，因为物流服务供给方提供的服务是严格的标准化服务，服务质量是相对稳定可靠的。而对于物流供给方而言，将会产生几大物流服务网络的寡头，物流企业的竞争或将演变为几个物流基础服务商之间的竞争，其他的个性化的物流增值服务将基于这一物流服务基础网络开展。

5.5.2.5 第四方物流主导服务

跨境物流联盟的协同关系，必然会导致市场竞争进一步加剧，单个物流企业在平台的竞争能力难以形成一个全链条的物流产业竞争优势，这就势必会催生物流企业由全产业链条的竞争转入细分领域或物流环节的竞争，最后各个物流环节的竞争会越来越激烈，导致物流需求方在市场上选择物流服务供应商时，可能面对的不是一家物流服务企业，这必然会增加物流需求方的交易成本。因此，物流需求方需要与第四方物流企业合作，通过其整合物流服务市场资源将是一个较优选择。第四方物流企业能够用专业化的集成物流服务降低物流需求方的交易成本，而同时又能够通过专业视角实现对物流供给方的有效监督，并通过汇集物流资源实现资源的最优配置，从而减少市场过度竞争对物流服务供给的不利影响。

6 跨境物流联盟价值创造机制

跨境物流联盟的价值创造机制是保证联盟稳定、高效、协调运行的重要部分，新颖的创新模式、技术上的价值共创、管理上的协调配合、作业流程的简化程度都会影响到跨境物流联盟价值的创造。资源整合、优势集成是实现跨境物流联盟整条价值链增值的关键。跨境物流联盟成员合作的过程中，联盟成员之间的互相学习会对联盟的运作效率产生促进作用，技术上的互相合作、知识库的共享和创新对联盟价值链将有明显的增值效应。跨境物流联盟成员以“共享、创新、合作”为出发点，建立完善利益分配机制，改善价值创造机制，实现联盟的价值创造。

跨境物流联盟成员要进行跨国资源整合，文化的冲突在联盟中在所难免，不同的思维方式会导致不同战略目标的出现，若联盟成员间能够以包容开放的态度去对待产生的差异，使彼此的企业文化互相融合，就会产生新颖的观点思路，使各方获取更多的价值增益。然而，无论是技术的创新，还是企业文化的创新，双方都要以互相信任为前提，以互相学习为基础，对跨境物流联盟成员创造的价值进行合理的分配，才能保障联盟的稳定运行。

本章从技术创新与文化创新入手，分析价值创造的过程，并分析信任机制和学习效应是如何保障价值创造效率的，最后提供了用 Shapley 值法进行合理分配的基本思想，使得整套价值创造机制稳定运行。

6.1 跨境物流联盟技术创新价值创造

随着世界经济和区域经济一体化的发展，经济全球化的进程不断进步，许多组织选择通过与合作伙伴（尤其是跨国企业）形成技术战略联盟来迅速扩大组织的整体知识存量，提升企业竞争力。国内外学者主要关注跨国技术战略联盟形成的原因，以及为成员企业带来的收益和促进联盟稳定的因素。随着全球经济一体化的发展和跨境物流联盟的出现，越来越多的物流企业开始重视跨境合作，甚至展开跨界合作，组建跨境物流技术战略联盟。技术联盟为联盟成员创造更多的价值增益，联盟成员间通过技术的互相学习不断增强自身的竞争力，适应当今社会科学技术的高速发展。

6.1.1 技术联盟

维斯帕根和杜思特斯（Verspagen & Duysters）给出了技术联盟的定义：由两个或两个以上具有独立法人地位的企业及其他组织为适应技术快速发展和市场竞争需要联合致力于技术创新，进而产生的优势互补或加强性组织。产业技术创新联盟为企业提供了一个提高自身竞争力的学习机会。

技术联盟通过合作创新产生新的技术，不断地进行优势技术的整合，将彼此优秀的技术学习、消化、吸收，增强企业的技术水平。每个联盟成员都有自己独特的优势技术，这些技术具有独特性，通过技术联盟知识共享，优秀的技术在联盟成员内部流动，成员将优秀的技术融合到自己的技术中，会加快技术升级的步伐。

跨境物流技术联盟是不同国境中规模类似的公司形成的技术共同研发的联合行为，其根本目的是在联合运作的过程中通过技术的共享互相学习，创造更多的价值，使企业占据更多的市场份额，提升自己的竞争优势，也有助于推动跨境物流产业结构的优化与升级。通过建立技术协同创新机制，帮助联盟企业更好地运作，是跨境物流联盟利润增值的重要一环。在联盟成立伊始，联盟成员间或多或少会存在不同程度的技术落差，联盟成员需要扶助微小企业，如果不能实现平衡发展，会导致技术低的联盟成员参与积极性不高。

6.1.2 技术创新协同机制

跨境物流联盟价值链中存在物流和信息流，是整个联盟体系的关键，联盟的各项工作都是围绕这两方面进行的。物流与信息流是根据联盟企业的业务实际需要建立的，充分利用信息技术手段重新审视自己的业务，利用先进的技术手段拓展自己的业务，优化联盟企业间的协同配合能力，建立一个强大的联盟组织。

系统具有动态性、开放性的特征。科技资源共享行为有赖于主体之间的相互作用，同时伴随着科技资源的流动和扩散。孙彦明等人认为科技资源共享运行的过程，包括开放（open）、自取（access）、创新（innovation）、分享（sharing）4 个核心环节，如图 6.1 所示，这 4 个核心环节相互紧密联系，循环往复，共同构成 OAIS 循环系统。跨境物流联盟技术创新协同机制与之有相通之处。

首先，开放是跨境物流联盟技术合作的第一道关口，是一种互相学习的过程，是双方合作开始的首要任务。开放是满足其他成员的特殊要求、弥补

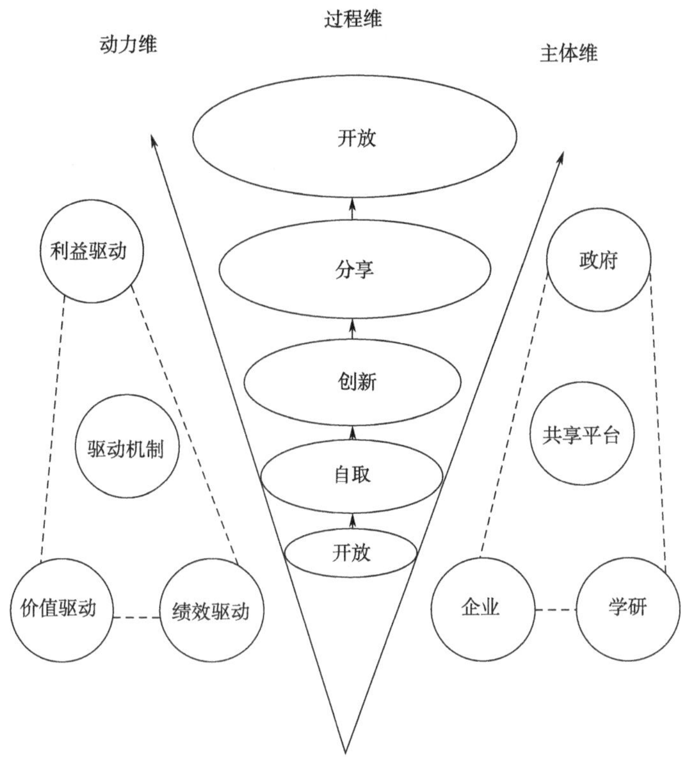

图 6.1　科技资源共享运行机制

其他成员技术不足的重要手段，应鼓励联盟成员主动开放自己的资源，鼓励技术共享，完善奖惩机制，通过必要的手段促进企业间的技术融合，同时也要保护好各个联盟成员的核心技术，防止被窃取，让贡献技术的跨境物流联盟企业可以放心大胆地把技术分享出去。如果没有开放技术的关键，会导致优秀技术无法进行有机融合，只有将联盟企业的技术优势汇聚在一起，才能让整个联盟更具备市场竞争力并焕发活力。

其次，自取是为创新和分享做好最重要的准备，是资源分享不可或缺的一部分。互联网及大数据的广泛应用，为科技资源的开放、自取、共享提供了广阔的空间。在这个过程中，跨境物流联盟成员积极获取和利用外部资源，为创新和共享做好储备，同时也使科技资源得以实现更大范围的扩散，被更多的成员所吸收和利用。

再次，技术创新是跨境物流联盟发展的必经之路，运用前沿科技整合资源，将资源转化成联盟利润，是建立技术价值创造机制的最终目的。通过联盟成员共同行为，不断创新，实现技术资源价值增值。创新是发展的驱动力，没有创新就没有发展，我国发起“一带一路”倡议，对跨境物流联盟发展具有重要意义，在时代的背景下，要深入贯彻党中央、国务院一系列重大决策部署，落实《中华人民共和国科技成果转移法》，加快推动科技成果转化为企业利润，对于跨境物流企业加快推进科技成果转化为企业利润具有借鉴作用。

最后，跨境物流联盟成员在资源共享、转型升级、共赢发展等方面进行更深层次的合作，在引领成员企业认知升级和商业模式创新等方面展开深度合作。基于技术+资源共享协同模式，学界、商界、政界都在积极探索，只有不断坚持开放战略，才能为联盟企业注入新的活力，共建科技资源共享创新协同机制。如果没有技术资源的共享协同，联盟内部成员会在研发上浪费巨大的成本，通过技术上的系统共享，联盟企业会在短时间内补齐自己的技术短板，用更多的时间和精力参与联盟运营。

6.1.3 技术能力对共享程度的影响

如图 6.2 所示，袁旭梅、张旭将供应链的技术能力分为技术应用和技术联盟，技术应用和技术联盟对供应链的信息共享质量和信息共享内容具有显著的正向影响。企业进行技术投入和技术联盟，可以促进企业与供应链伙伴间技术的整合与互补，使技术能力对信息共享的作用得到最大程度发挥，技术投资得到最大化回报。这对跨境物流联盟具有很好的启发作用，联盟成员间要注重信息共享的质量和内容，实现跨境物流联盟企业信息共享的实时性和透明性。提高跨境物流联盟企业进行技术联盟很有必要，成员通过技术互补共享，使联盟利益最大化，获取较高的投资回报。

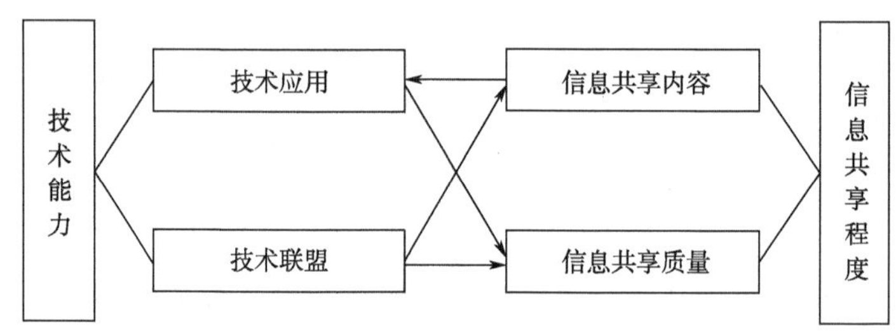

图 6.2 技术能力概念模型图

6.1.4 技术共享下的价值创造分析

跨境物流联盟打破了传统的经营模式，联盟伙伴虽属同一行业，但并非绝对的竞争关系，而是竞争中有合作、合作中有创新的互惠互利关系。联盟成员之间可以实现技术资源共享，从而提升联盟的协调配合能力和绩效。跨境物流联盟价值链的增益，关键在于消除重复性和不产生增值效益的中间环节。信息技术上的共享和合作开发保证了物流和信息流的无缝对接，是跨境物流联盟合作的关键一环。跨国技术战略联盟中的合作与竞争存在着一种动态平衡的关系，盲目的信任和绝对的竞争都不利于维护长期稳定的联盟关系，所以需要双方的沟通来明晰彼此的需求和困难，对合作带来的更大的收益保持信任的态度。在进行技术共享时需要格外注重以下几点。

6.1.4.1 知识整合

跨境物流联盟成员都拥有自己的核心技术，因此不同企业拥有的核心知识也不一样，为了提升整体的效益，技术上的共享是必不可少的，需形成共享的知识系统。联盟成员将各自的技术和组织系统有机地融合起来，使之具有更强的竞争性、协调性、系统性，可以将联合起来的技术进行创新，形成联盟成员新的技术体系。在知识整合中应该注重提升运行效率和价值增益。如果未能及时做到知识整合，就无法在关键时期融合先进技术超越对手。

6.1.4.2 互相学习

学习是一个过程，是企业找出自身不足的一个重要方法，成员间的不断学习，是企业绩效不断提升的关键因素。跨境物流联盟组织需要将联盟成员进行层次划分，提高学习的针对性，提高学习效率，让联盟成员了解并认同彼此的企业文化，更好更快地融入联盟。建立系统的学习系统与学习方案，打造多维度和全方位的学习体系，制定高效率的学习机制。

不同性质的联盟共享信息的重点不同，在不同发展阶段的联盟所共享信息的重点也不同。处于发展初期或起步阶段的联盟更加关注技术信息；发展较为成熟的联盟则比较关注成果转化与产品信息；发展越成熟的联盟对市场以及产业链与政策信息越关注。跨境物流联盟成员根据自身技术优势，选择合适的技术联盟方式，在资源整合及技术共享上分清利害关系，建立相应的技术监管机制，保障联盟成员间的合作顺利进展。由于跨境物流联盟成员所拥有的资源不同，在合作过程中对整体的贡献也不同，利益分配也不同，会导致很多不确定因素的发生，因此采取必要的措施保障成员间技术信息的及时共享，合理有效地保障成员的利益，是保障联盟稳定运行的前提。

跨境物流技术联盟是一种联盟的形式，联盟成员通过技术共享和资源共用，突破了地界的限制，提升企业竞争力和效率。但是随着大环境的改变、技术的更新换代，跨境物流联盟的组建和维护变得越来越难，对联盟的稳定性也提出了更高的要求，下面将从信任机制、学习效应、利益分配三个角度阐述如何提高联盟稳定性，为联盟企业创造更多绩效。

6.2 跨境物流联盟信任机制的价值创造

在社会科学中，信任被认为是一种依赖关系。相互依赖表示双方之间存在着交换关系，无论交换内容为何，都表示双方至少有某种程度的利益相关，己方利益必须靠对方才能实现。信任对物流联盟企业的正常运作起着十分重要的作用，尤其是跨境物流联盟。若跨境物流联盟企业间具备足够的信任，将会为联盟价值链带来巨大的增益；若联盟成员间缺乏信任，将会导致信任危机的出现，使联盟破裂。因此，必须打造有效的信任机制，才能使联盟稳定运营。

国内外已有不少文献对联盟建立信任进行过研究，但是对于跨境物流信任协调机制的研究还不够丰富。对于跨境物流联盟来说，联盟工作效率取决于协调程度，良好的协调配合能力会给联盟价值链带来更多的增值，提升联盟效益。跨境物流联盟区别于一般的联盟，受制度、法律、地缘政治等因素影响，仅仅依靠联盟成员的价格机制、权利机制、技术机制、学习机制是不够的。任何联盟，如果离开信任机制，就不会有高效的协调配合能力，信任机制是引人注目的。尽管信任机制并不是跨境物流联盟中唯一的协调手段，但却是一个必不可少的协调手段。

6.2.1 信任机制的重要性

信任是企业联盟合作的基础，没有信任，任何联盟都会土崩瓦解，不同的企业有不同的企业文化，不同国家的企业又多了国与国之间的文化差异，这就导致跨境物流联盟企业面临更大的信任问题。信任机制是跨境物流联盟成员价值链的中介，信任机制出现问题，整条价值链都会出现问题，建立文化学习、文化相通、文化协调是非常重要的一环，对实现信任机制价值创造具有促进作用。

6.2.1.1 文化学习

由于所处的环境和思维方式的不同，跨境物流联盟的每个成员都有着自己的行为习惯，不同成员间的合作必然会存在很多问题。联盟企业的员工接受合作企业跨国文化的学习至关重要，不仅企业高层需要培训，员工也要接受系统且有必要的培训。虽然培训会增加企业的成本，但是从长远来看，参加文化学习可以令联盟成员更好地完成日常工作和未来布局，也有利于获取更大的优势应对激烈的市场竞争，有利于提升企业绩效，实现自我价值。联盟稳定发展所带来的价值链增益远远大于培训的成本。面向不同阶层的成员群体进行有针对性的培训、提升联盟管理水平、建立完善的培训制度尤为重要。

6.2.1.2 文化相通

跨境物流联盟成员虽然存在着文化差异，但都是为了同一个目标才组建的，联盟企业之间的互相学习就是为了让彼此成为朋友，大家知己知彼，放下戒备心理，提升联盟整体的协作效率。联盟企业有必要设计文化交流的沟通机制，保证联盟成员间的文化互相适应，促进联盟成员间更好的协作。联盟成员加强文化互相学习是非常重要的，联盟成员对彼此的文化异同了解得越多，跨境物流联盟就越可能获得成功。跨境物流联盟成员需注意不当的行为会产生严重的后果，因此联盟应该重视文化差异的存在，并促进文化相通。

6.2.1.3 文化协调

当跨境物流联盟成员间的文化认同产生不一致情况时，就需要启动信任协调机制。可以建立第三方信任监管机构作为独立、公正、公开、公平的平台；建立保证金制度或信用积分制度，可以有效降低双方违约情况的发生概率；建立激励机制，明文规定奖惩制度，可以有效改善信息不对称现象，使参与主体之间的信息交互更加透明化，降低由于信息不对称带来的风险。最后，根据影响信任关系的因素提出针对性的改善意见。通过文化协调，为跨境物流联盟企业间提供信任调节机制，构建互相沟通的平台，增强跨境物流联盟的稳定性，提升联盟整体的运营效率。

信任是人与人交往的前提，也是联盟稳定合作的基石，联盟契约只能起到约束作用，并不能改变彼此的主观印象。如果整个系统没有建立在信任的基础上，那么联盟成员就无法进行技术资源的共享，学习机制也无法正常运转，价值增益便无从谈起。在信任的前提下展开合作，会让大家敞开心扉，展现出更大的创造力。

6.2.2 影响信任关系的因素

跨境物流联盟的组建涉及很多要素，所以建立信任关系的过程不是一蹴而就的，会面临许许多多的问题，需要循序渐进地分析问题、解决问题。联盟成员之间往往是既合作又竞争的关系，在保持自己竞争优势的同时，又需要最大限度地从联盟中取得利益，在合作的同时也势必会产生提防心理，猜忌的心理、矛盾的产生、收益的不均匀等因素都会导致联盟的瓦解。

跨境物流联盟成员之间存在资源技术的共享，但受地理位置的影响，信息共享不全面、不及时的现象常有发生。不能面对面地沟通解决问题，会对沟通产生很大的阻碍。与此同时，不同国家和地区又有着不同的文化，在联盟企业的交流合作中难免会有冲突，这对信任机制的建立和维护提出了更高的要求，在研究信任机制时，要格外关注影响信任关系的以下几个因素。

6.2.2.1 企业价值观不同

在跨境物流联盟中，联盟成员可能来自世界各地，联盟是一个多元化的集合，思维方式、主营业务以及发展战略重心不同，都会导致不同企业价值观的形成，成员间的冲突和矛盾在所难免且很难协调，棘手的问题难以解决，对联盟的运作效率产生影响。促进联盟成员的企业价值观统一，有助于建立彼此之间的信任，只有在多元企业价值观中求统一、在统一中求创新，才能更好地建立信任机制体系。因此，要及时了解合伙企业的价值观，了解对方的目标和规划，统一战线，提升双方的绩效，双方在认同彼此价值观的基础上，会表现出更高的信任度。

6.2.2.2 文化差异

加强跨境物流联盟文化建设也是信任机制的重要组成部分。由于不同国家地理环境不同，政治、经济、历史等条件也不同，因此跨境物流联盟成员有着较大的文化差异，民族文化心理会影响联盟成员间的信任关系。东西方文化差异较大是一个不争的事实，有组织地进行联盟成员跨国文化交流学习，能够开阔彼此的眼界，学会接受不同的新颖观点，在商业活动中了解对方的处事方式，让联盟成员之间彼此熟悉，可以起到巩固联盟稳定性的作用。

6.2.2.3 联盟成员关系复杂

跨境物流联盟成员在合作的过程中往往也会伴随着联盟内部竞争，联盟成员为了达到共同目标，在协调合作的同时也会保持谨慎态度，保持自己的市场竞争力，最大限度地从联盟中获取利益，加之联盟成员所处不同地域，难以直接进行沟通交流，因此在沟通上会存在很大的障碍，导致信息不能及时传递和共享。若不能合理地进行利益分配，会阻碍联盟的稳定运行。实际上，跨境物流联盟成员间是相互依赖的关系，让伙伴了解自己的战略有利于实现联盟整体的大战略，额外的产出价值会惠及跨境物流联盟中的每位成员。

6.2.3 信任机制的价值创造分析

联盟企业越来越注重与合作伙伴的信任关系，互信是企业交流合作的前提，具有高度的互相信任才能建立长期稳定的合作关系去迎接挑战。信任机制的建立也可以为联盟成员创造价值，只是这个价值不是直观的利润收入，而是体现在整个有机系统的各个模块当中，如运作效率的提升、协调配合成本的降低、高效的信息共享程度、开放的合作理念等。

第一，跨境物流联盟成员由于所在国度不同，会有很多地域、制度、法律方面的差异，会受到很多复杂因素的影响，联盟成员之间的相互信任会大大降低系统的复杂性，降低联盟成员之间的不确定性。实时为联盟成员传递真实可靠的信息，会大大提升跨境物流联盟的运作效率，实现价值链的增益。在高度信任的基础上，成员之间可以最大限度地实现互惠互利，承担自己的责任，达到长期合作的效果，增强联盟成员之间的抗风险能力。

第二，跨境物流联盟信任机制有助于降低联盟成员的协调成本，提高联盟运作的效率。跨境物流联盟的合作可以实时共享彼此国家的最新政策及法律法规变更，使信息在第一时间得到共享，实现风险共担。即便成员存在地域上的限制，有效的信任机制也可以第一时间打消彼此的顾虑。与此同时，沟通也是必要环节，尤其是在外部环境发生变化的时候，对抗性的冲突只会导致联盟成员间双输，只有双方坦诚相待，才会降低彼此的沟通成本，也会更为有效。

第三，信任机制带来更多的创造力。跨境物流联盟在建立奖惩机制的过程中，也要关注信任这一非正式要素，联盟成员间的信任关系比明文规定的规章制度更具备灵活创新性，对于长期合作的联盟成员，互信可以带来更多的主观创新能力，高度互信会为联盟带来更多的正向创造能力，交换更多的高质量信息，如果能建立高度的互信关系，联盟可避免将大量的时间精力投入监管环节，从而提高联盟的运行效率。

信任机制建立的核心是通过制度的约束增大双方的互信程度，跨境物流联盟通过建立信任机制，令守信的联盟成员获取更大的价值，以此提高整个联盟的互信度，提升联盟企业协调能力和运作效率。信任机制的建立需要多种机制的互相配合，对于联盟来说，设计有效的信任管理结构和合作契约是建立信任机制的有效保障，信任机制的建立在跨境物流联盟管理中发挥越来越重要的作用。

6.3 跨境物流联盟学习效应的价值创造

很多跨境物流联盟成员会刻意与其他成员保持距离，以防止自己的核心技术被联盟成员窃取，丧失自己的核心竞争优势，失去对市场的把控能力。但是越来越多的联盟意识到，开放的合作可以带来更大的竞争优势，尤其是在跨境物流联盟企业中。跨境物流联盟成员在不同国家和地区，因此增强联盟绩效和提高联盟价值链的增益必须要彼此提供学习的机会，还要保证有效的学习成果，并将其实际运用到经营当中。跨境物流联盟要实现预期的目标，就要建立相应的学习机制和沟通机制，联盟成员共享配送线路、仓储、库存、配送中心的实时数据，实现资源匹配和互动。联盟的价值创造机制很大程度上决定了联盟共同学习的结果。

6.3.1 影响学习机制的因素

通过对物流联盟的演化过程和学习过程分析，联盟企业可以学习并吸收对方的知识来培养和提高自身的学习能力，但知识的学习、吸收、应用和创新是一个复杂的过程，因此，企业通过物流联盟提高自身的能力也是一个过程。在这个过程中，学习的展开和能力的提高要受到很多因素的影响。本小节分析了影响联盟学习机制的因素。

6.3.1.1 提防心理

由于跨境物流联盟成员彼此都有自己的核心技术竞争优势，各方的核心技术和专利为内部机密资料，因此企业会担心被联盟成员窃取，加之跨境物流知识专利法律法规的规定比较模糊，无法得到法律的有效保护，导致跨境联盟企业不愿将自己先进的技术和知识共享出去，引发联盟内部技术学习不平衡、不充分、不到位以及信息共享不及时的现象出现，这会直接影响联盟的高效运作进程，不利于整条价值链的增值。

6.3.1.2 矛盾问题

在跨境物流联盟成员中，矛盾的产生在所难免，当联盟整体与个体成员发生冲突时，会导致个体成员不愿意分享自己的经验和技术，这样就没有办法实现知识的转移，最终导致联盟瓦解。出现沟通问题时，联盟应在第一时间启动应急调节机制，安排组织专业人员进行面对面沟通交流，找到矛盾的核心点，分析问题产生的原因并解决问题，事后修正联盟合作相关条例，避免同样的问题再次发生。

6.3.1.3 对接不顺

组建跨境物流联盟的目的是多方配合、互相学习、高效完成物流跨境的运输，为企业价值链带来更多的增益效果，然而有时候尽管组建了跨境物流联盟，但是双方由于供需不匹配，无法进行创新学习，致使联盟的效果未能达到预期的目标。这就要求在组建跨境物流联盟的前期要充分审视自己，评估合作伙伴，了解对方所在国的法律、制度、国情、经营的优势，找到彼此的合作契机，才能为双方带来更多的增益效果。若盲目组建跨境物流联盟，双方供需不匹配会激发矛盾，令双方蒙受更大的经济损失。

6.3.1.4 政策环境

由于跨境物流联盟所处的国境不同，联盟成员在学习过程中容易受到政治、经济、法律等各种因素的影响，这就可能增加企业在学习过程中的成本，

特别是法律法规的强制规定以及一些突发的政治因素，都会影响到学习机制的正常运行，比如中美贸易摩擦会导致中美联盟企业合作上的困难，这就要求联盟成员具备一定的敏锐反应能力和抗风险能力，做到遇到风险及时发现并化解，同时也要对合伙企业进行严格考察，了解对方是否具备抗压能力，再决定是否组建跨境物流联盟。

学习需要保持严谨的态度，每一个微不足道的细节都可能对学习效果产生影响，制定系统学习机制时尤其要考虑联盟成员提防心理的出现，也要事先考虑到可能会引发内部矛盾的因素，可以迅速应付矛盾的产生。跨境物流联盟在组织学习时，一定要重点了解盟友所在国境的经济、政治、法律等因素，在全面了解对方后进行全方位对接，增大联盟的抗压能力。

6.3.2 建立有效学习机制

良好学习机制的建立是跨境物流联盟价值创造非常重要的一部分，会让联盟工作效率倍增，无效的学习机制会严重影响跨境物流联盟的绩效，建立学习机制需要全方位的规范学习体系，也要考虑学习环境，打造可激发积极性的学习氛围，更重要的是建立合理的利益分配结构与方式，用利益去激发每位联盟成员的主观能动性，激发联盟成员学习的潜力。在建立有效学习机制时需要格外注意以下几点关键因素。

6.3.2.1 创造学习环境

学习机制建立的目的就是通过联盟企业之间的交流学习获取伙伴的内部知识，良好的学习环境为联盟提供了学习基础。跨境物流联盟成员间因为地处不同国家地域，所以进行高效的沟通是很重要的，鼓励联盟成员间相互学习交流的前提是要有一个有利于彼此的学习环境。通过对话交流鼓励彼此获取知识，改进自己的不足，为整条价值链带来更多的增值效益。良好的学习环境是提升企业学习力的重要因素。联盟成员要共同创造学习环境，为成为真正的学习型组织创造良好的氛围。若没有良好的学习氛围，联盟成员的学习效率会低下，从而影响联盟绩效。

6.3.2.2 建立系统学习体系

为了鼓励跨境物流联盟成员之间相互学习，增强协调配合能力，就必须要设计一个系统的学习体系。系统的学习体系可以帮助成员开发新的技能，发挥自己的核心优势，实现学习成果共享，提高系统的协调能力，减少不必要的重复学习过程，让联盟价值链获取更多的收益。若没有一个完整的学习体系，联盟成员无法将学到的知识有机地集合到一起发挥作用。

6.3.2.3 建立学习激励制度

利益分配是激励联盟成员的一种手段，将学习效果与利益分配联系到一起，会激发联盟成员的学习动力。学习一定要有收获，用学习效果作为考核标准会提升学习效率，降低无效学习。通过建立学习激励制度，可鼓励联盟成员进行实用性的学习，令每个成员提升工作绩效，通过合理的学习激励政策把企业学习变成常态化，强化联盟整体竞争力。建立一个行之有效的学习激励制度供联盟成员学习交流，可以实现技术的转化和共享，发挥联盟的知识创新的主观能动性。

6.3.3 企业文化创新协同学习机制分析

跨境物流联盟的成员通常是优势互补与风险共担的企业组合，具备自己的核心竞争力，也具备很强的抗风险能力。联盟企业通过资源整合拥有丰富的资源，通过一定形式的隔离机制防止资源稀释，赚取可持续的超常回报。跨境物流联盟成员间的学习是推动发展的核心要素，但是知识是一种无形的资源并且具备一定的模糊性。对于一些隐性的知识，如果没有一个完善的学习机制，是很难被伙伴所借鉴学习的，只有通过近距离的观察学习，才能更好地被消化吸收。

跨境物流联盟成员正是通过学习机制获得了更多的交流机会，拉近了彼此的距离，互相学习对方先进的技术，增加配合度，提升联盟整体的运作效率，获取更多的利益，所以说通过学习创新机制可以创造更多的增值利益。跨境物流联盟伙伴提供彼此学习的机会，但是并不能保证最终的学习结果，联盟企业在不同行业、不同国家的学习效果也大不相同。成员间的资源整合和互动需要有相应的学习机制保障。学习机制的构建决定了学习的结果，因此需要联盟成员的共同努力。

由于跨境物流联盟成员来自不同国家，有着不同的企业文化，因此研究跨境物流联盟价值创造机制时，不能忽视企业文化因素，创新性的企业文化协同必然会为整条价值链带来增值。跨境物流具有跨国性、战略性、独立性、平等性、复杂性的特征，因此必须构建共同的企业文化，才能保证战略的有效实施。

强大的文化创新机制是跨境物流联盟高效运作的重要保障，联盟成员在组建物流联盟前了解彼此国家法律制度的同时，也要了解彼此的文化，并对可能发生的文化冲突做好心理准备。通过学习机制，联盟成员企业应该学习相关的物流法律法规，以论坛会的形式及时沟通。跨境物流联盟成员企业在合作期间，也要积极推进文化融合，强化沟通机制，了解成员企业之间所处的环境，消除文化差异带来的不利影响，同时在文化融合的过程中也要做到文化自信。

6.4 Shapley 值法分配联盟创造的价值

跨境物流联盟价值创造机制可以为整个联盟带来更多的价值增益，但是伙伴间如何分配利益是整个联盟能否持久合作的难点，只有保证公平、公正、公开地分配增值的利润，才能让联盟中的每位成员积极参与其中，因此合理的利益分配机制是联盟高效稳定运行的保障，运用科学合理的方法去解决现实问题是重中之重。本小节简单介绍 Shapley 值法解决利益分配的基础模型。

6.4.1 Shapley 值法的定义及计算

设集合 $I=\{1, 2, \cdots, n\}$，如果对于 I 的任一子集 s 都对应着一个实值函 $V(S)$，满足 $V(f)=0$，$V(S_1 \cup S_2) \geqslant V(S_1)+V(S_2)$，$S_1 \cap S_2 = f$，则称 $[I, V]$ 为 n 人合作对策，V 为对策的特征函数，S 为 n 人集合中的一个合作，$V(S)$ 为合作 S 的效益。用 X_i 表示 I 的成员 i 从合作的最大效益 $V(I)$ 中应得到的一份收入。如果 $\sum_{1}^{n} X_i = V(I)$，$X_i \geqslant V(i)$，$i=1, 2, \cdots, n$，则称 $X_i(i=1, 2, \cdots, n)$ 为合作对策的一个分配。

在 Shapley 值法中，合作 I 下的各个伙伴所得利益分配称为 Shapley 值，记作 $F(V)=(f_1(V), f_2(V), \cdots, f_n(V))$，其中 $f_i(V)$ 表示在合作 I 下第 i 个成员所得的分配额，其值可用下式求得：

$$f_i(V) = \sum_{i=1}^{i} W(|S|)[V(S) - V(S/i)] \tag{6.1}$$

$$W(|S|) = (n - |S|)!\ (|S| - 1)!\ /n! \tag{6.2}$$

式中，S_i 是集合中包含成员 i 的所有子集，$|S|$ 是子集 S 中的元素个数，n 为集合 I 中的元素个数，$W(|S|)$ 可看成是加权因子。$V(S)$ 为子集 S 的收益，$V(S/i)$ 是子集 S 中除去企业 i 后取得的收益。下面利用 Shapley 值法对供应链联盟成员间的合作利益分配问题进行分析。

假设 A、B、C 三个企业组建跨境物流联盟。A、B、C 企业在未联盟情况下的单位利润：A 企业为 a 元/吨，B 企业为 b 元/吨，C 企业为 c 元/吨。A、B、C 企业在联盟情况下的单位利润：A、C 联盟为 d 元/吨，B、C 联盟 e 元/吨，A、B 联盟 f 元/吨，A、B、C 联盟 g 元/吨。三者合作时最大单位利润为 g 元/吨。这几种情况下各企业的收益分配计算如表 6.1、表 6.2、表 6.3 所示。

表 6.1　A 企业收益分配计算

S	A	B	C	ABC
$V(S)$	a	f	d	g
$V(S/i)$	0	b	c	e
$V(S)-V(S/i)$	a	$f-b$	$d-c$	$g-e$
$\|S\|$	1	2	2	3
$W(\|S\|)$	1/3	1/6	1/6	1/3
$W(\|S\|)\cdot[V(S)-V(S/i)]$	$a/3$	$(f-b)/6$	$(d-c)/6$	$(g-e)/3$

表 6.2　B 企业收益分配计算

S	B	C	A	ABC
$V(S)$	b	e	f	g
$V(S/i)$	0	c	a	d
$V(S)-V(S/i)$	b	$e-c$	$f-a$	$g-d$
$\|S\|$	1	2	2	3
$W(\|S\|)$	1/3	1/6	1/6	1/3
$W(\|S\|)\cdot[V(S)-V(S/i)]$	$b/3$	$(e-c)/6$	$(f-a)/6$	$(g-d)/3$

表 6.3　C 企业收益分配计算

S	C	A	B	ABC
$V(S)$	c	d	e	g
$V(S/i)$	0	a	b	f
$V(S)-V(S/i)$	c	$d-a$	$e-b$	$g-f$
$\|S\|$	1	2	2	3
$W(\|S\|)$	1/3	1/6	1/6	1/3
$W(\|S\|)\cdot[V(S)-V(S/i)]$	$c/3$	$(d-a)/6$	$(e-b)/6$	$(g-f)/3$

由表 6.1、表 6.2、表 6.3 可知，物流企业 A 的 Shapley 值为：$a/3+(d-$

c）/6+（$f-b$）/6 +（$g-e$）/3。物流企业 B 的 Shapley 值为：b/3 +（$e-c$）/6 +（$f-a$）/6 +（$g-d$）/3，物流企业 C 的 Shapley 值为：c/3 +（$d-a$）/6 +（$e-b$）/6 +（$g-f$）/3。当然还有很多种利益分配的方式，需要根据具体的情况，分析哪些因素对利益分配的权重比较大，制定规范的利益分配制度体系。

6.4.2 利益分配对价值创造机制的影响

跨境物流联盟运作需要联盟成员协调配合和一体化运作，面对日益激烈的竞争，通过联盟的形式不断提高应对市场变化的能力和创造更多的价值，跨境物流联盟的组建提升了联盟成员的技术创新学习能力，获得高效的运作效率，创造了更多的利润。在产生高额利润的同时，利益分配问题又突显出来，此时构建合理的利益分配管理机制成了重中之重。跨境物流联盟利润分配机制的协调比非跨境联盟的难度要大得多，因为跨境物流联盟涉及跨境要素，需要考虑的问题要多得多，不确定因素也多得多，这就令跨境物流联盟利润分配机制变得尤为复杂。如何建立公平的利润分配机制，对联盟的稳定运行具有决定性作用，在建立利润分配机制时要注意以下几点。

6.4.2.1 建立合作规划

跨境物流联盟的成功组建，不仅与联盟企业的技术共享创新、信任机制的建立有关，也与联盟内部的利益分配机制有关。联盟通过激励政策确保贡献大的成员获取利润，激励联盟成员贡献自己的力量，提升联盟的稳定性，以达到理想的价值增益效果。对于跨境物流联盟来说，目标就是通过结盟的方式获取比独立经营更多的利润，实现自我利润最大化。因此跨境物流联盟在激励的过程中需要全面考虑各个企业的需求，对于贡献大的企业给予更多的额外补贴，提高积极性，增大产出效率。

6.4.2.2 完善利益分配机制

跨境物流联盟价值创造也会受利益分配的影响，联盟能否高效稳定运行，与利益分配机制有很大联系，需要得到联盟企业的重视。在结盟前，应建立完善的收益分配体系，签署合作协议，引导联盟成员向着同一个目标共享自己的优势。确保跨境物流联盟企业结盟后的收益大于独立运作获取的利益，这样才能激发联盟成员的创造积极性，主动参与联盟运作。在分配过程中，要根据联盟成员的贡献程度、承担的风险、起到的作用进行分配，贡献程度大、投入精力多、风险承担强的企业应该获得更多的收益。

6.4.2.3 建立违约机制

跨境物流联盟在建立利益分配机制的同时，也要建立违约赔偿机制对联盟成员的行为加以约束，可以在不违背联盟所在国法律的基础上建立相应的联盟规章制度，适当加大对联盟成员违约行为的处罚力度，对违约的成员及时通报批评，这样可以令联盟成员之间互相监督，规范自己的行为，促进联盟的合作正向意识。若未能对跨境物流联盟的行为进行约束，当矛盾激发时，会导致秩序的混乱，违约的成员得不到应有的惩罚，会影响联盟公平合作信心。

技术机制、创新机制、学习机制、信任机制的有效建立，使得跨境物流联盟有了更多可以用来分配的利润，实现了价值共创。价值共创本质上是价值创造理论在互联网环境下的新发展，增加价值反映了企业利益相关者的共创价值，也能清晰地反映共创价值在利益相关者中的分配。当跨境物流联盟成员进行经营活动时，联盟成员利益为非对抗的情况且随着成员的增加不会引起利益的减少，Shapley 值法是分配此类问题最大效益的合理方法，是解决多人合作对策问题的一种有效数学方法。

7 跨境物流联盟多方博弈与利益分配

本章首先介绍经典合作博弈的基础理论，其次结合跨境物流联盟的特征，提出基于 Shapley 值的跨境物流联盟收益分配策略。最后，考虑信息不完全性以及跨境电商企业合作的偏好性，引入联盟结构合作博弈及求解方法，并对经典 Owen 值进行扩展，提出“一带一路”背景下在不完全信息情景下的跨境物流联盟收益分配方案。

7.1 博弈论的基本概念

7.1.1 博弈的分类

博弈的种类很多，可以按照不同的基准进行分类。

根据参与博弈的决策主体的数量，可将博弈分为二人博弈（two-person game）和多人博弈（n-person game）。其中，二人博弈是指只有两个局中人参与的博弈，而多人博弈是指两个以上局中人参与的博弈。本书不限制所研究博弈的决策主体数量。

根据是否合作，可将博弈分为合作博弈（cooperative game）和非合作博弈（non-cooperative game）。合作博弈和非合作博弈的区别在于相互作用的局中人之间有没有一个具有约束力的协议或者约定。若有，则称为合作博弈；若无，则称为非合作博弈。合作博弈理论强调的是局中人如何进行合作，以及合作之后的整体收益如何分配；非合作博弈理论关注决策主体的可能行为是什么、如何进行行为选择，以及不同决策行为的后果是什么。本书主要研究合作博弈。

合作博弈可分为可转移效用的合作博弈（Transferable Utility game，TU-game）和不可转移效用的合作博弈（Non-Transferable Utilitygame，NTU-game）。可转移效用的合作博弈假设联盟的效用（或称支付）可用统一的尺度进行度量，并且各联盟的支付可按任意方式分配给联盟中的决策主体，即效用可以自由地从一个局中人转移给另一个局中人。这一假设降低了合作博弈问题的复杂性，使我们只需关注联盟的总收益。如不特别说明，本书中的合作博弈均指可转移效用的合作博弈。

还有其他的博弈分类方法：按照参与人对其他参与人的了解程度，分为完全信息博弈和不完全信息博弈；根据每个局中人的策略是否可以在博弈开始之前确定，分为策略型博弈和展开型博弈；根据局中人的策略是否有限，分为有限博弈和无限博弈；等等。由于篇幅有限，本书不再对这些博弈分类做详细讨论。

7.1.2 经典合作博弈的基本概念

为了描述合作博弈，需要运用局中人、联盟、支付函数、超可加性、分配等概念，这些概念都是经典合作博弈的基本概念，下面我们对这些概念逐一加以介绍。

局中人（player）是指博弈中参与决策的各方。记 $N=\{1, 2, \cdots, n\}$ 为全体局中人的集合，并用 i 表示第 i 个局中人（$i=1, 2, \cdots, n$）。N 集合中局中人的人数为 n，本书限定 n 是有限的自然数。

联盟（coalition）是指部分或者全体局中人组成的集合。若将 N 的所有子集所组成的集合记作（N），则（N）中的任意元素都为一个联盟。需要注意的是，空集 $\varnothing$ 是一个特殊的联盟。

支付函数（payoff function，或称特征函数）v 是指从集合（N）到实数集 R 的映射，且满足 $v(\varnothing)=0$。对于任意的联盟 $S\in(N)$，支付函数 $v(S)$ 表示联盟 S 中的所有局中人共同合作可能取得的总体收益。

一般来说，给定了局中人集合 N 和支付函数 v，就可以确定一个合作博弈。

定义 7.1 经典 n 人合作博弈一般定义为二元组 (N, v)，其中 $N=\{1, 2, \cdots, n\}$ 为局中人的集合，$n=|N|$ 为局中人的人数，支付函数 $v(N)\rightarrow R$，满足 $v(\varnothing)=0$。

给定局中人集合 N，可用 v 表示一个经典 n 人合作博弈。考虑到实际收益一般取值为非负的情况，本书只讨论支付函数取值为非负的经典合作博弈，即支付函数 $v\in R_{+}$，其中 $R_{+}=[0, +\infty)$。很多情况下，经典合作博弈都是满足超可加性的。

定义 7.2 若经典 n 人合作博弈 (N, v) 满足

$$v(S\cup T)\geqslant v(S)+v(T),\ \forall S, T\in(N),\ S\cap T=\varnothing \tag{7.1}$$

则称 (N, v) 是超可加的（superadditive）合作博弈，或称 (N, v) 满足超可加性。

超可加性的意义是两个不相交的联盟合作之后，大联盟的收益值要大于或者等于两个子联盟的收益值之和，即合作之后的能量要更大些。若一个经典合作博弈不满足超可加性，那么联盟便失去了合作的意义，合作博弈的研究也就没什么必要了。

因此，本书主要讨论超可加的经典合作博弈，并将全体超可加的经典 n 人合作博弈构成的集合记为 $G_0(N)$ 。若 $v \in G_0(N)$ ，则表示经典 n 人合作博弈（N, v）满足超可加性。下面，我们介绍一类特殊的超可加合作博弈——凸合作博弈。

定义 7.3 若合作博弈 $v \in G_0(N)$ 满足：

$$v(S \cup T) + v(S \cap T) \geqslant v(S) + v(T) \text{ , } \forall S, T \in (N) \tag{7.2}$$

则称 v 为经典凸（convex）合作博弈，或称 v 满足凸性。

合作博弈理论研究的中心问题是：什么是合作博弈的解、解的存在性以及如何求解，这里的“解”是指合作博弈的分配。

定义 7.4 对于合作博弈 $v \in G_0(N)$ ，如果存在向量 $x = (x_1, x_2, \cdots, x_n)$ 满足：

$$\sum_{i \in N} x_i = v(N) \tag{7.3}$$

$$x_i \geqslant v(\{i\}) \text{ , } \forall i \in N \tag{7.4}$$

则称 $x = (x_1, x_2, \cdots, x_n)$ 为 v 的分配（imputation），其中，x_i 表示局中人 i 的分配值。记博弈 v 的分配的全体为 E（N, v）。

条件（7.3）称为群体合理性条件，它表示 N 中所有局中人的分配之和等于大联盟 N 的总体收益 $v(N)$ ；条件（7.4）称为个体合理性条件，它表示任意局中人 i 在大联盟 N 中得到的分配值应该不少于其单干所能得到的收益。

7.1.3 Shapley 值

Shapley 值是一种求解经典合作博弈的公理化方法，并且作为经典合作博弈的解，它是唯一存在的。下面我们介绍 Shapley 值公理中的一些概念。

定义 7.5 设合作博弈 $v \in G_0(N)$ ，且 $W \in P$（N）。若存在联盟 $T \in P$（W）满足：

$$v(S \cap T) = v(S) \text{ , } \forall S \in (W) \tag{7.5}$$

则称 T 为博弈 v 在联盟 W 中的承载或支柱（carrier）。特别地，将博弈 v 在联盟 N 中的承载简称为博弈 v 的承载。记博弈 v 在联盟 W 中所有承载的集合为 $C(W \mid v)$ ，即有

$$C(W \mid v) = \{T \in P(W) \mid v(S \cap T) = v(S), \quad \forall S \in P(W)\} \tag{7.6}$$

定义 7.6 设合作博弈 $v \in G_0(N)$ ，且 $W \in$ （N）/$\varnothing$ 。若存在局中人 $i \in$

W 满足

$$v(S \cup \{i\}) = v(S)\ ,\ \forall S \in P(W/\{i\}) \tag{7.7}$$

则称局中人 i 为博弈 v 在联盟 W 中的零元（null-player）。特别地，将博弈 v 在联盟 N 中的零元简称为博弈 v 的零元。

注 7.1 一般意义上的承载和零元是指博弈 $v \in G_0(N)$ 的承载和零元，即为合作博弈 v 在联盟 N 中的承载和零元，而定义 7.5 和 7.6 不仅指明了博弈 v 的承载和零元，而且给出了博弈 v 在任意联盟 W 中的承载和零元。不难看出，如果 $T \in C(W/v)$，则任意 $i \notin T$ 都是博弈 v 在联盟 W 中的零元。

定义 7.7 设 (N, v) 为经典合作博弈，并设 π 是 N 的任意置换，对于任意非空联盟 $S = \{i_1, i_2, \cdots, i_S\}$，若博弈 $(\pi N, \pi v)$ 满足：

$$\pi v(\{\pi(i_1), \pi(i_2), \cdots, \pi(i_S)\}) = v(S) \tag{7.8}$$

则称 $(\pi N, \pi v)$ 为 (N, v) 的置换博弈，简记为 πv。

定义 7.8 设合作博弈 $v \in G_0(N)$，如果 n 维向量 $\varphi(v) = (\varphi_1(v), \varphi_2(v), \cdots, \varphi_n(v))$ 满足以下三条公理：

①（有效性）——如果 T 是博弈 v 的承载，则 $\sum\limits_{i \in T} \varphi_i(v) = v(T)$。

②（对称性）——如果局中人 $i \in N$，π 是 N 的置换，则 $\varphi_{\pi(i)}(\pi v) = \varphi_i(v)$。

③（可加性）——对于任意的两个博弈 (N, μ) 和 (N, ω)，定义博弈 $(N, \mu + \omega)$ 为：对于 $\forall T \in P(N)$，$(\mu + \omega)(T) = \mu(T) + \omega(T)$，则 $\varphi_i(\mu + \omega) = \varphi_i(\mu) + \varphi_i(\omega)$，$i \in N$。

则称向量 $\varphi(v) = (\varphi_1(v), \varphi_2(v), \cdots, \varphi_n(v))$ 为博弈 $v \in G_0(N)$ 的 Shapley 值，或称为 $G_0(N)$ 上的 Shapley 函数。

需要说明的是，Shapley 值的有效性公理可等价地表示为：

(1) $\sum_{i \in N} \varphi_i(v) = v(N)$；

(2) 若局中人 $i \in N$ 是博弈 v 的零元，则 $\varphi_i(v) = 0$。

同时，Shapley 值的对称性公理也可等价地表示为：如果局中人 $i, j \in N$，且对于任意的联盟 $S \in P(N/\{i, j\})$，总有 $v(S \cup \{i\}) = v(S \cup \{j\})$，则 $\varphi_i(v) = \varphi_j(v)$。

定理 7.1 对于合作博弈 $v \in G_0(N)$，存在唯一满足定义 7.8 中三条公理的 Shapley 值 $\varphi(v) = (\varphi_1(v), \varphi_2(v), \cdots, \varphi_n(v))$，具有形式

$$\varphi_i(v) = \sum_{S \in (N/\{i\})} \gamma_{S;\,N} [v(S \cup \{i\}) - v(S)]\ ,\ \forall i \in N \tag{7.9}$$

式中，$\gamma_{S;\,N} = (n - |S| - 1)!\ |S|!\ /n!$。

在式（7.9）中，$v(S \cup \{i\}) - v(S)$ 表示局中人 i 对联盟 S 的边际贡献，

$\gamma_{S;N}$ 表示联盟 S 出现的概率。因此，第 i 个局中人的 Shapley 值实质上是其在博弈 v 中边际贡献的期望值。对于超可加或者凸合作博弈，Shapley 值还满足以下性质。

定理 7.2 博弈 $v \in G_0(N)$ 的 Shapley 值 $\varphi(v)$ 是 v 的分配，即 $\varphi(v) \in E(N, v)$。

定理 7.3 若 $v \in G_0(N)$ 为经典凸合作博弈，则对于 $\forall i \in N$，有

$$\varphi(v)(S) \leqslant \varphi(v)(T), \forall S, T \in P(N)/\varnothing, S \subseteq T \tag{7.10}$$

7.1.4 基于 Shapely 值法的联盟收益分配

联盟的利益分配机制是保证联盟正常运作和稳定的必要条件，任何联盟参与者都会考虑在联盟中的收益情况，因此，关于联盟与供应链利益分配的研究引起了国内外学者的关注。

成（Chen，2015）讨论了在知识经济时代双赢合作环境下，多选手合作博弈的几种典型分配策略，提出了基于多选手评价的分配方法，认为这种方法能够有效地兼顾各种利益。郑国姣等（2016）理顺了全球生产网络分工改变贸易利益内涵的途径，并从跨境公司利润、价值增值和要素的实际收入等方面，阐述了贸易利益的新分配机制，阐述了全球价值链视角下静态贸易利益和动态贸易利益的研究进展。哈福斯奥克托拜德等（Hafezalkotoband et al，2015）建立了在不确定需求环境下分散性供应链的最佳配送网络模型，在供应链多方企业的参与下，利用斯塔克尔伯格（Stackelberg）博弈模型进行可替代方案的决策。丁绒等（2013）在关系契约理论和演化博弈理论的框架下，构建了企业动态联盟的利益分配博弈模型，重点探讨了重复性合作情境中，在考虑利益的时间价值后，企业的不同触发策略选择对联盟利益分配机制的影响及原因。拉胡克斯等（Lehoux et al.，2016）通过调查分析，提出了企业建立联盟的必要性，他认为可以利用 Shapley 值法对整个联盟的利益进行分析，对利益的结构比例进行适当的协调，从而使整个联盟获得长期稳定的收益。不同的利益分配方法有不同的特点，Shapley 值法对联盟产生的收益根据该合作者对最后收益的重要程度来分配，计算简单，应用性强，很好地解决了联盟成员间的利益分配问题。

国内外学者对于跨境电商已有一定的研究，但多是在跨境电商发展初期提出的一些具体的问题方案。随着电子商务的快速发展，简单的问题模型已经不能满足跨境电商的需要。本书在前人的基础上，整合演化博弈及 Shapley 值理论，对出口跨境电商的发展提出了一整套联盟的组建方案和利益分配方案，以期为出口跨境电商企业提供一定的模型参考和学术帮助。

假设出口跨境电商 A 企业、第三方服务商 B 企业、某跨境物流云服务平台 M 企业欲结成跨境物流联盟。当 A、B、M 三家企业不结盟时，分别获得收益均为 0；如果 A、B 企业结盟，可获得收益为 70；如果 A、M 企业结盟，可获得收益为 90；如果 B、M 企业结盟，可获得收益为 35；如果三个企业均进行联盟，可获得收益为 125。运用 Shapley 值法确定各个企业在物流联盟中的边际贡献率，其计算过程如表 7.1、表 7.2、表 7.3 所示。

表 7.1　A 企业的分配计算过程

S	A	A+B	A+M	A+B+M
$v(S)$	0	70	90	125
$v(S-A)$	0	0	0	35
$v(S)-v(S-A)$	0	70	90	90
$\|S\|$	1	2	2	3
$\gamma_{S;N}$	1/3	1/6	1/6	1/3
$\gamma_{S;N}[v(S)-v(S-i)]$	0	11.67	15	30

表 7.2　B 企业的分配计算过程

S	B	B+A	B+M	B+A+M
$v(S)$	0	70	35	125
$v(S-B)$	0	0	0	90
$v(S)-v(S-B)$	0	70	35	35
$\|S\|$	1	2	2	3
$\gamma_{S;N}$	1/3	1/6	1/6	1/3
$\gamma_{S;N}[v(S)-v(S-i)]$	0	11.67	5.83	11.67

表 7.3　M 企业的分配计算过程

S	M	M+B	M+A	M+B+A
$v(S)$	0	35	90	125
$v(S-C)$	0	0	0	70
$v(S)-v(S-C)$	0	35	90	55

续表

S	M	M+B	M+A	M+B+A
$\|S\|$	1	2	2	3
$\gamma_{S;N}$	1/3	1/6	1/6	1/3
$\gamma_{S;N}[v(S)-v(S-i)]$	0	5.83	15	18.33

因此，根据经典 Shapley 值法分配方案可知，联盟中 A、B、M 企业分别获利为：X_A（v）= 56.67、X_B（v）= 29.17 和 X_M（v）= 39.16。总的收益值 v（N）为 125。

7.2 不完全信息下基于联盟结构合作博弈的收益分配策略

对于跨境物流联盟而言，有时难以评估跨境合作之后的联盟收益信息，因此不完全信息下的联盟结构合作形式将会是一种比较常见的合作模式。Owen 值是用来求解完全信息下的联盟结构合作博弈的，对于上述不完全信息下的合作模式已经无法适用。因此，如何求解“一带一路”倡议背景下中小企业组团参与跨境电商联盟是亟待解决的问题。本节尝试定义一种新型的合作博弈，并试图用此类型的合作博弈去刻画“一带一路”背景下的新型合作关系。为了将不完全信息博弈扩展为经典的联盟结构合作博弈，定义了多种由不完全信息博弈转化为完全信息博弈的方法，例如完全信息扩展博弈、上博弈、下博弈以及区间博弈等。通过预估不完全信息博弈中的未知联盟支付值，进一步运用 Owen 值计算各个单位参与跨境合作项目可能的收益分配范围，及其相应的分配性质。

一带一路新形势下的合作模式具有多元性、阶梯性及不稳定性等特点，但合作本质上归属于一种典型的模式——“联盟”。所谓的“联盟”本质上就是一种合作，其组建目的是优化整合自身的外部资源，以便获得更强的竞争优势。对于“一带一路”背景下中小企业、大企业之间的合作模式，在稳定性分析时涉及两个问题：一是如何结盟来获得最大利益；二是各方之间如何合理地分配合作利益。第一问题是联盟结构的构造问题，一般是企业寻找结盟伙伴组成“小联盟”，然后再以“小联盟”为整体加入“大联盟”的合作中，构造这种多层次的合作模式，例如华立集团在泰国打造的泰中罗勇工业可看作“小联盟”，并以此参与到泰国合作项目中的“大联盟”中。第二个问题是如何将多层次合作收益在各方之间公平合理的分配。因此，如何构造不确定信息下的联盟结构以及求解方法就显得尤为重要。实际上，联盟构造其实是合作博弈的联盟结构问题，而联盟收益的分配问题对应着合作博弈的“求解”问题。因此，对合作博弈及其求解的研究具有重要的现实意义。

7.2.1 联盟结构合作博弈

联盟结构合作博弈位于非合作博弈与合作博弈之间，属于一类不完全合作博弈，是合作博弈理论中起步较晚但是较为复杂的研究内容之一。联盟结构是参与博弈全体局中人的一个划分，其中的元素称为“优先联盟”。联盟结构反映局中人所有可能的先前信息，优先联盟的结盟原因为：一是局中人以前有过合作关系；二是局中人为了获得更好的谈判地位而结成同盟。欧文（Owen）提出将 Owen 值作为联盟结构博弈的解，将联盟结构博弈的求解分为两个层面：一是在各优先联盟之间进行收益分配，二是在各优先联盟内部局中人之间进行收益分配。

给定大联盟 $N=\{1, 2, \cdots, n\}$，以及联盟结构 $C=\{C_1, C_2, \cdots, C_m\}$，其中 C_i（$i=1, 2, \cdots, m$）称为由局中人组成的优先联盟（即小联盟），且满足 $\cup_{p-1}^{m} C_i = N$。令二元组（C，v）表示具有联盟结构 C 的合作博弈，v 表示支付函数，Owen 值的核心思想是二步法收益分配法。

第一步：将每个优先联盟视为一个“相对局中人”，运用 Shapley 值法将整体大联盟 N 的收益 v（N）在 m 个相对局中人之间分割，其中 $M=\{1, 2, \cdots, m\}$ 为相对局中人集合。

第 p 个相对局中人 C_p 得到的收益记为：$Sh_p(M, v_{C(S)})$。其中 $C(S)=\{C_1, C_2, \cdots, C_{p-1}, S, C_{p+1}, \cdots, C_m\}$，$v_{C(S)}(R) \triangleq v(\cup_{p\in R} C_p)$，$\forall R \subseteq M$，$(M, v_{C(S)})$ 表示相对局中人集合为 M、支付函数为 $v_{C(S)}$ 的合作博弈，$Sh_p(M, v_{C(S)})$ 为第 p 个相对局中人在合作博弈 $(M, v_{C(S)})$ 中的 Shapley 值。

第二步：在任意第 p 个优先联盟 C_p 中，分割优先联盟的整体收益 $Sh_p(M, v_{C(S)})$。

第 i 个局中人的收益为：$Sh_i(C_p, w_p)$。其中 $w_p(S) \triangleq Sh_p(M, v_{C(S)})$，$i \in C_p$，$(C_p, w_p)$ 表示局中人集合为 C_p、支付函数为 $v_{C(S)}$ 的合作博弈，$Sh_i(C_p, w_p)$ 为第 i 个相对局中人在合作博弈 (C_p, w_p) 中的 Shapley 值。

目前，上述 Owen 值作为联盟结构博弈的经典求解方法，研究内容有两方面：一是从不同角度对 Owen 值进行公理化；二是针对 Owen 值在许多模糊应用情形下的限制，对联盟结构博弈及其求解方法进一步扩展：孟（Meng）提出模糊联盟结构博弈，此博弈模型兼顾模糊联盟博弈与传统联盟结构博弈的创新点，承认局中人部分参与合作及优先联盟的存在；随后，其他学者陆续探讨了具有交流限制的模糊合作博弈，从不同角度寻找合适的模糊交流结构博弈的求解策略。

以上联盟结构合作博弈均是在假设联盟的收益值已知情形下的定义，实际上，在合作实施之前，联盟收益值并不可能完全获知，对于此类具有不完全信息的合作博弈，上述完全信息下的联盟结构博弈及模糊联盟结构博弈理论已经不能适用，因此威尔逊（Willson）首次提出了不完全信息的合作博弈，即部分联盟收益未知的合作博弈，并基于已知的联盟收益值公理化了不完全信息下的 Shapley 值；随后，赫斯曼（Housman）在威尔逊的基础上研究了一种特殊形式的不完全信息博弈，此博弈的联盟收益只与联盟中局中人的数量有关；帕卡斯凯和阿如斯克芮日（Polkowski & Araszkiewicz）利用已知的联盟收益值去预估未知的联盟收益值，并运用粗糙集理论定义博弈收益的上下区间值；马苏牙和犬井口（Masuya & Inuiguchi）探索了特殊的不完全信息博弈，此博弈中只有单个局中人和大联盟的收益为已知值，其他联盟收益均未知。然而，对于不完全信息下的联盟结构合作博弈尚未开展研究。

在不完全信息下的联盟结构合作博弈中，既要考虑局中人的结盟偏好，同时要兼顾联盟收益值的可获得性。然而，由于局中人通过优先联盟（小联盟）参与大联盟合作，若局中人之间没有合作的历史，那么在一个大联盟合作伊始，我们难以预估优先联盟合作之后的总收益，因此并不能清晰地获得所有联盟的收益值。对于此类型的不完全信息联盟合作博弈，如何利用部分已知的联盟收益值预估未知联盟的收益值，以便运用 Owen 值计算局中人的收益值？这是一个亟待解决的问题。本书主要研究不完全信息下的联盟结构合作博弈，并探索此形式下的支付分配策略。

令 R 为实数集，且 $N=\{1,2,\cdots,n\}$ 是局中人集合。

联盟结构 C 是 N 的有限划分 $C=\{C_1,C_2,\cdots,C_m\}$，即满足 $\cup_{i=1}^{m}C_i=N$，且 $C_i\cap C_j=\varnothing$，$i\neq j$。本书称 C_i（$1\leqslant i\leqslant m$）为优先联盟 i。令 $M=\{1,2,\cdots,m\}$ 为联盟结构 C 的下角标集合，$C_p\in C$ 称为优先联盟，$\forall p\in M$。N 上所有联盟结构的集合表示为 C^N。

对于任意的 $C\in C^N$，且任意 $R\subseteq M/\{p\}$，$\forall p\in M$，令 $T\triangleq\cup_{p\in R}C_p\cup S$，则称 T 为 C 上的可行联盟。所有可行联盟集表示为 $P(C)$，即

$$P(C)\triangleq\{T\mid T\triangleq\cup_{k\in R}C_k\cup S,\ S\subseteq C_p,\ \forall p\in M,\ R\in M/\{p\}\}$$

令 $CG^N=C^N\times G(N)$，则对于任意 $(C,v)\in CG^N$，由于 $v\in G(N)$ 是超可加性，因此 (C,v) 也是满足超可加性，即

$$v(S\cup T)\geqslant v(S)+v(T),\ \forall S,T\in P(C),\ S\cap T=\varnothing \tag{7.11}$$

Owen 值 $Ow(C,v)$ 是定义在 CG^N 上满足有效性、联盟对称性、跨联盟对称性、零元性与线性的唯一函数值：

$$Ow_i(C,\ v)=\sum_{R\subseteq M,p\notin R}\ \sum_{S\subseteq C_p,i\notin S}\frac{|R|!\ (|M|-|R|-1)!}{|M|!}\times$$
$$\frac{|S|!\ (|C_p|-|S|-1)!}{|C_p|!}\times[v(Q\cup S\cup\{i\})-v(Q\cup S)] \quad (7.12)$$

式中，$\forall C_p\in C$，$\forall i\in C_p$，$Q=\bigcup_{k\in R}C_k$。

上述 Owen 值满足的公理如下：

有效性。令 $(C,\ v)\in CG^N$，则 $\sum_{i\in N}Ow_i(C,\ v)=v(N)$。

联盟对称性。令 $(C,\ v)\in CG^N$，则对于任意 $i,\ j\in C_p\in C\ (p\in M)$ 且 $S\subseteq N/\{i,\ j\}$，如果 $v(S\cup\{i\})=v(S\cup\{j\})$，则 $Ow_i(C,\ v)=Ow_j(C,\ v)$。

跨联盟对称性。令 $(C,\ v)\in CG^N$，对于任意 $C_s,\ C_t\in C$ 且 $K\subseteq M/\{S,\ t\}$，如果 $v(\bigcup_{k\in K}C_k\cup C_S)=v(\bigcup_{k\in K}C_k\cup C_t)$，则 $\sum_{i\in C_S}Ow_i(C,\ v)=\sum_{i\in C_t}Ow_i(C,\ v)$。

零元性。令 $(C,\ v)\in CG^N$. 对于任意 $i\in C_t\in C$ 且 $S\subseteq N/\{i\}$，如果 $v(S\cup\{i\})=v(S)$（即 i 是零元），则 $Ow_i(C,\ v)=0$。

线性。对于 $(C,\ v)$，$(C,\ w)\in CG^N$，且 $\alpha,\ \beta\in R$，定义合作博弈 $(\alpha v+\beta w)(S)=\alpha v(S)+\beta w(S)$，$\forall S\subseteq N$，则 $Ow_i(C,\ \alpha v+\beta w)=\alpha Ow_i(C,\ v)+\beta Ow_i(C,\ w)$。

可见，Owen 值是 Shapley 值在联盟结构合作博弈的延拓。

7.2.2 不完全信息联盟结构合作博弈及其 Owen 值

在经典联盟结构合作博弈中，一般假设所有可行联盟的支付函数可知，然而在合作关系正式形成之前，很难获得所有可行联盟的收益。由于在优先联盟内的企业之间具有一定的合作历史，因此优先联盟内的支付函数值一般容易获得；另外，为了评估大联盟合作的整体效益，优先联盟合作的整体收益一般也可以预测。然而，对于优先联盟中部分子联盟合作的收益，即横跨多个优先联盟的联盟收益值，我们在大联盟形成之前较难获知或者精确测量的成本较高，具体分析见下面例子。

例 7.1 令 $N=\{1,\ 2,\ 3\}$ 表示“一带一路”背景下的跨国合作项目，联盟结构为 $C=\{C_1,\ C_2\}$，其中 $C_1=\{1\}$ 表示某“一带一路”沿线国家的企业，$C_2=\{2,\ 3\}$ 表示组团与企业 1 合作的国内企业 2、3。因此，可行联盟为：

$$P(C)=\{\varnothing,\ \{1\},\ \{2\},\ \{3\},\ \{1,\ 2\},\ \{1,\ 3\},\ \{2,\ 3\},\ \{1,\ 2,\ 3\}\} \quad (7.13)$$

优先联盟 $C_2=\{2,3\}$ 之所以能够形成，是因为局中人 2 与局中人 3 均来自国内，之前有过较多的合作关系，因此基于以前的合作经历，可以获得收益值 $v(\{2\})$、$v(\{3\})$ 和 $v(\{2,3\})$。同样地，可以获得收益值 $v(\{1\})$。在多数情况下，为了评估合作的可能性，我们需要预估大联盟 N 的收益值 $v(N)$，因为这是我们组成大联盟合作的前提条件之一。然而，在大联盟 N 形成之前，优先联盟之间无任何合作的历史，因此我们难以获得横跨多个优先联盟的联盟收益值，例如 $v(\{1,3\})$ 与 $v(\{2,3\})$。因此，可以获得收益值的联盟为 $\{1\}$、$\{2\}$、$\{3\}$、$\{2,3\}$ 和 N，然而我们无法获得联盟 $\{1,3\}$、$\{2,3\}$ 的收益值。

从例 7.1 可知，在"一带一路"背景下，由于国内企业跨国投资是新事物，无法评估跨境之后的所有收益信息，因此不完全信息下的联盟结构合作形式将会是一种比较常见的合作模式。由于 Owen 值是用来求解完全信息下的联盟结构合作博弈，对于上述不完全信息下的合作模式已经无法适用。下面我们尝试定义一种新型的合作博弈，并试图用此类型合作博弈去刻画"一带一路"背景下的新型合作关系。

令 N 上的联盟结构 $C=\{C_1, C_2, \cdots, C_m\}$，且 $M=\{1, 2, \cdots, m\}$，定义符号 $\overline{P}^I(C)$ 为信息可行联盟集，即满足

$$\overline{P}^I(C) \triangleq \{T/T \triangleq \cup_{k\in R} C_k \text{ 或 } T \subseteq C_p,\ \forall p \in M,\ R \in M\} \tag{7.14}$$

注 7.2 对于 N 上任意的联盟结构，信息可行联盟集 $\overline{P}^I(C)$ 是包含在可行联盟集 $P(C)$ 中的，即 $\overline{P}^I(C) \subseteq P(C)$，且令 $\hat{P}(C)=P(C)/\overline{P}^I(C)$，则有

$$\hat{P}(C)=P(C)/\overline{P}^I(C)=\{T/T \triangleq \cup_{k\in R} C_k \cup S,\ \forall S \subseteq C_p/\varnothing,\ \forall p \in M,\ \forall R \in M/\{p\}\} \tag{7.15}$$

定义 7.9 令 N 上的联盟结构 $C=\{C_1, C_2, \cdots, C_m\}$，不完全信息的联盟结构博弈（简称不完全信息博弈）为二元组 $(C, \bar{v})$，其中支付函数值 $\bar{v}$: $\overline{P}^I(C) \to R$，且满足 $\bar{v}(\varnothing)=0$。

本书将所有不完全信息博弈的集合标示为 $\overline{G}^N$。

与经典合作博弈相似，本书主要研究具有超可加性的不完全信息博弈，不完全信息博弈的超可加性主要通过内部超可加性和外部超可加性两方面描述。

定义 7.10 令任意不完全信息博弈 $(C,\ \bar{v}) \in \overline{G}^N$。$(C,\ \bar{v})$ 被称为满足内部超可加性，当且仅当

$$\bar{v}(S \cup T) \geqslant \bar{v}(S) + \bar{v}(T)\ ,\ \forall S,\ T \in C_p\ ,\ S \cap T = \varnothing\ ,\ \forall p \in M \tag{7.16}$$

若称 $(C,\ \bar{v})$ 满足外部超可加性，则需满足

$$\bar{v}(S \cup T) \geqslant \bar{v}(S) + \bar{v}(T)\ ,\ \forall S,\ T \in C\ ,\ S \cap T = \varnothing \tag{7.17}$$

本书将同时满足内部超可加性和外部超可加性的不完全信息博弈集合记为 $\overline{SG}^N$。

注 7.3 与经典联盟结构合作博弈相比，不完全信息博弈中不需要获得所有可行联盟的收益值。因此，不完全信息博弈是经典联盟结构合作博弈的延拓，且 $\overline{G}_s^N$ 包括经典的联盟结构合作博弈，即 $\overline{SG}^N \supseteq CG^N$。由于 Owen 值仅仅用于解决经典的联盟结构合作博弈，因此 Owen 值不能直接用于求解不完全信息博弈。

给定 N 的联盟结构 $C=\{C_1,\ C_2,\ \cdots,\ C_m\}$，信息可行联盟集 $\overline{P}^I(C)$ 包含在可行联盟集 $P(C)$ 中。因此，根据可行联盟集 $\overline{P}^I(C)$ 中的联盟支付值，如果能估计出在 $\hat{P}(C)$（$\hat{P}(C)=P(C)/\overline{P}^I(C)$）中的联盟支付值，则 Owen 值可以应用于转换后的不完全信息博弈中。通过定义不完全信息博弈中未知联盟支付值的上下限，可将不完全信息博弈转化为经典联盟结构合作博弈。进一步地，通过不完全信息博弈联盟支付值的上下限值，预估包含所有可能 Owen 值区间范围。

给定一个不完全信息博弈 $(C,\ \bar{v}) \in \overline{G}^N$，本书定义两种经典联盟结构合作博弈，记作 $(C,\ v^-)$ 与 $(C,\ v^+)$：

$$v^-(S) = \max_{\substack{T_i \in \overline{P}^I(C),\ i=1.2,\ \cdots,\ s \\ \cup_i T_i \subseteq S,\ T_i \text{aredisjoint}}} \sum_{i=1}^{s} \bar{v}(T_i)\ ,\quad \forall S \in P(C) \tag{7.18}$$

$$v^+(S) = \min_{S' \in \overline{P}^I(C),\ S \subseteq S',\ S'/S \in \overline{P}^I(C)} (\bar{v}(S') - v^-(S'/S))\ ,\ \forall S \in P(C) \tag{7.19}$$

对于包含在 $\overline{P}^I(C)$ 的任意联盟 S，如果不完全信息博弈满足内部超可加性与外部超可加性，即 $(C,\ \bar{v}) \in \overline{SG}^N$，则

$$v^{-}(S)=\bar{v}(S)\ ,\ \forall S\in\bar{P}^{I}(C) \tag{7.20}$$

$$v^{-}(S)=\max_{\substack{T_i\in\bar{P}^{I}(C),\ i=1,2,\cdots,s\\ \cup_i T_i\subseteq S,\ T_i\text{aredisjoint}}}\sum_{i=1}^{s}\bar{v}(T_i)=\sum_{C_p\in C,\ C_p\subseteq S}\bar{v}(C_p)+\bar{v}(S/\cup_{p:\ C_p\subseteq S}C_p),\quad \forall S\in\hat{P}(C) \tag{7.21}$$

$$\begin{aligned}v^{+}(S)&=\min_{S'\in\bar{P}^{I}(C),\ S\subseteq S',\ S'/S\in\bar{P}^{I}(C)}(\bar{v}(S')-v^{-}(S'/S))\\&=\min_{S'\in\bar{P}^{I}(C),\ S\subseteq S',\ S'/S\in\bar{P}^{I}(C)}\Big(\bar{v}(S')-\sum_{C_p\in C,\ C_p\subseteq S'/S}\bar{v}(C_p)-\bar{v}((S'/S)/\cup_{p:\ C_p\subseteq S'/S}C_p)\Big)\end{aligned} \tag{7.22}$$

对于任意 $S'\in\bar{P}^{I}(C)$ 且 $S\subseteq S'$，根据公式（7.17）和（7.18），可以得到

$$\begin{aligned}\bar{v}(S')=v^{-}(S')&=\sum_{C_p\in C,\ C_p\subseteq S'}\bar{v}(C_p)+\bar{v}(S'/\cup_{p:\ C_p\subseteq S'}C_p)\\&\geqslant\sum_{C_p\in C,\ C_p\subseteq S'/S}\bar{v}(C_p)+\bar{v}((S'/S)/\cup_{p:\ C_p\subseteq S'/S}C_p)\\&\quad+\sum_{C_p\in C,\ C_p\subseteq S}\bar{v}(C_p)+\bar{v}(S/\cup_{p:\ C_p\subseteq S}C_p)\\&=v^{-}(S'/S)+v^{-}(S)\end{aligned} \tag{7.23}$$

再根据公式（7.20）和（7.16），可以得到

$$v^{+}(S)=\min_{S'\in\bar{P}^{I}(C),\ S\subseteq S',\ S'/S\in\in\bar{P}^{I}(C)}(\bar{v}(S')-v^{-}(S'/S))\geqslant v^{-}(S),\ \forall S\in P(C) \tag{7.24}$$

设 $\bar{R}$ 为实数域 R 上的有界闭区间，$\bar{R}$ 的元素一般称为区间数。对于任意的区间数 $\bar{a}\in\bar{R}$，本书表示为 $\bar{a}=[a^{-},a^{+}]$，其中 a^{-} 与 a^{+} 分别代表区间数 $\bar{a}$ 的左右端点。

注 7.4 对于任意不完全信息博弈 $(C,\bar{v})\in\overline{SG}^{N}$，根据公式（7.23），可有

$$v^{-}(S)\leqslant v^{+}(S),\quad \forall S\in\bar{P}^{I}(C) \tag{7.25}$$

因此，$[v^{-}(S),v^{+}(S)]$ 是区间数。

定义 7.11 给定不完全信息博弈 $(C,\bar{v})\in\overline{SG}^{N}$。$(C,\bar{v})$ 的完全扩展博弈 (C,w_v) 满足

$$w_v(S)=\bar{v}(S),\quad \forall S\in\overline{P^I}(C) \tag{7.26}$$

$(C,\ \bar{v})$ 的区间扩展博弈 $(C,\ [w_v^-,\ w_v^+])$ 满足

$$w_v^-(S)=v^-(S),\ w_v^+(S)=v^+(S),\qquad \forall S\in\hat{P}(C) \tag{7.27}$$

$$w_v^-(S)=\bar{v}(S),\qquad \forall S\in\overline{P^I}(C) \tag{7.28}$$

进一步，若称 $(C,\ \bar{v})$ 完全扩展博弈为上博弈 $(C,\ w_v^+)$，则需满足

$$w_v^+(S)=v^+(S),\qquad \forall S\in\hat{P}(C) \tag{7.29}$$

$$w_v^+(S)=\bar{v}(S),\qquad \forall S\in\overline{P^I}(C) \tag{7.30}$$

若称 $(C,\ \bar{v})$ 完全扩展博弈为下博弈 $(C,\ w_v^-)$，则需满足

$$w_v^-(S)=v^-(S),\qquad \forall S\in\hat{P}(C) \tag{7.31}$$

$$w_v^-(S)=\bar{v}(S),\qquad \forall S\in\overline{P^I}(C) \tag{7.32}$$

命题 7.1　令不完全信息博弈 $(C,\ \bar{v})\in\overline{SG^N}$，且 $(C,\ [w_v^-,\ w_v^+])$ 为 $(C,\ \bar{v})$ 的区间扩展博弈。对于 $(C,\ \bar{v})$ 的任意超可加完全扩展博弈 $(C,\ w_v)$，可有

$$w_v^-(S)\leqslant w_v(S)\leqslant w_v^+(S),\qquad \forall S\in P(C) \tag{7.33}$$

证明：根据公式（7.17），可有

$$w_v^-(S)=w_v^+(S)=\bar{v}(S),\ \forall S\in\overline{P^I}(C) \tag{7.34}$$

对于任意 $S\in\hat{P}(C)$，由于完全扩展博弈 $(C,\ w_v)$ 的超可加性，可有

$$w_v(S)\geqslant \max_{\substack{T_i\in P(C),\ i=1.2,\ \cdots,\ s\\ \cup_i T_i\subseteq S,\ T_i\text{aredisjoint}}}\sum_{i=1}^{s}\bar{v}(T_i)\geqslant \max_{\substack{T_i\in \overline{P^I}(C),\ i=1.2,\ \cdots,\ s\\ \cup_i T_i\subseteq S,\ T_i\text{aredisjoint}}}\sum_{i=1}^{s}\bar{v}(T_i)=w_v^-(S) \tag{7.35}$$

因此，$w_v^-(S)\leqslant w_v(S),\quad \forall S\in P(C)$。

另一方面，由于完全扩展博弈 $(C,\ w_v)$ 的超可加性，对于任意 S'，$S'/S\in\overline{P^I}(C)$，且 $S\subseteq S'$，我们可以得到

$$w_v(S)\leqslant w_v(S')-w_v(S'/S)=\bar{v}(S')-\bar{v}(S'/S) \tag{7.36}$$

因此，可知

$$w_v(S)\leqslant \min_{S'\in\overline{P^I}(C),\ S\subseteq S',\ S'/S\in\overline{P^I}(C}(\bar{v}(S')-\bar{v}(S'/S))=w_v^+(S) \tag{7.37}$$

证毕。

注 7.5　根据命题 7.1，任意不完全信息博弈 $(C,\ \bar{v})\in\overline{SG^N}$ 能够转化为完全扩展博弈 $(C,\ w_v)$，满足如下条件：

对于任意信息可行联盟 $S\in\overline{P^I}(C)$，联盟支付值是已知的，即 $w_v(S)=$

$\bar{v}(S)$；

对于任意 S，如果 S 在可行联盟集中，但是不在信息可行联盟集中，即 $\forall S \in \hat{P}(C)$，S 的联盟支付值是未知的，我们需要评估联盟的支付值 $w_v(S)$ 所在的区间范围 $[w_v^-(S), w_v^+(S)]$，即 $w_v^-(S) \leqslant w_v(S) \leqslant w_v^+(S)$。

给定不完全信息博弈 $(C, \bar{v}) \in \overline{SG^N}$，$(C, \bar{v})$ 的上博弈 (C, w_v^+) 和下博弈 (C, w_v^-) 是否能够包含所有可能的超可加完全扩展博弈 (C, w_v) 的 Owen 值？下面我们尝试回答此问题。

定义 7.12　令任意的不完全信息博弈 $(C, \bar{v}) \in \overline{SG^N}$，且 $(C, [w_v^-, w_v^+])$ 为 $(C, \bar{v})$ 的区间扩展博弈。$(C, [w_v^-, w_v^+])$ 的区间 Owen 值 $(C, [w_v^-, w_v^+])$ 为

$$Ow(C, [w_v^-, w_v^+]) = (Ow_1(C, [w_v^-, w_v^+]), Ow_2(C, [w_v^-, w_v^+]), \cdots, Ow_n(C, [w_v^-, w_v^+])) \tag{7.38}$$

$$Ow_i(C, [w_v^-, w_v^+]) = [Ow_i^-, Ow_i^+], \forall i \in N \tag{7.39}$$

其中：

$$Ow_i^- = \sum_{R \subseteq M, p \notin R} \sum_{S \subseteq C_p, i \notin S} \frac{|R|!(|M|-|R|-1)!}{|M|!} \frac{|S|!(|C_p|-|S|-1)!}{|C_p|!} \times [w_v^-(Q \cup S \cup \{i\}) - w_v^+(Q \cup S)] \tag{7.40}$$

$$Ow_i^+ = \sum_{R \subseteq M, p \notin R} \sum_{S \subseteq C_p, i \notin S} \frac{|R|!(|M|-|R|-1)!}{|M|!} \frac{|S|!(|C_p|-|S|-1)!}{|C_p|!} \times [w_v^+(Q \cup S \cup \{i\}) - w_v^-(Q \cup S)] \tag{7.41}$$

7.2.3 算例

令 $N = \{1, 2, 3, 4\}$ 表示“一带一路”背景下跨国合作的四家企业，其中企业 1 与企业 2 来自中国，这两家企业在国内就有较多年的合作历史，为了使其在“一带一路”背景下得到更大发展，两家企业一起与某“一带一路”沿线国家进行跨境电商合作，企业 3 和企业 4 是被投资国的两家企业，属于上下游的供应商，企业 3 和企业 4 属于战略合作伙伴，之前合作的历史较好。

如果四家单位共同投资一个基础设施建设项目，根据上述合作信息与四家企业之前的合作历史，可形成联盟结构 $C = \{C_1, C_2\}$，其中 $C_1 = \{1, 2\}$，$C_2 = \{3, 4\}$。由于四家企业之前没有共同跨境合作的历史，因此他们形成了不完全信息博弈，其联盟支付值 $\bar{v}$ 如表 7.4 所示。

表 7.4　四家企业合作的支付值（单位：百万人民币）

T	$\{i\}$（$\{1\}$，$\{2\}$，$\{3\}$，$\{4\}$）	$\{1, 2\}$	$\{3, 4\}$	N
(T)	1	3	6	12

可见，信息可行联盟集 $\bar{P}^I(C)$ 如下：

$$\bar{P}^I(C) = \{T \mid \{1\}, \{2\}, \{3\}, \{4\}, \{1, 2\}, \{3, 4\}, \{1, 2, 3, 4\}\} \tag{7.42}$$

因此，未知联盟支付值 $\bar{v}(S)$，$\forall S \in \{\{1, 2, 3\}, \{1, 2, 4\}, \{1, 3, 4\}\}$。在信息不完全的情形下预估四家单位合作之后的分配收益时，传统 Owen 值无法直接使用。因此，我们需要将不完全信息博弈转化为传统的联盟结构合作博弈，以此预估未知的联盟支付值，根据式（7.18）和式（7.19），计算可得到：

$$v^-(\{1, 2, 3\}) = \bar{v}(\{1, 2\}) + \bar{v}(\{3\}) = 4,$$

$$v^+(\{1, 2, 3\}) = \bar{v}(N) - \bar{v}(\{4\}) = 11$$

$$v^-(\{1, 2, 4\}) = \bar{v}(\{1, 2\}) + \bar{v}(\{4\}) = 4,$$

$$v^+(\{1, 2, 4\}) = \bar{v}(N) - \bar{v}(\{3\}) = 11$$

$$v^-(\{1, 3, 4\}) = \bar{v}(\{1\}) + \bar{v}(\{3, 4\}) = 7,$$

$$v^+(\{1, 3, 4\}) = \bar{v}(N) - \bar{v}(\{2\}) = 11$$

根据以上结果，可得到 $(C, \bar{v})$ 的超可加完全扩展博弈 (C, w_v) 如下：

$$w_v(S) = \bar{v}(S), \forall S \in \bar{P}^I(C) = \{\{1\}, \{2\}, \{3\}, \{1, 2\}, \{3, 4\}, N\}$$

$$4 \leqslant w_v(\{1, 2, 3\}) \leqslant 11, 4 \leqslant w_v(\{1, 2, 4\}) \leqslant 11, 7 \leqslant w_v(\{1, 3, 4\}) \leqslant 11$$

可见，上述结果是完全扩展博弈的范围值，进一步可有：

$$Ow_1^- = \sum_{R \subseteq M, p \notin R} \sum_{S \subseteq C_p, 1 \notin S} \frac{|R|!(|M| - |R| - 1)!}{|M|!} \frac{|S|!(|C_p| - |S| - 1)!}{|C_p|!} \times \left[\sum_{k \in R} \bar{v}(C_k) + \bar{v}(S \cup \{1\}) - \bar{v}(Q \cup C_p) + \bar{v}(C_p/S)\right]$$

$$= 1/4 \times (\bar{v}(\{1\})) + 1/4 \times (\bar{v}(\{1\})) + 1/4 \times \begin{pmatrix} \bar{v}(\{3, 4\}) + \bar{v}(\{1\}) - \\ \bar{v}(N) + \bar{v}(\{1, 2\} \end{pmatrix} + 1/4 \times (\bar{v}(\{3, 4\}) + \bar{v}(\{1, 2\}) - \bar{v}(N) + \bar{v}(\{1\}) = -1/2$$

$$Ow_1^+ = \sum_{R \subseteq M, p \notin R} \sum_{S \subseteq C_p, \notin S} \frac{|R|!(|M| - |R| - 1)!}{|M|!} \frac{|S|!(|C_p| - |S| - 1)!}{|C_p|!} \times$$

$\left[\bar{v}(Q \cup C_p) - \bar{v}(C_p/(S \cup \{1\}) - \sum_{k \in R} \bar{v}(C_k) - \bar{v}(S)\right] = 1/4 \cdot (\bar{v}(\{1, 2\} - \bar{v}(\{2\})) + 1/4 \cdot (\bar{v}(\{1, 2\} - \bar{v}(\{2\})) + 1/4 \cdot (\bar{v}(N) - \bar{v}(\{2\}) - \bar{v}(\{3, 4\})) + 1/4 \cdot (\bar{v}(N) - \bar{v}(\{3, 4\}) - \bar{v}(\{2\})) = 7/2$

$Ow_1(C, w_v^-) = \sum_{R \subseteq M,\ p \notin R} \sum_{S \subseteq C_p,\ i \notin S,\ S \cup \{i\} \neq C_p} \frac{|R|!\,(|M| - |R| - 1)!}{|M|!} \frac{|S|!\,(|C_p| - |S| - 1)!}{|C_p|!} \times [\bar{v}(S \cup \{i\}) - \bar{v}(S)] + \sum_{R \subseteq M,\ p \notin R} \frac{|R|!\,(|M| - |R| - 1)!}{|M|!\ |C_p|} \times \left[\bar{v}(Q \cup C_p) - \sum_{k \in R} \bar{v}(C_k) - \bar{v}(C_p/\{i\})\right] = 1/4 \cdot (\bar{v}(\{1, 2\}) - \bar{v}(\{2\})) + 1/2 \cdot (\bar{v}(\{1\})) + 1/4 \cdot (\bar{v}(N) - \bar{v}(\{3, 4\}) - \bar{v}(\{2\})) = 9/4$

$Ow_1(C, w_v^+) = \sum_{R \subseteq M,\ p \notin R} \sum_{S \subseteq C_p,\ 1 \notin S,\ S \neq \varnothing} \frac{|R|!\,(|M| - |R| - 1)!}{|M|!} \frac{|S|!\,(|C_p| - |S| - 1)!}{|C_p|!} \times [\bar{v}(C_p/S) - \bar{v}(C_p/(S \cup \{1\})] + \sum_{R \subseteq M,\ p \notin R} \frac{|R|!\,(|M| - |R| - 1)!}{|M|!\ |C_p|} \times [\bar{v}(Q \cup C_p) - \bar{v}(C_p/\{1\}) - \bar{v}(Q)] = 1/4 \cdot (\bar{v}(\{1, 2\}) - \bar{v}(\{2\})) + 1/4 \cdot (\bar{v}(N) - \bar{v}(\{3, 4\}) - \bar{v}(\{2\})) + 1/2 \cdot (\bar{v}(\{1\})) = 9/4$

通过相似方法，我们可以得到：

$Ow_2^- = -1/2$，$Ow_2^+ = 7/2$，$Ow_2(C, w_v^-) = 9/4$，$Ow_2(C, w_v^-) = 9/4$

$Ow_3^- = -1/2$，$Ow_3^+ = 13/2$，$Ow_3(C, w_v^-) = 15/4$，$Ow_3(C, w_v^-) = 15/4$

$Ow_4^- = -1/2$，$Ow_4^+ = 13/2$，$Ow_4(C, w_v^-) = 15/4$，$Ow_4(C, w_v^-) = 15/4$

根据上述结果，在信息不完全的情况下，我们得到了分配值的范围，国内企业 1、企业 2 通过跨境合作，分配值均在-1/2 与 7/2 之间；国外企业 3、企业 4 的分配值在-1/2 与 13/2 之间。可见，由于初次跨境合作风险的存在，各家企业的合作分配值可能出现负值。但是如果按照上博弈、下博弈预估四家企业合作的收益分配结果，我们得到四家企业分别可以获得的分配值为 9/4、9/4、15/4 和 15/4。

8 基于 CiteSpace 的国内外跨境物流研究现状、热点与趋势分析

8.1 研究方法与数据来源

8.1.1 研究方法

本书运用文献计量分析法，通过 Excel 和 CiteSpace 软件，对跨境物流研究现状进行分析，Excel 用于分析跨境物流期刊文献的总体研究情况等外部特征。CiteSpace 是应用 Java 语言开发的一款信息可视化软件，基于共引分析理论和寻径网络算法等，能够对特定领域文献进行计量，以探寻出学科领域演化的关键路径及其知识拐点，并通过一系列可视化图谱的绘制来形成对学科演化潜在动力机制的分析和学科发展前沿的探测。自 2005 年起，CiteSpace 作为流行的文献分析软件，逐步应用到管理学、自然科学、教育学、社会学等研究领域。该软件所具有的关键词共现、关键词时区图、关键词聚类、关键词时间线等功能，可以直观地展示出国内外跨境物流研究的现状、研究热点和研究趋势。

8.1.2 数据来源及处理

对于国内的研究，以中国知识资源总库知网（CNKI）为文献数据来源，而对于国外的研究则以 WOS（Web of Science）核心数据库为文献数据来源。①以“跨境物流”“跨国物流”“国际物流”“全球物流”为关键词，为保证研究的全面性和准确性，剔除了非研究文档，如会议评论、书评、征文和新闻报道等，检索得到 1997—2020 年中文期刊文献共 5 698 篇，并以 refworks 格式导出。②在 WOS 核心数据库中，以“Cross border logistics”“International logistics”“Transnational logistics”为关键词，将文献类型选定为“学术文章”，剔除了非研究文档，如会议评论、书评、征文和新闻报道等，检索得到 1966—2020 年英文文献共 6 341 篇，并以其他文件格式导出，作为 CiteSpace 分析的研究样本。

8.2 国内外跨境物流研究文献发表情况比较分析

由根据搜索到的中英文文献制作的年份图（如图 8.1 所示）可见①，关于跨境物流研究的英文文献最早出现在 1966 年，自 2001 年开始，文献数量呈现快速增加的趋势，从 2001 年的 86 篇增加到 2019 年的 453 篇。国内自 1985 年才开始有跨境物流领域的文献，在此期间，共出现三次顶峰：2008 年出现第一次顶峰，有 353 篇文献；2015 年出现第二次顶峰，有 428 篇文献；第三次顶峰出现在 2019 年，文献数量为 360 篇。随着经济全球化不断深入、新一代信息技术的广泛应用以及“一带一路”倡议的不断深化，全球跨境电子商务和跨境贸易取得新进展，并推动了跨境物流的发展。国内外学者对跨境物流领域的研究也逐年增多，尤其是最近 5 年，文献数量规模空前鼎盛。由于本书检索的时间是 2020 年 9 月 21 日，因此，图 8.1 中显示 2020 年的文献数量出现回落现象，但实际上，从发表的趋势上看，国内外学者对跨境物流的关注热度并没有衰减，跨境物流依然是学界持续关注的热点问题。

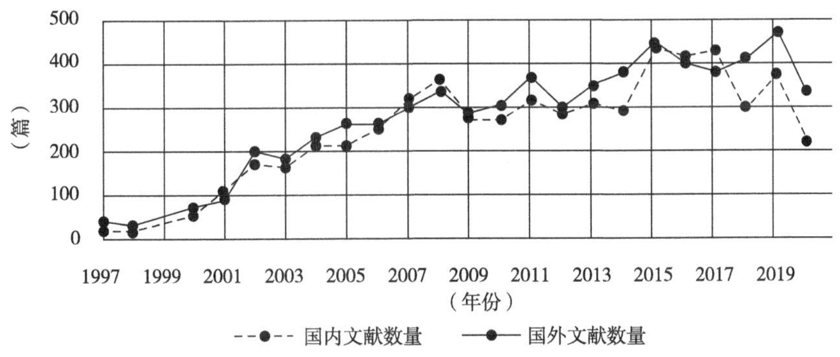

图 8.1　国内外跨境物流文献数量对比图

8.3 国内外跨境物流研究热点对比分析

以“Keyword”作为分析因子，分别选择时间切片为“1997—2020”（CNKI）和“1966—2020”（WOS），设置阈值为“Top100”，其他阈值选项为默认格式，经过最小生成树算法，修剪每个网络，得到图 8.2 所示的 CNKI

① 为使图像美观，图中没有展示出 1997 年之前的 48 篇中文文献和 93 篇英文文献的分布年份。

跨境物流研究关键词聚类图谱，以及图 8.3 所示的 WOS 跨境物流研究关键词聚类图谱。图 8.2 的网络节点为 286、连线为 405、密度为 0.009 9，Modularity Q 的值为 0.885，大于临界值 0.3；图 8.3 的网络节点为 247、连线为 611、密度为 0.02，Modularity Q 的值为 0.885 5，大于临界值 0.3，说明共词网络的社团结构显著，得到的聚类效果较好；Mean Silhouette 的值分别为 0.825 4 和 0.632 6，大于 0.5，表明聚类结果是合理的。

8.3.1 国内跨境物流研究热点分析

图 8.2 显示的是对 CNKI 跨境物流领域研究文献的关键词所做的聚类分析，经过自动聚类后的关键词大致可分为 12 类：#0 跨境电商物流、#1 国际物流、#2 跨境物流、#3 模块化、#4 国际贸易、#5 交易成本、#6 多元化运营、#7 演化博弈、#8 引力模型、#9 运作、#10 “一带一路”、#11 协同。编号的大小体现了研究的集中程度，编号越小表示研究越集中。

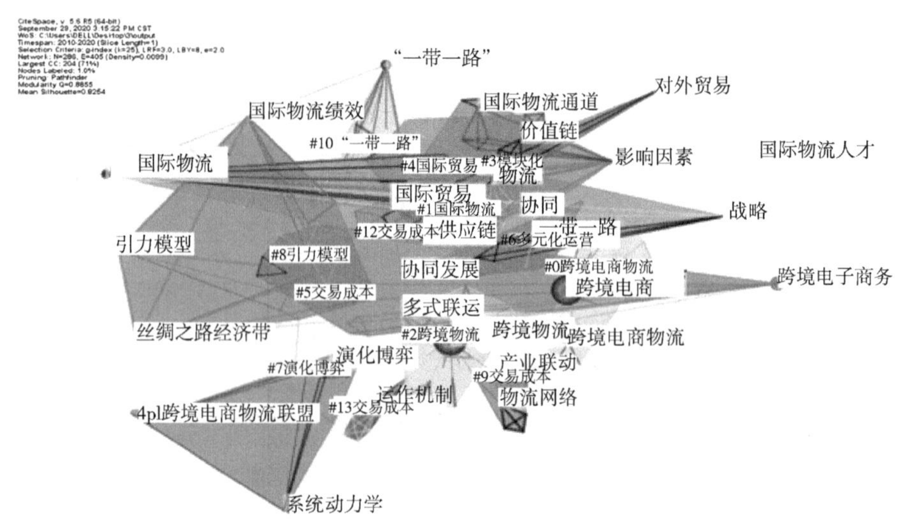

图 8.2　CNKI 跨境物流研究关键词聚类视图

在知识图谱可视化分析中，中心性被认为是判定节点重要性的关键指标，中心性超过 0.1 的节点被称为关键节点，中心性越高，关键词越重要。表 8.1 总结了 CNKI 跨境物流研究中心性较高的 10 个关键词，可以看出，跨境物流、供应链和国际物流的重要性较高。

表 8.1 CNKI 跨境物流研究中心性排名前 10 的关键词

排名	关键词	中心性	排名	关键词	中心性
1	跨境物流	0.49	6	协同	0.19
2	供应链	0.43	7	联盟	0.18
3	国际物流	0.41	8	“一带一路”	0.17
4	跨境电商	0.27	9	引力模型	0.15
5	生态系统	0.26	10	跨境电子商务	0.15

由图 8.2 和表 8.1 可知，目前国内跨境物流的研究热点涵盖如下五个方面。

8.3.1.1 基于“一带一路”跨境物流研究

基于“一带一路”跨境物流研究的高频关键词包括跨境物流、国际物流、“一带一路”、引力模型、物流协作、产业联动和物流绩效等；研究文献主要分布于#0 跨境电商物流、#1 国际物流、#2 跨境物流、#4 国际贸易、#10 “一带一路”和#8 引力模型。随着“一带一路”倡议的快速推进以及相关政策的支撑，我国与“一带一路”沿线国家的进出口贸易迅速发展，正积极与沿线国家开展物流协作，为此国内学者开始基于“一带一路”的视角，对跨境物流展开深入研究。其中，跨境物流协作和跨境物流绩效是该领域研究的热点话题。

第一，针对我国与“一带一路”沿线国家的物流协作问题，典型的研究有：杜志平等（2019）分析了我国与“一带一路”沿线国家物流协作的发展现状和主要挑战，并提出针对性的对策，以突破我国与沿线国家物流协作的发展瓶颈；杨正璇等（2019）运用 Eviews 软件对中国与东盟国家贸易及跨境物流协作潜力进行分析，研究发现，东盟和中国的物流发展分别是影响对方贸易发展的原因；刘小军（2016）有针对性地提出了推动中国与“一带一路”沿线国家和地区的跨境物流协作的对策，例如设立“一带一路”自由贸易区、共建物流大数据信息中心、打造“一带一路”全球供应链等。

第二，针对“一带一路”物流绩效研究：孙慧（2016）利用世界银行提供的国际物流绩效指数实证分析“一带一路”国际物流绩效对中国中间产品出口的影响；陶章（2020）运用改进的引力模型，以物流绩效指数（LPI）作为研究切入点，研究了“一带一路”国际贸易的影响因素；沈子杰（2019）运用引力模型就我国与“一带一路”沿线国家之间跨境物流绩效对我国出口贸易的影响效应进行实证研究。

8.3.1.2 跨境物流发展现状与发展策略研究

跨境物流发展现状研究的高频关键词包括跨境物流、国际物流、跨境电商、协同发展、多元化运营、人才培养、战略、生态系统等；研究文献主要分布于#0 跨境电商物流、#1 国际物流、#2 跨境物流、#5 交易成本、#6 多元化运营、#9 运作和#11 协同。

基于多视角研究跨境电商与跨境物流协同问题是国内学者的研究热点，近 5 年对该领域研究的核心期刊多达 15 篇，国内学者普遍认为，我国跨境电商物流的发展与跨境电商的发展不协同，主要体现在跨境电子商务生态系统内部协同缺失、跨境电商与跨境物流之间协同缺失、跨境物流横向维度协同缺失、跨境物流网络系统缺乏协同等方面，跨境物流无论是在数量上还是质量上，都无法满足跨境电商的发展需要。

基于此，国内学者探讨了跨境物流与跨境电商协同机制以及跨境物流的发展策略。例如，张夏恒（2016）借助生态系统相关理论，构建跨境电子商务生态系统，并基于物种、环境、供应链等不同视角探索跨境电商与跨境物流之间的协同机理；张夏恒（2018）结合全球价值链治理理论、供应链协同理论，从战略层、职能层与业务层提出了跨境电商与跨境物流协同运作与融合发展思路；王玉玲（2017）提出跨境电商与跨境物流协同发展模式，包括促进跨境电商与跨境物流之间的沟通、促进跨境物流网络协同、建立混合式与组合式跨境物流模式、加快本地化发展步伐及促进内外部环境相互协调。

8.3.1.3 跨境物流服务体系评价研究

跨境物流服务体系评价研究的高频关键词包括跨境物流、国际物流、影响因素、绩效、引力模型、评价等；研究文献主要分布于#0 跨境电商物流、#1 国际物流、#2 跨境物流、#8 引力模型和#11 协同。

国内学者基于不同视角对跨境物流系统进行评价，主要研究可以分为两个方向：第一，基于消费者视角，研究跨境物流服务质量对消费者的影响，例如，马述忠等（2020）构建并测算了消费者跨境物流信息偏好度指标，基于消费者物流产品选择效用模型对消费者跨境物流信息偏好的影响因素进行了实证分析；权春妮等（2018）运用结构方程模型研究了跨境物流服务质量对顾客满意度的影响，研究表明，跨境物流服务质量会促进感知价值与顾客满意度的提升。第二，基于协同视角，研究了跨境物流系统与跨境电商协同影响因素以及协同度的度量，例如，钱慧敏（2017）借助 Nvivo11.0 软件辅助文本资料编码，构建跨境电商与跨境物流协同的扎根理论模型，研究影响两者协同的因素；林子青等（2020）和张晓波等（2020）运用复合系统协同度模型从不同层面评价了跨境电商与跨境物流的协同发展程度。

8.3.1.4 跨境物流联盟研究

跨境物流联盟研究的高频关键词包括跨境物流、构建形态、结构特征、运作机理、价值创造、利益分配及稳定性、运作风险等；研究文献主要分布于#0 跨境电商物流、#2 跨境物流、#7 演化博弈和#9 运作。我国跨境物流服务无论是数量还是质量都无法满足物流需求快速发展的需要，所以与国内外物流企业形成战略联盟，构建国际化物流运营体系，成为我国物流业发展的当务之急。

近年来，随着跨境电子商务的发展，跨境物流联盟作为一种新型的物流发展模式，成为未来驱动物流业发展的新动力。为此，国内学者开始针对跨境物流联盟运作机制展开丰富的研究：杜志平等（2018）针对跨境物流联盟特征和系统运作风险控制问题，探究影响联盟运作因素变化时联盟内企业选择策略的变化情况，表明为有效规避联盟运作风险，需要建立科学的惩罚机制。李旭东等（2018）阐述了基于 4PL 的跨境电商物流联盟及其组织机制，并指出联盟组织柔性化、成员业务流程模块化、技术与装备智慧化、信息平台统一化四点相辅相成，共同提高跨境电商物流效率与效益。谢泗薪等（2019）为降低中美贸易摩擦对跨境物流联盟带来的潜在风险，构建了风险预警机制和风险指标体系，并从战略层面和操作层面设计战略突围方针和对策。杜志平等（2020）对跨境电商物流联盟多方行为博弈进行研究，分析联盟内跨境电商平台、物流服务商和商家之间的动态博弈过程，并结合系统动力学对三方策略选择的动态博弈进行仿真分析。公平合理的利益分配机制是保证跨境物流联盟稳定运行的关键，杜志平等（2019）系统分析 4PL 跨境电商物流联盟利益分配影响因素，提出了基于 IAHP-Shapley 的联盟利益分配方法。付帅帅等（2019）利用演化博弈和系统动力学方法对跨境物流联盟稳定性问题进行仿真，并表明联盟利益分配机制、成员企业投入的物流资源规模、组织成本对提升联盟稳定性有显著影响。

8.3.1.5 跨境物流资源整合研究

跨境物流资源整合的高频关键词包括跨境物流、国际物流、国际物流网络、模块化、供应链、生态系统等；研究文献主要分布于#0 跨境电商物流、#1 国际物流、#2 跨境物流和#3 模块化。马丁·克里斯托弗提出，“21 世纪不再是企业与企业之间的竞争，而是供应链与供应链之间的竞争”，跨境物流的未来也将走向资源集约和整合的发展模式。李昕等（2019）基于供应链视角，分析跨境电商与跨境物流相关理论，深入研究二者协同发展对跨境电商物流链的影响，结果表明跨境电商物流供应链的发展对于跨境电子商务的发展具有重要作用。李旭东等（2016）指出通过服务功能整合优化，能有效增强跨境物流企业对跨境电商企业的服务支撑能力，降低跨境物流成本，同时有利于提升跨境物流企业的综合竞争力。杜卫萍等（2019）分别就物流节点的选取、跨境物流的运作模式、信息化管理与增值服务进行研究，提出构建大湄公河次区域跨境物流供应链的实现途径。许欣等（2015）通过对模块化理论和服务型跨国公司全球扩张理论的概述，阐释了模块化理论在国际物流跨国公司全球扩张路径优化中的适用性。从现有研究看，学者逐渐意识到我国跨境电子商务正处于蓬勃发展的黄金期，实现跨境物流各环节的资源整合和供应链协调，以提升整个跨境物流的效率显得十分必要。

8.3.2　国外跨境物流研究热点分析

图 8.3 显示的是对 WOS 跨境物流领域研究文献的关键词所做的聚类分析，经过自动聚类后的关键词大致可分为以下几类：#0logstics capability（物流能力）、#1 accessibility（可行性）、#2cross border logistics（跨境物流）、#3horizontal collaboration（横向合作）、#4fuzzyquality function deployment（模糊质量功能配置）、#5logstics service capacity（物流服务能力）、#6urban planning（城市规划）、#7 information technology（信息技术）和#11automatic cargo matching（货物自动匹配）。

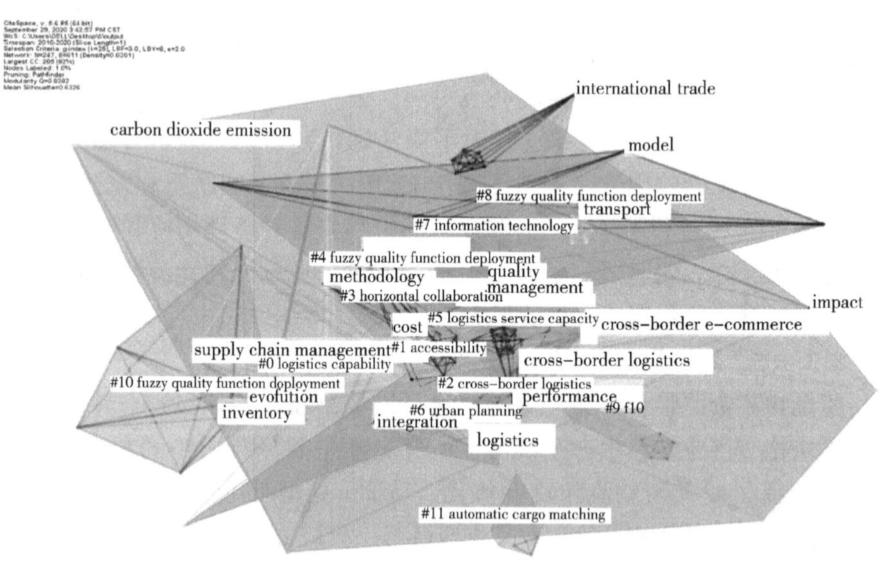

图 8.3　WOS 跨境物流研究关键词聚类视图

表 8.2 为 WOS 跨境物流研究中心性较高的 10 个关键词，可以看出 performance（绩效）、impact（影响）和 inventory（库存）的重要性较高。

表 8.2 WOS 跨境物流研究中心性排名前 10 的关键词

排名	关键词	中心性	排名	关键词	中心性
1	performance	0.51	6	cross bordere-commerce	0.19
2	impact	0.31	7	supply chain management	0.17
3	inventory	0.31	8	transport	0.17
4	management	0.27	9	integration	0.15
5	cross border logistics	0.26	10	facilitation	0.14

由图 8.3 和表 8.2 可知，目前国外跨境物流的研究热点涵盖以下 3 个方面。

8.3.2.1 跨境物流网络优化与信息平台技术研究

跨境物流网络优化与信息平台构建的高频关键词包括跨境物流、路径优化、信息平台、服务能力、基础设施、智能物流系统等；研究文献主要分布于#0logstics capability（物流能力）、#2cross border logistics（跨境物流）、#4fuzzyquality function deployment（模糊质量功能配置）、#5logstics service capacity（物流服务能力）、#6urban planning（城市规划）、#7information technology（信息技术）和#11automatic cargo matching（货物自动匹配）。从文献检索以及关键词聚类视图可知，国外关于跨境物流的研究大部分聚焦在物流网络优化和信息平台技术上。

物流网络优化典型研究内容包括物流配送路径选择与优化、智能服务能力分配、货运组织与优化、物流配送中心选址、运输策略、车队管理和库存优化等，例如，李（Li，2020）以中国、缅甸、越南三国的国际贸易为例，考虑各种因素的地理空间特征，分析地理因素对跨境物流路线选择的影响；任（Ren，2020）考虑到订单的随机性，提出了一种基于深度学习的一步集成优化决策方法，智能地集成了库存优化和需求预测过程，实现第三方货运物流业务智能服务能力分配；魏（Wei，2019）研究通过陆港将海运物流网络与内陆跨境物流网络连接起来的新型跨境物流网络，以自适应权重遗传算法为求解方法，应用双目标混合整数规划模型，研究了不同网络场景下内陆进出口货物的组织优化问题。

关于信息平台技术研究的内容主要包括跨境物流信息云平台设计、区块链技术在物流信息平台中的应用和商品质量追溯系统设计等，例如，黄（Huang，2020）设计了包括一个混合云模型和三层云服务的跨境物流信息云平台及其体系结构，实现实时竞价、货运信息推送和运营商一站式服务管理等功能；胡（Hu，2017）构建了农产品的跨订单供应物流体系，通过系统模型的优化，建立了农产品质量追溯系统。

8.3.2.2 跨境物流发展现状、发展模式与发展策略研究

跨境物流发展现状、发展模式与发展策略研究的高频关键词包括跨境物流、管理、跨境电子商务、整合、供应链管理、发展现状、对策、发展模式等；研究文献主要分布于#1accessibility（可行性）、#2cross border logistics（跨境物流）、#3horizontal collaboration（横向合作）和#5logstics service capacity（物流服务能力）。跨境物流服务水平滞后成为制约跨境电子商务企业发展的瓶颈，具体表现为交货周期长、跨境运输费用昂贵、物流基础设施不完善、全国贸易体系落后、跨境物流企业专业化程度不高、货物损失率高、专业人才供给不足、物流信息化程度不高。

基于此，学者们纷纷探讨突破跨境物流现状的策略，有学者从供应链视角出发，认为构建跨境电商物流供应链，通过资源整合与优化，可有效提升跨境物流效率。例如，潘（Pan，2020）介绍了物流供应链的各组成部分之间的关系，并从国际电子商务的角度提出了物流供应链管理模式的构建策略；赵（Zhao）建立了多目标低碳闭环供应链网络优化模型，协调跨境电子商务物流供应链，实现帕累托最优。也有学者提出了跨境物流发展的新模式，例如，王（Wang，2015）就第三方物流、海外仓储和物流联盟三种跨境物流模式分析了其优缺点，并提出了企业物流模式选择；李（Li，2017）认为采取跨境电商物流枢纽园区模式和保税区、保税区物流综合服务模式，可有效推动跨境电商物流模式升级。另外，有学者从宏观角度提出跨境物流的发展策略，例如，王（Wang，2017）提倡政府和跨境电子商务物流企业采取相应的策略，以突破跨境物流瓶颈，包括建立战略联盟降低物流成本，加大对高素质专业人才的培养，构建跨境物流信息系统。

8.3.2.3 跨境物流评价体系构建研究

跨境物流评价体系构建研究的高频关键词包括跨境物流、跨境电子商务、评价、服务体系、物流服务、供应链、物流绩效、影响等；研究文献主要分布于#0logstics capability（物流能力）、#1accessibility（可行性）、#2cross border logistics（跨境物流）和#5logstics service capacity（物流服务能力）。比较有影响力的研究内容有：通过问卷调查、实地调查等实证方法，构建影响物流绩效的指标体系；采用不同方法对跨境电子商务运营商的物流服务质量或者物流效率进行评价，包括多层 QFD 方法、层次分析法和决策理论等。例如，雅泽利（Jazairy，2017）运用半结构化访谈的方法，构建了影响第三方物流服务离岸外包绩效的指标体系；朱夫里达（Giuffrida，2019）指出影响物

流解决方案选择的最重要的风险因素是跨境电子商务法规、产品价值、预期服务水平和需求水平的变化等，并运用决策理论对不同的跨境物流方案进行评价。现有研究基本是对跨境物流绩效或者服务质量进行评价，而未见学者利用贝叶斯、复杂网络理论等方法对跨境物流系统稳定性进行研究。

8.3.3 国内外跨境物流研究热点异同点

根据研究热点分析以及文献归纳，整理得到如图 8.4 所示的国内外跨境物流研究热点对比分析图。由图 8.4 可知，不管是国内学者还是国外学者，都比较关注跨境物流的发展现状，并针对现状问题，从不同视角提出跨境物流的新发展模式，强调跨境物流资源集约与整合，此外，跨境物流服务评价体系构建也是国内外学者关注的焦点，不同的是：第一，国外学者更倾向于研究跨境物流网络优化问题，善于运用智能算法、数据挖掘技术、人工智能等流行的工具和方法解决物流网络问题，而国内学者对跨境物流网络问题进行探讨的文献甚少。第二，国内学者善于结合热点问题进行学术研究，自

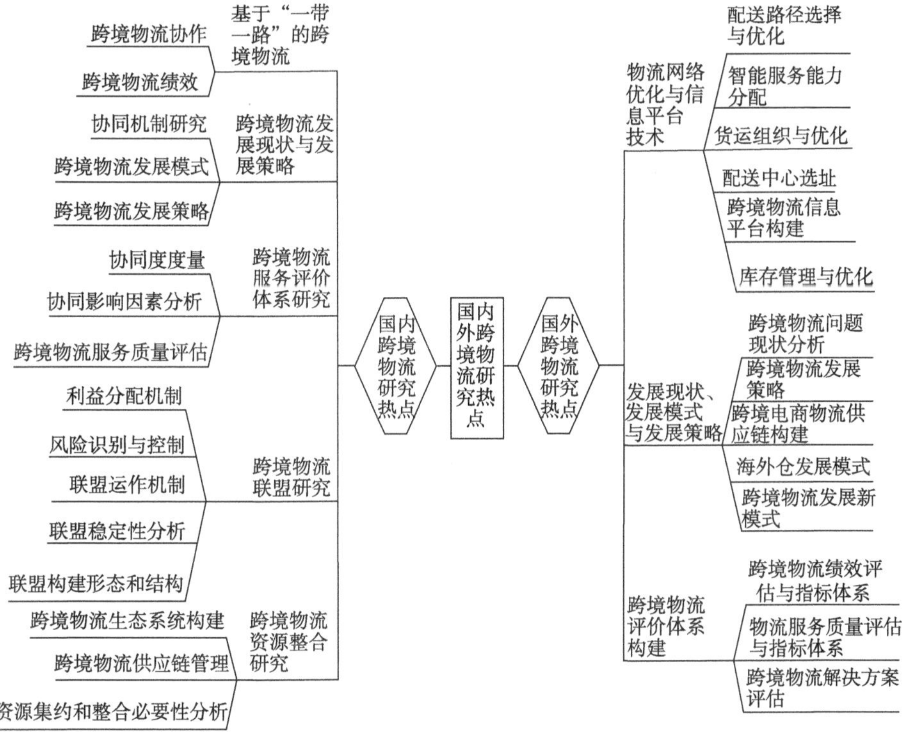

图 8.4　国内外跨境物流研究热点对比

"一带一路"倡议提出以来，基于"一带一路"的跨境物流文献大量涌现，而少有国外学者对"一带一路"跨境物流进行研究。第三，跨境物流联盟是最近几年国内的研究热点，国内学者对跨境物流联盟展开了丰富的研究，但WOS数据库中少有关于跨境物流联盟的研究。

8.4 国内外跨境物流研究趋势对比分析

关键词时区图能清晰地展示时间维度上研究主题的演进过程和演变趋势，某一时区的文献集聚得比较少，则表明该时区有影响力的成果少；反之，某一时区的文献集聚得比较多，表明该时区积累了大量有影响力的研究成果。在CiteSpace软件中，选择"timezone view"生成CNKI文献共被引网络时区图谱和WOS关键词网络时区图谱，如图8.5和图8.6所示。

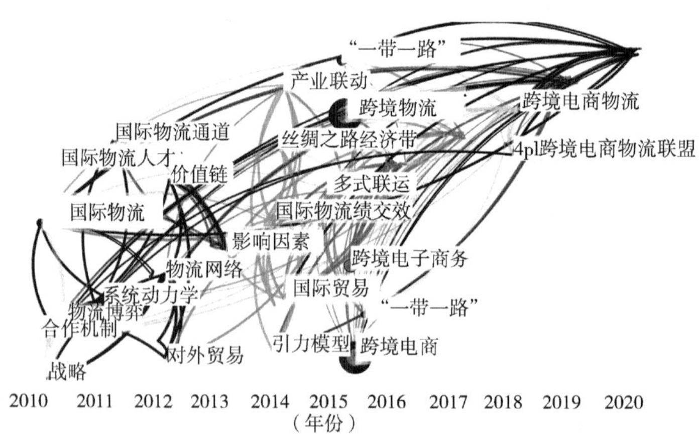

图8.5 CNKI跨境物流研究文献共被引网络时区图谱

8.4.1 国内跨境物流研究趋势分析

图8.5展示的是最近10年国内跨境物流研究的文献共被引网络时区图谱，由图8.5可知，跨境物流研究的演化路径可以概括为三个阶段：第一阶段主要围绕国际物流展开研究，包括国际物流提升策略、物流网络优化以及流行理论和工具在国际物流研究中的应用，如系统动力学和博弈论；第二阶段为热点与跨境电商、跨境物流的研究，自"一带一路"倡议提出以来，国内涌现出基于"一带一路"的跨境物流研究热潮；第三阶段为跨境电商物流与跨境物流联盟研究，学者们创造性地提出了跨境物流联盟策略，并成为最近几年跨境物流领域中的研究热点。前两个阶段已积累了大量有影响力的研

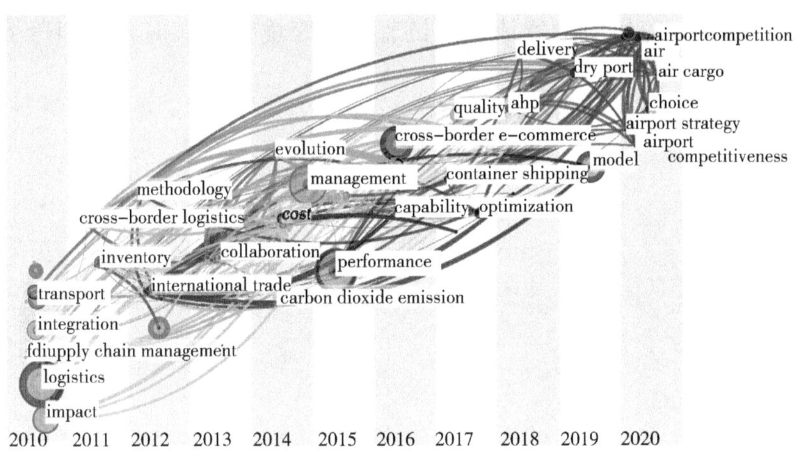

图 8.6 WOS 跨境物流研究关键词时区图谱

究成果，但第三阶段有影响力的研究成果较少。结合上文分析的研究热点和演化路径，并综合梳理相关文献可知，当前关于跨境物流联盟构建形态及结构、运作机理、任务分配、评价服务体系等方面的研究甚少，采用问卷调查、实地调查和数理统计等方法对跨境物流联盟进行实证研究、运用无标度网络理论对跨境物流网络进行优化更是近乎空白，国内跨境物流研究趋势将围绕跨境物流联盟进行深入研究。

8.4.2 国外跨境物流研究趋势分析

图 8.6 展示的是最近 10 年国外跨境物流研究的关键词网络时区图谱，由图可知，跨境物流研究的演化路径可以概括为五个阶段：第一阶段主要围绕跨境物流资源整合展开分析，重点研究了跨境供应链管理的运作模式、资源整合、协调影响因素；第二阶段围绕跨境物流的服务功能进行研究，包括跨境物流的运输规划、运输线路优化、仓库优化等；第三阶段主要集中于对跨境物流的运作绩效进行评价分析，包括跨境物流的服务能力、运作成本、运输的碳排放量等测度与评价，旨在提高跨境物流的运作效率；第四阶段，随着跨境电商的快速发展，学者们意识到跨境电商物流与跨境电商发展协同缺失，纷纷对跨境电商物流的发展问题进行探讨，包括跨境电商物流的发展和优化策略、运作模式；第五阶段，学者的研究重点转移到港口和航空运输领域，以改善跨境物流通关久、跨境运输时间长等问题。由图 8.6 可进一步发现，“跨境物流”“管理”“绩效”“跨境电商”“模式”这几个关键词的节点较大，表明以往国外学者主要围绕这几个方面对跨境物流进行探讨，

结合当前跨境物流的发展实践和学术研究情况，预计未来国外对跨境物流的研究将侧重于跨境电商物流供应链管理、跨境物流横向合作和跨境物流能力提升。

参考文献

［1］安冬平．保税加工货物“衍生物”的报关推导步骤及实例分析［J］．对外经贸实务，2013（8）：64-66.

［2］蔡继荣，靳景玉，郑贤贵．关系性资产对战略联盟协同影响的实证研究［J］．软科学，2013，27（10）：50-54.

［3］曹威麟，朱仁发，郭江平．心理契约的概念、主体及构建机制研究［J］．经济社会体制比较，2007（ 2）：132-137.

［4］柴贤龙．国际物流中心的内涵、类型和运行模式［J］．浙江经济，2005，000（005）：36-37.

［5］陈颖瑛，王娟．互联网金融的时空特征与运行机制［J］．南方金融，2019（5）：13-20.

［6］戴建华，薛恒新．基于 Shapley 值法的动态联盟伙伴企业利益分配策略［J］．中国管理科学，2004（12）：18-20.

［7］丁绒，孙延明．基于触发策略的企业动态联盟利益分配博弈［J］．系统工程，2013，31（10）：55-61.

［8］董千里．基于“一带一路”跨境物流网络构建的产业联动发展［J］．中国流通经济，2015（10）．

［9］杜志平，付帅帅，王丹丹．基于系统动力学的跨境物流联盟运作风险演化博弈［J］．商业研究，2018（4）．

［10］杜志平，付帅帅，王丹丹．基于 FAHP- Shapley 值法的 4PL 跨境电商物流联盟利益分配研究［J］．价格月刊，2018（3）：44-49.

［11］杜志平，贡祥林．国内外跨境物流联盟运作机制研究现状［J］．中国流通经济，2018，32（2）：37-49.

［12］段云龙，张新启，余义勇．产业技术创新战略联盟稳定性影响因素研究［J］．经济问题探索，2019（2）：173-182.

［13］方静，武小平．产业技术创新联盟信任关系的演化博弈分析［J］．财经问题研究，2013（7）：37-41.

［14］傅硕文．中小物流企业联盟利益分配研究［D］．杭州：浙江工商大学，2015.

［15］高展军，王龙伟．联盟契约对知识整合的影响研究：基于公平感知的分析［J］．科学学与科学技术管理，2013，34（7）：95-103.

［16］管其兵．修正 Shapley 值的现代物流企业动态联盟利益分配研究

[D]. 太原：山西大学，2013.

[17] 顾凡，李志红. 建立稳定有效的社会信任机制 [J]. 西安建筑科技大学学报（社会科学版），2002（2）.

[18] 郭萍. 国际货运代理人含义及其法律地位探析 [J]. 中国海商法研究，2001，12（1）：198-212.

[19] 郝延威. 跨境电商保税物流运营模式探索 [J]. 物流科技，2016，39（4）：128-130.

[20] 贺盛瑜，郭晓林，董一平. 物流联盟的破裂与退出机制的博弈分析 [J]. 科技进步与对策，2006（7）：151-152.

[21] 胡立君，徐冬林. 虚拟经营中信任机制建立的博弈分析 [J]. 财政研究. 2002（12）.

[22] 方静. 企业物流战略联盟构建与管理研究 [D]. 西安：长安大学，2009.

[23] 姜启源. 数学模型 [M]. 北京：高等教育出版社，2001.

[24] 蒋吉德. 基于网络视角的国际物流管理 [J]. 物流科技，2013，36（1）：109-110.

[25] 黎孝先，王建. 国际贸易实务 [M]. 6 版. 北京：对外经济贸易大学出版社，2016.

[26] 李东阳. 试论跨国公司的外部一体化 [J]. 经济社会体制比较，2003（6）.

[27] 李晓敏，李春梅. "一带一路"沿线国家的制度风险与中国企业"走出去"的经济逻辑 [J]. 当代经济管理，2016，38（3）：8-14.

[28] 冷晓宇. 中小物流企业联盟信息系统研究 [D]. 沈阳：沈阳工业大学，2006.

[29] 桑德斯. 戴尔公司传奇 [M]. 北京：机械工业出版社，2001.

[30] 刘治江. 基于共同愿景的持续管理 [J]. 特区经济，2005（8）：310-311.

[31] 刘常勇，谢洪明. 企业知识吸收能力的主要影响因素 [J]. 科学学研究，2003（3）：307-310.

[32] 刘江鹏. 物流联盟的运营系统及其组建研究 [J]. 中国城市经济，2010，000（12）：84-85.

[33] 刘宁，罗涛. 松散型物流联盟组建与结构设计 [J]. 中国管理信息化，2018，21（12）：112-113.

[34] 刘威，罗茜. 地区间制度距离是否会对双边股权投资产生影响：基

于2003—2015年“地区对”数据的实证检验［J］. 世界经济研究，2018（2）：124-133.

［35］刘益，李垣，杜旖丁. 关于战略联盟研究现状的分析与探讨［J］. 科学学研究，2003，21（6）：626-631.

［36］龙怒. 生态关系视角下的企业战略联盟研究［M］. 杭州：浙江大学出版社，2008.

［37］逯宇铎，鲁力群. 国际物流管理［M］. 3版. 北京：机械工业出版社，2015.

［38］吉野，朗甘. 战略管理：企业通向全球化的捷径［M］. 北京：商务印书馆印，2007.

［39］波特. 竞争优势［M］. 陈小悦，译. 北京：华夏出版社，1997.

［40］毛禹忠. 国际物流配送和网络系统［M］. 杭州：浙江大学出版社，2013.

［41］孟琦，韩斌. 获取战略联盟竞争优势的协同机制生成分析［J］. 科技进步与对策，2008，25（11）：1-4.

［42］木曾. 周扬明教授《时空经济学论纲》一书出版［J］. 山西师大学报（社会科学版），2000（3）：29.

［43］南玉霞. 美国物流法律制度特点及对我国的启示［J］. 物流技术，2010，29（13）：203-205.

［44］聂辉华. 交易费用经济学：过去、现在和未来　兼评威廉姆森《资本主义经济制度》［J］. 管理世界，2004（12）：146-153.

［45］聂辉华. 契约不完全一定导致投资无效率吗?：一个带有不对称信息的敲竹杠模型［J］. 经济研究，2008（2）：132-143.

［46］聂辉华. 契约理论的起源、发展和分歧［J］. 经济社会体制比较，2017（1）：1-13.

［47］彭伟，符正平. 国外联盟研究脉络梳理与未来展望［J］. 外国经济与管理. 2011，33（12）：49-57.

［48］彭伟. 转型经济下新创企业联盟网络研究：形成、演化与作用机理［M］. 杭州：浙江大学出版社，2015.

［49］任旭. 基于社会交易理论的企业战略联盟演变机理研究［D］. 北京：北京交通大学，2008.

［50］綦建红，杨丽. 文化距离与我国企业OFDI的进入模式选择：基于大型企业的微观数据检验［J］. 世界经济研究，2014（6）：55-61.

［51］屈维意，周海炜，姜骞. 资源：能力观视角下战略联盟的协同效应

层次结构研究［J］．科技进步与对策，2011，28（24）：17-21.

［52］石贵成，王永贵，刑金刚，等．对服务销售中关系强度的研究：概念界定、量表开发与效度检验［J］．南开管理评论，2005（3）：74-82.

［53］时秀梅．跨国公司跨文化管理研究：基于美国在华跨国公司视角［M］．北京：经济管理出版社，2013.

［54］宋娟娟，刘伟．双边市场理论视角下物流平台运营机制分析：以公路货运平台为例［J］．中国流通经济，2015（10）：28-33.

［55］苏帅，崔锡范．韩国物流法律制度建设对中国的启示［J］．中国流通经济，2015（2）：114-118.

［56］孙彦明，赵树宽，王泷，等．协同创新视阈下科技资源共享机制研究［J］．科技管理研究，2017，37（13）：1-8.

［57］唐筱光．口岸的开放与管理［J］．国际贸易，1991（4）：4-6.

［58］陶金元，陶秋燕．战略联盟动因、治理及绩效：一个整合理论框架［J］．当代经济管理，2017，39（6）：1-6.

［59］田雪，王丹丹，付帅帅．跨境电商物流联盟云平台的构建及运作研究［J］．价格月刊，2018（5）：68-73.

［60］汪锋．战略联盟的契约设计及其稳定治理［J］．工业技术经济，2006（8）：100-102.

［61］王海平，谷芸芸．电子商务：网上自由贸易园区的新方向［J］．科技创业家，2012（4）：12-16.

［62］王现兵．基于TOPSIS法的我国中小物流企业联盟利益分配问题研究［D］．福州：福建师范大学，2017.

［63］王伟军，刘凯，鲍丽倩，等．云计算生态系统计量研究：形成、群落结构及种群边界［J］．情报理论与实践，2014（ 9）：11-15.

［64］王卫军．论图书馆联盟中的契约机制［J］．图书馆，2014（6）：29-31.

［65］王晓燕．CtoC电子商务中的信任问题：一个进化博弈分析模型［J］．商业研究．2005（6）．

［66］吴海霓．国际贸易下的港口物流竞争力探析［J］．商场现代化，2016，000（005）：56-57.

［67］吴松弟．近代海关文献的出版与海关史研究［J］．国家航海，2016，000（003）：1-2.

［68］吴毅洲．国际物流联盟信息管理系统构建研究［J］．物流科技，2016，39（8）：40-42.

［69］吴勇，冯耕中，王能民．我国典型物流公共信息平台商业模式的比较研究［J］．商业经济与管理，2013（10）：14-21.

［70］武文珍，陈启杰．价值共创理论形成路径探析与未来研究展望［J］．外国经济与管理，2012（6）：66-73.

［71］肖三亮，杨家其．论区域物流平台的构建［J］．武汉理工大学学报（社会科学版）．2001（6）．

［72］谢识予．经济博弈论［M］．上海：复旦大学出版社，2002.

［73］谢泗薪，尹冰洁．中美贸易摩擦下跨境电商物流联盟风险预判与战略突围［J］．中国流通经济，2019，33（2）：73-82.

［74］邢大宁，赵启兰，宋志刚．基于云生态的物流信息平台服务模式创新研究［J］．商业经济与管理，2016（8）：5-15.

［75］熊性美．我国出口加工区面对 WTO 的挑战及出路［J］．中外企业家，2002（4）：21-23.

［76］徐慧芳，杨雨寒，王溯．基于实践调研的产业技术联盟信息共享研究［J］．情报杂志，2017，36（8）：195-201.

［77］徐兰静．旅游供应链中在线旅行社与酒店定价策略演化博弈分析［D］．南京：南京航空航天大学，2016.

［78］薛有志，刘鑫．国外制度距离研究现状探析与未来展望［J］．外国经济与管理，2013，35（3）：28-36.

［79］游明忠．企业动态联盟风险管理机制［D］．沈阳：沈阳工业大学，2003.

［80］严建援，乔艳芬．云生态系统形成动因的多视角分析：以阿里云生态系统为例［J］．科学学与科学技术管理，2015（11）：56-68.

［81］于朝朝．动态物流联盟合作伙伴选择与任务分配研究［D］．北京：北京交通大学，2015.

［82］杨洁，李登峰．具有交流结构的区间模糊联盟合作博弈［J］．计算机工程与应用，2015，51（4）：17-21.

［83］杨雪莱．跨国联盟网络与企业国际化研究［M］．北京：中国财经出版社，2006.

［84］杨震宁，白春叶．跨国技术战略联盟的信任、冲突与联盟稳定［J］．科研管理，2018，39（7）：34-42.

［85］义乌商报．义乌获批跨境电子商务综合试验区［EB/OL］．（2018-07-14）［2019-10-06］．http：//www.sohu.com/a/2 41152099_ 99973788.

［86］游浚，陈心佩．跨境电商运输方式研究［J］．现代商贸工业，

2016（3）：32-32.

［87］袁旭梅，张旭．技术能力对供应链信息共享程度的影响研究［J］．工业技术经济，2016，35（2）：3-8.

［88］岳意定，程安亭，王雄．基于生命周期的动态物流联盟组织模式选择研究［J］．财经理论与实践，2008（3）：109-112.

［89］张爱邦．跨国战略联盟企业的文化构建［J］．中国商贸，2011（2）：82-83.

［90］张爱玲．国际战略联盟：新的跨国公司［J］．管理现代化，1994（1）：53.

［91］张磊，朱先奇，史彦虎．科技型中小企业信任协调机制博弈分析：基于协同创新视角［J］．企业经济，2017，36（8）：61-67.

［92］张青山．企业动态联盟风险的管理机制和防范体系［M］．北京：中国经济出版社，2006：102-103.

［93］张青山，游明忠．企业动态联盟的协调机制［J］．中国管理科学，2003（2）：97-101.

［94］张小兰．企业战略联盟论［M］．成都：西南财经大学出版社，2008.

［95］张长青．物流法教程［M］．北京：法律出版社，2009.

［96］张志坚．物流公共信息平台研究综述［J］．科技管理研究，2011，31（8）：180-182.

［97］赵志泉．国际企业联盟研究［M］．北京：经济科学出版社，2007：14.

［98］郑国姣，杨来科．国际贸易利益分配与风险分担研究述评：基于全球价值链的视角［J］．技术经济与管理研究，2016（2）：94-98.

［99］郑思艺．探寻物流节点［J］．物流时代，2018，000（012）：82-83.

［100］中国日报网．跨境物流新一轮爆发式增长来临［EB/OL］．（2018-07-31）［2019-10-04］．https：//baijiahao. baidu. com/s？ id＝1607467090107751916&wfr＝spider&for＝pc.

［101］周建敏．日本物流立法及其启示［J］．商业经济研究，2011（10）：29-30.

［102］周健．战略联盟与企业竞争力［M］．上海：复旦大学出版社，2002：28-38.

［103］朱卫东，张超，吴勇，等．基于价值共创与共享视角的增加价值

报告研究［J］．会计研究，2018（7）：20-27.

［104］杜志平，吴畔溪，潘菁菁．我国与“一带一路”沿线国家跨境物流协作探讨［J］．对外经贸实务，2019（7）：89-92.

［105］杨正璇，胡志华，刘婵娟．“一带一路”背景下中国与东盟国家贸易及跨境物流协作潜力分析［J］．计算机应用与软件，2019，36（2）：1-6，107.

［106］孙慧，李建军．“一带一路”国际物流绩效对中国中间产品出口影响分析［J］．社会科学研究，2016（2）：16-24.

［107］陶章，乔森．“一带一路”国际贸易的影响因素研究：基于贸易协定与物流绩效的实证检验［J］．社会科学，2020（1）：63-71.

［108］沈子杰．扩展引力模型下跨境物流绩效对我国出口贸易的影响效应：基于“一带一路”沿线国家样本的实证［J］．商业经济研究，2019（16）：146-149.

［109］张夏恒，张荣刚．跨境电商与跨境物流复合系统协同模型构建与应用研究［J］．管理世界，2018，34（12）：190-191.

［110］林子青．跨境电商与跨境物流协同下的供应链生态模式及评价［J］．商业经济研究，2020（2）：152-155.

［111］何江，钱慧敏．跨境电商与跨境物流协同关系实证研究［J］．大连理工大学学报（社会科学版），2019，40（6）：37-47.

［112］王春芝，高强，海科·戈鲍尔．基于扎根理论的服务备件跨境物流协同系统研究［J］．管理评论，2015，27（2）：178-186，208.

［113］冀芳，张夏恒．跨境电子商务物流模式创新与发展趋势［J］．中国流通经济，2015，29（6）：14-20.

［114］张夏恒．全球价值链视角下跨境电商与跨境物流协同的内生机理与发展路径［J］．当代经济管理，2018，40（8）：14-18.

［115］张夏恒，郭海玲．跨境电商与跨境物流协同：机理与路径［J］．中国流通经济，2016，30（11）：83-92.

［116］王玉玲．我国跨境电商与跨境物流协同发展研究［J］．改革与战略，2017，33（9）：151-153，198.

［117］马述忠，梁绮慧，张洪胜．消费者跨境物流信息偏好及其影响因素研究：基于1372家跨境电商企业出口运单数据的统计分析［J］．管理世界，2020，36（6）：49-64，244.

［118］权春妮，范月娇．跨境网购背景下物流服务质量对顾客满意度影响的实证研究：以感知价值为中介［J］．哈尔滨商业大学学报（社会科学

版），2018（5）：98-107，116.

［119］钱慧敏，何江．基于扎根理论模型的跨境电商与跨境物流协同影响因素分析［J］．产经评论，2017，8（6）：110-122.

［120］张晓波．跨境电商与跨境物流协同度评价及改善策略［J］．商业经济研究，2020（3）：111-113.

［121］李旭东，曾艳英，王耀球．基于4PL的跨境电商物流联盟研究［J］．商业经济研究，2017（10）：82-84.

［122］杜志平，付帅帅，穆东，等．基于4PL的跨境电商物流联盟多方行为博弈研究［J］．中国管理科学，2020，28（8）：104-113.

［123］杜志平，张盟．基于IAHP-Shapley值的4PL跨境电商物流联盟利益分配［J］．商业经济研究，2019（15）：81-84.

［124］付帅帅，陈伟达，王丹丹．跨境物流联盟稳定性研究［J］．计算机应用研究，2019（6）．

［125］李昕，赵儒煜．基于供应链视角的跨境电商物流链优化研究［J］．商业经济研究，2019（12）：76-79.

［126］李旭东，王耀球．跨境电商多元模式下跨境物流企业服务功能整合优化［J］．商业经济研究，2016（5）：78-80.

［127］杜卫萍，王静，邓彩屏，等．大湄公河次区域跨境物流供应链构建研究［J］．铁道运输与经济，2019，41（4）：63-69.

［128］许欣，张彦敏．基于服务模块化的国际物流跨国公司全球化扩张路径及启示［J］．商业经济研究，2015（14）：17-20.

［129］BOERSMA M，BUCKLEY P J，GHAURI P N. Trust in international joint venture relationships［J］．Journal of Business Research，2003，56（12）：1031-1042.

［130］BROWN J R，COBB A T，LUSCH R F. The roles played by interorganizational contracts and justice in marketing channel relationships［J］. Journal of Business Research，2006，59（2）：166-175.

［131］Housman D. Linear and symmetric allocation methods for partially defined cooperative games［J］. International Journal of Game Theory，2001，30：377 - 404.

［132］DEITZ G D，TOKMAN M，RICHEY R G，et al. Joint venture stability and cooperation：direct，indirect and contingent effects of resource complementarity and trust［J］. Industrial Marketing Management，2010，39（5）：862-873.

［133］BAKER G，GIBBONS R，MURPHY K J. Relation Al Contracts and the theory of the firm [EB/OL]. (2014-01-06). http: / / web. mit. edu / rgibbons / www / Rel Con WP. pdf

[134] HAFEZALKOTOBAND, ASHKAN, GHEZAVATI, et al. Distribution network design of adecentralized supply chain with fuzzy committed distributors [J]. Journal of Intelligent & Fuzzy Systems, 2015, 29 (2): 803 - 815.

[135] HARRISON J S, HITT M A, HOSKISSON R E, et al. Resource complementarity in business combinations: extending the logic to organizational alliances [J]. Journal of Management, 2001, 27 (6): 679-690.

[136] HART S, KURZ M. Endogenous formation of coalitions [J]. Econometrica, 1983, 51 (4): 1047- 1064.

[137] JAP S D. Perspectives on joint competitive advantages in buyer-supplier relationships [J]. International Journal of Research in Marketing, 2001, 18 (1): 19-35.

[138] KOGUT B, SINGH H. The effect of national culture on the choice of entry mode [J]. Journal of International Business Studies, 1996, 19 (3): 411-432.

[139] KUMAR N, SCHEER L K. The effects of supplier fairness on vulnerable resellers [J]. Journal of Marketing Research, 1995, 32 (1): 54-65.

[140] POLKOWSKI L, ARASZKIEWICZ B. A rough set approach to estimating the game value and the Shapley value from data [J]. Fundamenta Informaticae, 2002, 53: 335 - 343.

[141] SHAPLEY L S. A value for n - persons games [J]. Annals of Mathematics Studies, 1953, 28: 307- 318.

[142] LAMBE C J, SPEKMAN R E, HUNT S D. Alliance competence, resources, and alliance success: conceptualization, measurement, and initial test [J]. Journal of the Academy of Marketing Science, 2002, 30 (2): 141-158.

[143] LUSCH R F, BROWN J R. Interdependency, contracting, and relational behavior in marketing channels [J]. Journal of Marketing, 1996, 60 (4): 19-38.

[144] MENG F Y, ZHANG Q, et al. Cooperative fuzzy games with a coalition structure and interval payoffs [J]. International Journal of Computational Intelligence and Applications, 2013, 6: 548-558.

[145] LEHOUX N, LEBEL L, ELLEUCH M. Benefits of interfirm

relationships: application to the case of a five sawmills and one paper mill supply chain [J] . Information Systems and Operational Research, 2016, 54 (3): 192-209.

[146] OWEN G. Value of games with a priori unions [J] //HENN R, Moesechlin O. Mathematical economics and game theory. Springer-Verlag, 1977.

[147] CHILDHOUSE P, TOWILL D R. Simplified material flow holds the key to supply chain integration [J] . OMEGA, 2003, 31 (1): 17-27.

[148] POPPO L, ZENGER T R. Do formal contracts and relational governance function as substitutes or complements? [J] . Strategic Management Journal, 2002, 23 (8): 707-725.

[149] MASUYA S, INUIGUCHI M. A fundamental study for partially defined cooperative games [J] . Fuzzy Optimistic Decision Making, 2016, 15: 281-306.

[150] WILLSON S J. A value for partially defined cooperative games [J] . International Journal of Game Theory, 1993, 21: 371 - 384.

[151] SAMADDAR S, NARGUNDKAR S, DALEY M. Inter -organizational information sharing: the role of supply network configuration and partner goal congruenc [J] . European Journal of Operational Research, 2006, 174 (2): 744-765.

[152] SAMAHA S A, PALMATIER R W, DANT R P. Poisoning relationships: perceived unfairness in channels of distribution [J] . Journal of Marketing, 2011, 75 (99) : 99-117.

[153] DWYER F R, PAUL H S, SEJO O. Developing buyer - seller relationships [J] . Journal of Marketing, 1987, 51 (2) : 11-28.

[154] YANG TUNG-MOU, MAXWELL T A. Information-sharing in public organizations: a literature review of interpersonal, intra-organizational and inter-organizational success factors [J] . Government Information Quarterly, 2011, 28: 164-175.

[155] WILLIAMSON O E. The economic institutions of capitalism [M] . New York: Free Press, 1985.

[156] XU G J, SUN H. The myerson value for cooperative games on communication structure with fuzzy coalition [J] . Journal of Intelligent and Fuzzy Systems, 2017, 33 (1): 27-39.

[157] ZHOU K Z, POPPO L. Exchange hazards, relational reliability and contracts in China: the contingent role oflegal enforceability [J] . Journal of

International Business Studies, 2010, 41 (5): 861-881.

[158] LI S, CAO X, LIAO W. Factors in the sea ports-of-entry and road ports-of-entry cross-border logistics route choice [J] . Journal of Transport Geography, 2020, 84.

[159] REN S, CHOI T M, LEE K M, et al. Intelligent service capacity allocation for cross-border ecommerce related third-party-forwarding logistics operations: a deep learning approach [J] . Transportation Research Part E, Logs and Transportation Review, 2020, 134: 101834.

[160] WEI H, DONG M. Import-export freight organization and optimization in the dry-port-based cross-border logistics network under the Belt and Road Initiative [J] . Computers & Industrial Engineering, 2019, 130 (APR.): 472-484.

[161] HUANG Q, YIN W, AN J, et al. A China Railway Express-based model for designing a cross-border logistics information cloud platform scheme [J] . Applied Ences, 2020, 10 (12): 4110.

[162] HU Y. The optimization model of cross border electricity supplier and intelligent logistics network of agricultural product in free trade zone [J] . Agro Food Industry Hi-Tech, 2017, 28 (3) .

[163] WANG H, LU X. Research on the application of cross border ecommerce logistics system [J] . Advances in Economics, Business and Management Research, 2017, 31.

[164] PAN H L. Research on international logistics supply chain management mode from the perspective of cross-border ecommerce [J] . Cyber Security Intelligence and Analytics, 2020 (928): 727-744.

[165] ZHAO L M. Evaluation system construction for logistics supply chain of cross-border ecommerce [J] . Materials and Information Technology Applications, 2016 (71): 1563-1569.

[166] LI H, MIAO X. Research on the status quo and operation model of logistics of cross-border e-commerce in China [J] . 2017 (28): 2845-2849.

[167] WANG LANJING. Analysis on the bottleneck factors and countermeasures of cross-border e-commerce logistics in China [J] . Innovation Ence & Technology, 2017.

[168] JAZAIRY A, LENHARDT J, VON HAARTMAN R. Improving logistics performance in cross-border 3PL relationships [J] . International Journal

of Logs, 2017: 491-513.

[169] GIUFFRIDA M, MANGIARACINA R, PEREGO A, et al. Cross-border B2C ecommerce to China: an evaluation of different logistics solutions under uncertainty [J]. International Journal of Physical Distribution & Logs Management, 2019, ahead-of-print.

[170] CHEN C. CiteSpace II: detecting and visualizing emerging trends [J]. Journal of the American Society for Information Science & Technology, 2006, 57 (3): 359-377.

后　记

根据本书的研究分析，跨境物流研究依然存在有价值的研究机会，未来的研究可以从以下几个方面开展：

第一，对跨境物流联盟展开深入研究，包括跨境物流联盟构建形态及结构、运作机理、任务分配、评价服务体系等，采用问卷调查、实地调查和数理统计等方法对跨境物流联盟进行实证研究，运用无标度网络理论对跨境物流网络进行优化。

第二，已有研究大多数从宏观层面进行探讨，未来的研究应针对跨境物流细节问题进行定量研究。

第三，基于产业链视角、全球价值链视角、本土文化视角以及供给侧结构性改革视角等对跨境物流发展进行研究。

第四，对跨境物流产业集群和生态系统构建进行研究。